UNTERSUCHUNGEN ZUM PROBLEM DES FEHLERHAFTEN STAATSAKTS

BEITRAG ZUR METHODE EINER TELEOLOGISCHEN RECHTSAUSLEGUNG

VON

DR. ERNST VON HIPPEL
PRIVATDOZENT AN DER UNIVERSITÄT HEIDELBERG

BERLIN
VERLAG VON JULIUS SPRINGER
1924

ISBN-13: 978-3-642-98566-9 e-ISBN-13: 978-3-642-99381-7
DOI: 10.1007/978-3-642-99381-7

MEINER FRAU

Vorwort.

Gegenstand vorliegender Arbeit ist das Problem des fehlerhaften Staatsakts. Dementsprechend besteht ihre eigentliche Aufgabe darin, jene Schwierigkeiten darzulegen und zu überwinden, welche eine Theorie des fehlerhaften Staatsakts bietet. Die Gewinnung grundsätzlicher Klarheit über Ziel und Weg schien dabei um so mehr gefordert, als die bisherigen Versuche einer wissenschaftlichen Behandlung des Gegenstandes zwar unbestreitbar wertvolle Einzelausführungen, keineswegs aber methodische Sicherheit gebracht haben. Insoweit dieser Mangel nach hier vertretener Ansicht an der Haltlosigkeit des angewandten formalistischen Verfahrens liegt, bilden nachfolgende Untersuchungen einen Beitrag zu einer teleologischen Methode der Rechtsauslegung überhaupt.

Herr Dr. med. hon. c. Ferdinand Springer übernahm hochherzigerweise auch unter den gegenwärtigen Verhältnissen die Drucklegung meiner Arbeit. Wieviel ich ihm damit verdanke, kann nur ganz ermessen, wer in heutiger Zeit seine wissenschaftliche Laufbahn erst beginnt.

Berlin, Dezember 1923.

Ernst von Hippel.

Inhaltsverzeichnis.

Seite

Erster Teil.

Einführung.

§ 1. Der Begriff des fehlerhaften Staatsakts im Sinne vorliegender Arbeit . . . 3
a) Der Begriff des Staatsakts . . . 1
b) Der Begriff des Fehlers . . . 1

Zweiter Teil.

Die formalistische Behandlung des fehlerhaften Staatsakts.

§ 2. Begriff und Formen der Unwirksamkeit . . . 4
a) Der Begriff der Unwirksamkeit . . . 4
b) Die a priorischen Unwirksamkeitsformen der logisch-dogmatischen Richtung . . . 4
α) Die Zivilisten . . . 6
αα) Der französische Zweig . . . 7
ββ) Der deutsche Zweig . . . 10
β) Die Publizisten . . . 17

§ 3. Die Versuche der Gegenstandsbegrenzung durch die Kategorien des Rechtsgeschäfts und der Rechtshandlung . . . 22
a) Die Bedeutung dieser Kategorien für die Theorie des fehlerhaften Staatsakts . . . 22
b) Die privatrechtlichen Versuche, bestimmte Tatbestände als Rechtsgeschäfte oder Rechtshandlungen festzustellen . . . 25
α) Das Willens- oder Erklärungsziel als Unterscheidungskriterium . . . 25
β) Die Notwendigkeit eines Rechtserfolgswillens als Kennzeichen des Rechtsgeschäfts . . . 30
γ) Die teleologische Unterscheidung von Rechtsgeschäft und Rechtshandlung als eigentlich verwandte Methode der privatrechtlichen Theorie . . . 33
c) Haltlosigkeit der publizistischen Versuche, Staatsakte rechtlicher Eigentümlichkeit mittels der privatrechtlichen Definitionen des Rechtsgeschäfts und der Rechtshandlung zu gewinnen . . . 34

Seite

§ 4. Versuch einer psychologischen Verbindung von Fehler und Unwirksamkeitsform 35
§ 5. Versuche einer logischen Verbindung von Fehler und Unwirksamkeitsform 41
a) Das Verfahren logischer Deduktion 41
b) Die petitio principii als Verbindungsbrücke 46
c) Die Aufgabe des formalistischen Verfahrens zugunsten eines teleologischen 52

Dritter Teil.

Notwendigkeit und Verfahren teleologischer Rechtsauslegung.

§ 6. Die Methode der Rechtsauslegung und der fehlerhafte Staatsakt 54
a) Unzulänglichkeit der herrschenden Lehre von der Rechtsauslegung 54
b) Unmöglichkeit deduktiver Rechtsauslegung 57
c) Grundlosigkeit induktiver Rechtsauslegung 59
d) Notwendigkeit und Verfahren teleologischer Rechtsauslegung 62
e) Bedeutung des Ergebnisses für die Lehre vom fehlerhaften Staatsakt 64

Vierter Teil.

Versuch einer teleologischen Behandlung des fehlerhaften Staatsakts.

§ 7. Abhängigkeit der Bedeutung eines Fehlers von der konkreten Wertlage 66
a) Unzulänglichkeit der französischen teleologischen Richtung 66
b) Beispiele für verschiedene Wertlagen 71
α) Wirksamkeit eines fehlerhaften Staatsakts im Interesse der Privaten 71
β) Wesentliche und unwesentliche Fehler 76
γ) Wesen und soziale Funktion des Akts 78
δ) Abhängigkeit der Fehlerfolge von der Möglichkeit, den Fehler geltend zu machen 79
ε) Abhängigkeit der Fehlerfolge von der Rechtskraft der verletzten Norm 82
ζ) Grenzen der Zulässigkeit privatrechtlicher Analogie für teleologische Rechtsauslegung 83
c) Behandlung des fehlerhaften Staatsakts de lege ferenda . 83
§ 8. Die Feststellung des Fehlers 84
§ 9. Fehlergründe und Fehlerfolgen 91

Seite

a) Der rechtslogische Ort des Fehlers im allgemeinen . . . 91
b) Der fehlerhafte belastende Akt 95
α) Das Recht des Untertanen zum Widerstand 96
β) Der nichtige Akt 104
γ) Der anfechtbare Akt 106
c) Der begünstigende Akt 114
α) Die Begünstigung durch unzuständige Stellen 114
β) Die irrtümliche Erteilung einer Begünstigung 120
γ) Die durch unlautere Mittel erlangte Begünstigung . . 123

§ 10. Das Verfahren teleologischer Rechtsauslegung im Sinne vorliegender Arbeit und der Methodenstreit der Rechtswissenschaft 130

Druckfehlerverzeichnis.

S. 13 ff. v. Tuhr statt v. Thur.

S. 18, Anm. 79, 2. Aufl. statt 3. Aufl.

S. 37, Anm. 138a, Jellinek sche statt Tellinek sche

S. 54, Anm. 221, Koellreuther statt Kellreuther

Erster Teil.

Einführung.

§ 1. Der Begriff des fehlerhaften Staatsakts im Sinne vorliegender Arbeit.

a) Der Begriff des Staatsakts. Eine Arbeit, welche Untersuchungen zum Problem des fehlerhaften Staatsakts zu liefern verspricht, beginnt füglich mit einer Bestimmung ihres Gegenstandes. Was also ist zunächst unter einem Staatsakt zu verstehen? — Zur Beantwortung dieser Frage muß offenbar ausgegangen werden vom Kreise derjenigen Handlungen, welche sich juristischer Betrachtung als öffentlich-rechtliche darstellen. Denn kann auch formell einmal ein Staatsakt nach privatrechtlichen Normen zu beurteilen sein, so bleibt doch materiell der Staatsakt die publizistische Handlung schlechthin.

Die heute meist anerkannte Unmöglichkeit selbst materieller apriorischer Abgrenzung des privaten und öffentlichen Rechts[1])

[1]) Siehe Kaufmann, Erich: Das Verwaltungsrecht und seine Scheidung vom bürgerlichen Recht, Stengel-Fleischmann, Bd. III, S. 701 ff. Zahlreiche Versuche der Abgrenzung bei Holliger: Das Kriterium des Gegensatzes zwischen dem öffentlichen Recht und dem Privatrecht, Züricher Diss. 1904. — Vom Standpunkt der Rechtslogik aus beseitigen den Dualismus von privatem und öffentlichem Recht Weyr: Zum Problem eines einheitlichen Rechtssystems, Arch. Öff. R. 1908, S. 529 ff., und Kelsen in seinen Schriften, insbesondere: Zur Lehre vom öffentlichen Rechtsgeschäft, Arch. Öff. R. 31, S. 53 ff., 191 ff. Verwandte Gedankengänge lassen bereits früher John Austin: Lectures on Jurisprudence or The Philosophy of Positive Law, 3. Aufl. 1909, S. 69 ff., 770 ff. den Gegensatz von privatem und öffentlichem Recht leugnen. Siehe ferner Krabbe: Die Lehre von der Rechtssouveränität, Groningen 1906. Auf Grund der Rechtspraxis verwirft den Rechtsdualismus Frhr. v. Schenk: Die Abgrenzung des öffentlichen und privaten Rechtes, Österr. Zeitschr. f. öffentl. Recht, Bd. I, S. 62 ff., 1914. Dagegen kommt Tezner: System der obrigkeitlichen Verwaltungsakte, S. 1 ff., 361 ff. ebendort in § 6 zu einer „Koinzidenz von Verwaltung und öffentlichem Recht, von Rechtsprechung und Privatrecht“. Über den Unterschied von privatem und öffentlichem

macht aber notwendig auch den Versuch, bestimmte Handlungen von vornherein als Staatsakte festzulegen, utopisch. Dagegen wird weder hierdurch noch durch die Annahme formaler Gleichheit aller Rechtssubjekte die rechtliche Eigentümlichkeit, welche eine Handlung als Staatsakt bietet, überhaupt aufgehoben. Denn auch die Anerkennung formaler Gleichheit aller Rechtssubjekte beseitigt nicht die Notwendigkeit, wegen der inhaltlichen Verschiedenheit der Normen festzustellen, ob eine Handlung als publizistische oder privatrechtliche bezüglich ihrer Unterordnung unter gewisse Normengruppen betrachtet werden muß. Unrichtig ist es daher, wenn etwa Alexander Katz unter Berufung auf Kelsen letzten Endes die „subsidiäre Geltung der im allgemeinen Teile des Bürgerlichen Gesetzbuchs gegebenen allgemeinen Vorschriften über die Anfechtung von Willenserklärungen auf rechtsgeschäftliche Verwaltungsakte“ mit der Einheit des Rechtssystems begründet[2]). Denn selbst wenn formell die als Staatsakte bezeichneten Handlungen sonstigen Handlungen von rechtlicher Bedeutung gleichstehen mögen, folgt doch aus dieser formalen Gleichheit mit anderen Akten für die Art ihrer materiell-rechtlichen Behandlung nicht das geringste. Eine Tatsache, welche von den Vertretern rein formaler Rechtsgleichheit und -einheit mit einer gewissen psychologischen Notwendigkeit selbst dort häufig verkannt wird, wo man angeblich von einer nur formalen Gleichheit der Rechtsverhältnisse ausging[3]).

Besteht daher keine Veranlassung, mit Alexander Katz Wesen und Begriff des Staatsaktes letzten Endes aufzugeben, so ist es, wie gesagt, allerdings unmöglich, apriorisch materiell die als Staatsakte anzusehenden Gegenständlichkeiten zu bestimmen. Wann eine Handlung im Einzelfall sich als Staatsakt darstellt,

---

Recht handelt neuestens Baumgarten: Die Wissenschaft vom Recht und ihre Methode, Bd. I, S. 344ff., 1920, Bd. II, S. 1ff., 1922. Auf soziologischer Grundlage unterscheidet Jung: Über die Abgrenzung des Privatrechts vom öffentlichen Recht und über die Gliederung des gesamten Rechtsstoffs, in Zeitschr. f. Rechtsphilosophie, Bd. II, S. 331, 4 Gruppen: Privatrecht; Verbands(Sozial-)recht; öffentliches Recht i. e. S. und Völkerrecht.

[2]) Der Widerruf von Verwaltungsakten bei vorgefallener Bestechung, Verwaltungsarch. Bd. 24, S. 497ff.

[3]) Vgl. dazu v. Hippel: Zur Kritik einiger Grundbegriffe in der reinen Rechtslehre Kelsens, Arch. Öff. R. 1923, S. 327ff.

läßt sich vielmehr nur positivrechtlich angeben. Rein formal dagegen mag als Staatsakt eine Handlung bezeichnet werden, welche aus Rechtsgründen irgendwelcher Art dem Staate zuzurechnen ist. Denn eben wegen ihrer erkennbar nur formalen Bedeutung empfiehlt sich hier jene bereits dem Naturrecht bekannte, von der reinen Rechtslehre in den Mittelpunkt ihres Systems gestellte Kategorie der juristischen Zurechnung[4]). Dagegen verkleidet die Gleichsetzung von Staatsakten mit „Äußerungen der Staatsgewalt"[5]) grobsinnlich jene materiell ungelöste Problematik und läßt von vornherein übersehen, wie bei der Unmöglichkeit, den Begriff des Staatsakts anders wie formal zu bestimmen, gerade die logisch unfaßbare, proteusartige Gestalt des Gegenstandes immer wieder besondere Beachtung fordert.

b) Der Begriff des Fehlers. Fehlerhaft im Sinne dieser Arbeit ist ein Staatsakt, sofern er der Norm irgendwie nicht entspricht, welche angibt, wie die in Frage kommende Handlung in concreto an sich beschaffen sein müßte, um als Staatsakt bestimmter Art zu erscheinen. Wie der Begriff des Staatsakts kann auch der Begriff des Fehlers nur derart formal als fehlendes Deckungsverhältnis von Norm und Tatbestand bestimmt werden[6]). Daß mit dieser formalen Fehlerhaftigkeit die wertbetonte Fehlerhaftigkeit von Delikten nicht verwechselt werden darf, da ja auch das Delikt als verbotene, mit Strafe bedrohte Handlung sich als widerrechtlich und so in bestimmtem Sinne fehlerhaft darstellt, sei nur erwähnt[7]). Eine Aufzählung der verschiedenen möglichen

---

[4]) Einen eigenen Abschnitt „Von der juridischen Zurechnung" bringt Fries: Philosophische Rechtslehre, S. 63 des Meinerschen Neudrucks. Allerdings sind nach Fries „Nur meine eigenen Taten" mir zurechenbar. Erst bei Kelsen wird jene Beziehung angeblich rein formal, wodurch der obige Satz von Fries sich umkehrt in: was mir zugerechnet wird, sind meine eigenen Taten.

[5]) So z. B. Jellinek, W.: Der fehlerhafte Staatsakt, 1908, S. 1.

[6]) Ob allerdings ein Deckungsverhältnis von Tatbestand und Norm besteht, ist seinerseits nur teleologisch feststellbar. Vgl. § 7 der Darstellung.

[7]) Während das Delikt zwar verboten ist, aber, um als Delikt zu erscheinen, der Norm entsprechen muß, unter die es fällt, widerspricht der fehlerhafte Staatsakt irgendwie der Norm, die auf ihn zur Anwendung kommen soll. Fehlerhaft im hier behandelten Sinne ist ein Delikt, falls Deliktsnorm und Deliktstatbestand sich nicht völlig decken. Zu beachten bleibt dabei, daß es offenbar sinnlos wäre, vom Standpunkt jeder kon-

Fehlerkombinationen schließlich gewinnt offenbar erst dann einen Sinn, wenn vorher festgestellt wurde, ob qualitativen Verschiedenheiten der Fehler normative Bedeutung zukommt und nicht vielmehr für juristische Betrachtung Fehler Fehler ist. Damit setzt also eine juristisch sinnvolle Angabe verschiedener Fehlerhaftigkeiten die methodische Lösung des Gesamtproblems in gewissem Umfange voraus.

Zweiter Teil.

Die formalistische Behandlung des fehlerhaften Staatsakts.

§ 2. Begriff und Formen der Unwirksamkeit.

a) Der Begriff der Unwirksamkeit. Wurde im vorigen Paragraphen der Begriff des fehlerhaften Staatsakts wenigstens formal umschrieben, so ist jetzt festzustellen, was unter Unwirksamkeit als Folge und Korrelat des Fehlers zu denken ist. Unter Unwirksamkeit im Sinne dieser Untersuchung wird nun jede Minderung oder Aufhebung der normaen Rechtswirkung verstanden, welche als Folge der Fehlerhaftigkeit eines Aktes angenommen werden muß. Zu beachten bleibt dabei, daß eventuell nicht jeder Fehler eine Minderung der Aktwirkung hervorruft. Denn ob jene in Theorie und Praxis gleich häufige These, nach welcher geringe Fehler die Wirksamkeit des Aktes nicht berühren, wirklich als logisch unhaltbar erscheint, wie die Verfechter rein formaler Rechtsmethoden annehmen, wird sich im folgenden erst zu erweisen haben.

b) Die apriorischen Unwirksamkeitsformen der logisch-dogmatischen Richtung. Mit dieser Feststellung des Begriffs der Unwirksamkeit ist jedoch über die Form derselben noch wenig gesagt. Angenommen etwa, der deutsche Reichspräsident hätte durch eine vom Kanzler nicht gegengezeichnete Verfügung die Auflösung des Reichstages angeordnet, so würde dieser Akt

kreten Norm aus alle Tatbestände als fehlerhaft zu bezeichnen, auf welche diese Norm nicht zur Anwendung kommen kann. Als fehlerhaft im Sinne einer Norm können vielmehr nur Tatbestände angesehen werden, welche, ohne der Norm zu entsprechen, doch für teleologische Betrachtung sich als irgendwie normbeziehbar erweisen.

nach überwiegender und hier geteilter Ansicht fehlerhaft und folglich jedenfalls in irgendeinem Sinne unwirksam sein. Betrachtet man nun mit Anschütz[8]) obige Verfügung als „unvollziehbar", so wird hier eine bestimmte Form der Unwirksamkeit als Folge des Fehlers angenommen. Es fragt sich dabei, was Anschütz berechtigt, gerade diese Unwirksamkeitsform hier heranzuziehen, und fragt sich vorher, welche Formen der Unwirksamkeit es im öffentlichen Recht eigentlich gibt, und wo dieselben aufgefunden werden können.

Bereits mit dieser Fragestellung wird jedoch der Eingang in einen „wissenschaftlichen Urwald" gefordert, als welchen Kormann[9]) im Anschluß an Bernatzik[10]) die Lehre von der Nichtigkeit der Verwaltungsakte bezeichnet. Der für den Juristen nächstliegende Gedanke, zwecks Beantwortung der aufgeworfenen Frage den Normenkomplex des öffentlichen Rechts heranzuziehen, erweist sich nämlich als wenig fruchtbar. Denn einmal gebrauchen die Gesetze die Begriffe Nichtigkeit, Unwirksamkeit, Anfechtbarkeit, Ungültigkeit usw. oder entsprechend das französische Recht die Ausdrücke inexistence, nul ité, inopposabilité, resolution, rescision usw. ohne sie zu definieren und nicht selten auch ohne sie zu unterscheiden, wenn auch die deutsche zivilistische Theorie wie das BGB. den Ausdruck „Unwirksamkeit", der Code und die französische Theorie meist das Wort „nullité" als neutralen Oberbegriff verwenden[11]), während die gemeinrechtliche Theorie hier von „Ungültigkeit" zu sprechen pflegte[12]). Im übrigen finden sich jedoch gesetzlich regelmäßig nur die Voraussetzungen des fehlerlosen Aktes angegeben, während grundsätzliche Ausführungen über die Art der Folgen fehlerhafter Akte im öffentlichen Recht überhaupt fehlen. Knüpft doch sogar das BGB., wo es im Allgemeinen Teile Vorschriften über Nichtigkeit und Anfechtbarkeit enthält nur gewisse Unwirksamkeitsformen an bestimmte Fehler von Willenserklärungen und Rechtsgeschäf-

---

[8]) Die Verfassung des Deutschen Reiches, 1921, S. 109.

[9]) System der rechtsgeschäftlichen Staatsakte, 1910, S. 203.

[10]) Rechtsprechung und materielle Rechtskraft, 1886, S. 291, A 37.

[11]) Siehe etwa Crome: Allgemeiner Teil der modernen französisch. Privatrechtswissenschaft, 1892, S. 240.

[12]) Dernburg: Die allg. Lehren d. bürgerl. Rechts, 3. Aufl., 1906, S. 388, A 1.

ten, ohne eine Theorie der Unwirksamkeit schlechthin zu geben. Ja, nicht einmal die vom BGB. wirklich verwandten Begriffe für Einzelformen der Unwirksamkeit werden definiert. Dabei bleibt noch ganz dahingestellt, ob und wieweit jene Bestimmungen des BGB. über privatrechtliche Willenserklärungen und Rechtsgeschäfte für eine Untersuchung zum Problem des fehlerhaften Staatsakts irgendwelche Bedeutung beanspruchen können. Es wird also die oben aufgeworfene Frage nach den Formen der Unwirksamkeit im öffentlichen Recht grundsätzlich nicht beantwortet. Um so größeres Interesse können daher Untersuchungen fordern, welche jene Unwirksamkeitsformen aus der Vernunft herzuleiten versprechen.

a) Die Zivilisten. Das in diesem Zusammenhange wesentliche Kennzeichen der oben als logisch-dogmatisch bezeichneten Richtung liegt in der dogmatischen Annahme ihrer Vertreter, bestimmte Unwirksamkeitsformen seien „logisch" gefordert. Dabei ist die Wurzel dieser wie der meisten Rechtstheorien eine zivilistische, wobei Methode wie Ergebnisse der Privatrechtstheorie dort von publizistischer Seite übernommen wurden, wo gleichlautende Problemstellungen des öffentlichen Rechts eine Lösung heischten. Obwohl also dieser Abschnitt der Untersuchung nur die Unwirksamkeitsformen fehlerhafter Staatsakte zu berücksichtigen hätte, erscheint ein Rückgang auf die zugrundeliegenden privatrechtlichen Theorien schon an sich geboten. Hinzu kommt noch, daß jene privatrechtlichen Unwirksamkeitsformen als logische eo ipso Geltung auch fürs öffentliche Recht werden beanspruchen müssen.

Der eigentümlich rationellen geistigen Struktur Frankreichs entspricht es nun, wenn die in diesem Zusammenhang einschlagende französische privatrechtliche Literatur besonders dialektisch scharf die „logische" Notwendigkeit bestimmter Unwirksamkeitsformen entwickelt. Obwohl sich die deutsche logisch-dogmatische Richtung in allen Hauptpunkten mit der französischen berührt, gelingt ihrer schwerflüssigeren, widerspruchsvolleren Art nicht völlig jene leichte Abstoßung aller irrationalen Elemente. Es mag daher als besonders kennzeichnend zunächst untersucht werden, auf welche Weise jener französische Zweig der logisch-dogmatischen Richtung die Formen der Unwirksamkeit sich abzuleiten müht.

aa) Der französische Zweig. Die privatrechtliche Theorie von den Folgen fehlerhafter Rechtsgeschäfte in Frankreich weist heute im wesentlichen zwei[13]) Richtungen auf, von denen die ältere, im Anschluß an Japiot als die „klassische" bezeichnet werden mag, während man die neuere, namentlich von Japiot selbst vertretene[14]), als „teleologische" bezeichnen kann. Ihr Gepräge und ein gewisses System bekam die klassische Richtung durch das Auftauchen des Begriffs der inexistence in dem prägnanten Sinne, den Demolombe[15]) demselben beilegt. Demolombe, der ausruft, „une théorie général et complète des nullités ... je n'hésite pas à dire qu'elle n'existe pas dans le Code Napoléon"[16]), vertrat andererseits den Satz „pas de nullité sans texte". Der in beiden Formulierungen enthaltene innere Gegensatz mußte zu Schwierigkeiten der Anwendung führen. Es war offenbar unmöglich, eine Ehe zwischen Personen desselben Geschlechts darum für rechtswirksam zu halten, weil der Code ein diesbezügliches Ehehindernis nicht enthielt. Demolombe half sich, indem er erklärte: „Je n'ai pas besoin d'un texte! La loi annule pas le néant"[17]). Diese Theorie der inexistence fand auch bei Gegnern des Demolombeschen Dogmas „pas de nullité sans texte" wie etwa Planiol Anklang[18]) und wohl darum auch in der Folgezeit einen so günstigen Boden, weil naturrechtliche, rationalistische wie positivistische Neigungen der Zeit ihr gleichermaßen entgegen kamen[19]). Der Begriff der inexistence schien gewissermaßen

---

[13]) Abgesehen ist hier von Vertretern soziologischer Methoden wie etwa Saleilles. Im übrigen wird auch die soziologische Methode in juristischer Wendung notwendig teleologisch. Denn aus dem bloßen Sein folgt nichts Normatives. Siehe auch § 6 der Arbeit.

[14]) Des nullités en matière d'actes juridiques. Essai d'une théorie nouvelle, Paris 1909. Die folgende Darstellung der französischen Richtung schließt sich im wesentlichen an Japiot an.

[15]) Cours de Code Napoléon, T. 3, No. 335, 1846.

[16]) a. a. O. Nr. 237. [17]) Desgl. Nr. 335.

[18]) Japiot, a. a. O. S. 123, Anm. 1.

[19]) Welche praktische Bedeutung dieser Begriff der inexistence im übrigen gewinnen mußte, erhellt, wenn man bedenkt, daß nach Windscheid: Zur Lehre des Code Napoléon von der Ungültigkeit der Rechtsgeschäfte, Düsseldorf 1847, S. 30, die damalige Jurisprudenz „fast einstimmig" nur eine Nichtigkeitsform im Code auffand, weswegen daher also jeder Fehler eines Rechtsgeschäfts durch Klage geltend gemacht

a priori gefordert, und so ward es nicht schwer, ihn auch ins positive Recht hineinzulesen. Das bis auf unsere Tage herrschende Bedürfnis des Rechtstheoretikers nach strenger, „logischer" Konstruktion führte mit einer inneren Notwendigkeit zur Aufteilung aller Folgen fehlerhafter Rechtsgeschäfte in zwei Gruppen. Schon der dialektische Gegensatz von existence—inexistence mußte eine sich vom Gegenständlichen ablösende, rein mit Begriffen arbeitende Rechtstheorie dazu führen. Hinzu kam mit dem Auftreten des Begriffs der Organpersönlichkeit auch eine naturwissenschaftliche Betrachtung der rechtlichen Wirkungen. Die Rechtswirkung wird erzeugt vom Rechtsgeschäft, und so erscheint als Folge des acte „mort-né" die inexistence der Rechtswirkung, während der „acte infirme" fähig ist, „de périre, mais aussi d'être guéri et sauvé"[20]). Eine Theorie, die von vornherein mehr als nur ein Bild zu sein beansprucht und besonders bei Bourgeon[21]), aber auch bei Beudant[22]) eine bemerkenswerte Ausbildung erfährt. Der unter dem Banne dieser Einstellung befangenen Theorie müssen Lösungen als logisch unmöglich erscheinen, welche andere Rechtsformen als inexistence und nullités relatives an fehlerhafte Rechtsgeschäfte knüpfen wollen. Während die älteren Ausleger des Code noch eine Mannigfaltigkeit von Rechtswirkungen mangelhafter Akte kennen[23]), verschwinden dieselben nun vor dem Begriff der inexistence. Zugleich gewinnt dieser Begriff an Umfang, und neben der so gefaßten inexistence rationelle erscheint die inexistence légale, das Nichtvorhandensein eines Rechtsgeschäfts auf Grund gesetzlicher Bestimmungen[25]). Dieselben Schriftsteller, welche früher das Versprechen eines Verbrechens oder die formlose Schen-

---

werden mußte, jeder Fehler nach Art. 1304 längstens in 10 Jahren verjährte usw.

[20]) Demolombe: a. a. O. No. 240.

[21]) De la distinction de l'inexistence et de l'annulabilité des actes juridiques en droit romain et en droit français, Dijon 1885; Japiot: a. a. O. S. 124, Anm. 1.

[22]) Cours de Droit Civil Français, T. IV, p. 156 u. f., 1906.

[23]) Siehe Japiot: a. a. O. S. 119 und die dort Genannten.

[24]) Die unzulässige Ausdehnung dieses Unwirksamkeitsgrundes zeigt Tissier bei Sirey, 1, 257, 1903; Japiot: a. a. O. S. 125.

[25]) Der besonders von Crome, a. a. O., S. 240 und Zachariae v. Lingenthal, Handb. d. franz. Zivilrechts 1894, 8. Aufl., Teil I, S. 352 hervorgehobene Gegensatz von faktischer und rechtlicher inexistence deckt sich mit obigem Begriffspaar nur teilweise.

kung für eine „nullité absolue" erklärten, halten nach „reiflicher Überlegung"[26]) jetzt inexistence für gegeben[27]).

Gewann so der Begriff der inexistence an Umfang, so steigerte sich andererseits seine rechtliche Bedeutung[28]). Gebrauchte einst Solon[29]) das Wort inexistence für die strengeren Folgen rechtlicher Unwirksamkeiten überhaupt, so bezeichnet jetzt der Begriff Rechtsfolgen ganz bestimmter Art. Die Gegenüberstellung von inexistence und nullité relative hat zur logischen Folge, daß das nicht existierende Rechtsgeschäft für alle unbeachtlich wird, während andererseits nur der Geschützte klagweise die relative Unwirksamkeit zur Geltung bringen kann. Die Eigentümlichkeit der inexistence, das von ihr betroffene Rechtsgeschäft als ein Nichts, ein néant erscheinen zu lassen, macht eine Bestätigung desselben unmöglich. Die bisher vertretene Ansicht von der grundsätzlichen Heilbarkeit jeder Fehlerfolge durch Bestätigung oder Verjährung wird bezüglich der inexistence als unlogisch verworfen[30]). Und den Autoren, welche wenigstens die Bestätigung durch die Erben zuließen, wirft Laurent[31]) vor, de „n'avoir pas grand souci de la rigueur des principes", de „s'inspirer plutôt des besoins ... de la vie réelle". Denn das Prinzip der inexistence lautet: „on ne peut pas confirmer le néant"[32]), „on guérit un malade, on ne guérit pas un mort"[33]). Nur das kranke, d. h. anfechtbare Rechtsgeschäft, kann als existierend auch geheilt werden. Während der acte inexistent, „begrifflich"[34]) für niemanden vorhanden, nicht einmal erfüllt werden kann, sondern stets eine actio indebiti begründet.

Damit ist der Aufbau des klassischen Systems vollendet. Seine einzige Unwirksamkeitsform ist letzten Endes die inexistence,

[26]) So Aubry et Rau: Cours de droit civile français d'après la méthode de Zachariae, 1. Aufl., T. II, p. 440 gegen 3. Aufl., T. III, p. 194 bezüglich der Zusage eines Verbrechens. Japiot: a. a. O. S. 126.

[27]) Vgl. im einzelnen Japiot: a. a. O. S. 126 ff. [28]) Desgl. S. 129.

[29]) Théorie sur la nullité des conventions et des actes de tous genres en matière civile, 1835; Japiot: a. a. O. S. 121. [30]) Desgl. S. 135 ff.

[31]) Principes de droit civile français, T. XVIII, No. 583, zitiert bei Japiot: a. a. O. S. 134.

[32]) So Bandry-Lacantinerie et Barde: Des obligations, T. III, No. 1932; Bufnoir: Propriété et Contrat, S. 658 u. 705; Cass. vom 6. November 1895; Japiot: a. a. O. S. 135.

[33]) Beudant: a. a. O. S. 164, der seinerseits sich auf Demolombe beruft.

[34]) Beudant: a. a. O. S. 171.

mag diese nun von Anfang an vorhanden oder über Anfechtung erst geltend zu machen sein.

aa) Der deutsche Zweig. Eine Darstellung von Entstehung und Arten der Unwirksamkeitsformen in Deutschland kann sich nach dem bisher Gesagten auf Heraushebung einiger Entwicklungsstufen beschränken. Denn wie gesagt haben der deutsche wie der französische Zweig der logisch-dogmatischen Richtung eine Wurzel. Nicht ohne eigenen Reiz ist es dabei, einen so klassischen Vertreter der deutschen Rechtstheorie wie Windscheid gerade am französischen Gesetzbuch seine systematische Kraft zuerst erproben zu sehen[35]). Dabei hält Windscheid im Jahre 1847 genau wie Beudant im Jahre 1906 nur einen Gegensatz der Unwirksamkeitsformen für „denkbar". „Entweder ist das ungültige Rechtsgeschäft gar nicht vorhanden, das Gesetz erkennt wegen eines ihm anhaftenden Mangels seine Existenz überhaupt nicht an, oder der Mangel läßt zwar das Rechtsgeschäft an und für sich zustande kommen, gibt aber bestimmten Personen das Recht, dasselbe anzufechten und umzustoßen. Die Ungültigkeit der ersten Art nenne ich Nichtigkeit, die der zweiten Anfechtbarkeit[36])." Auch bei Windscheid wie den französischen Auslegern des Code dient also die dialektische Gegenüberstellung von Sein und Nichtsein als dogmatisch vorausgesetzte Basis seiner Theorie. Was dabei Windscheid vielleicht um eine Schattierung von gleichzeitigen französischen Theoretikern unterscheidet, ist ein positivistischeres Verfahren. Eine „nullité rationelle" findet sich jedenfalls bei ihm nicht. Im übrigen zieht auch Windscheid aus seinem Nichtigkeitsbegriff alle Folgerungen. Da das nichtige Rechtsgeschäft für ihn gar nicht existiert, ist es auch schlechthin unbeachtlich und unheilbar, demnach ein Rechtsmittel zu seiner Geltendmachung nicht bloß überflüssig, sondern gar „nicht denkbar, da ein Angriff voraussetzt, daß ein Anzugreifendes vorhanden sei"[37]), Argumentationen, welche Windscheid viel später noch fast wörtlich in seinen Pandekten wiederholt[38]). Zwar galt nach der von ihm bekämpften Anschauung der französischen Juristen dieser romanistische Gegensatz von Nichtigkeit und Anfechtbar-

---

[35]) Windscheid: Zur Lehre des Code Napoléon von der Ungültigkeit der Rechtsgeschäfte, Düsseldorf 1847.

[36]) Windscheid: a. a. O. S. 1. [37]) a. a. O. S. 29.

[38]) Siehe z. B. 7. Aufl., I, 1891, S. 221.

keit für den Code nicht, aber eben diese Ansicht sucht Windscheid mit den Argumenten der historischen Schule zu entkräften. Der hierzu von Windscheid in seiner Polemik gegen die herrschende französische Theorie gebrauchte Begriff der Anfechtbarkeit als Gegenbegriff der Nichtigkeit geht wohl auf Savigny zurück, der kurz vorher[39]) erklärte, „die höchst mannigfaltigen Fälle" der „unvollständigen Ungültigkeit" als „Anfechtbarkeit eines Rechtsverhältnisses" bezeichnen zu wollen. Windscheid behauptet jedoch viel mehr als Savigny, insofern er meint, das römische Recht mache „in der Ungültigkeit einen Gegensatz zwischen Nichtigkeit und Anfechtbarkeit"[40]), es entsprächen also diesen Bezeichnungen Rechtsinstitute des römischen Rechts von ganz bestimmter, fest umrissener Gegenständlichkeit. Indem Windscheid weiterhin die Ansicht vertritt, daß diese angeblichen Unwirksamkeitsformen des römischen Rechts nicht historisch bedingt, sondern logisch gefordert seien, stellt er die eigentümliche Verbindung historisch-rationalistischer Elemente her, welche die Grundlage des deutschen Zweigs der hier als logisch-dogmatisch bezeichneten Richtung bilden. Nur indem die apriorische Notwendigkeit der Nichtigkeit-Anfechtbarkeit als Unwirksamkeitsformen vorausgesetzt wurde, ließen sich diese Formen entgegen der herrschenden Meinung der französischen Theoretiker im Code entdecken. Und nur wenn man die Kategorie der Nichtigkeit als a priori feststehend ansah, war es möglich, die „action en nullité ou en rescision" wie die zehnjährige Verjährungsfrist des Art. 1304 im Falle der Nichtigkeit eines Rechtsgeschäfts für denknotwendig ausgeschlossen zu erachten. Darüber hinaus bestand jedoch für den deutschen Rechtstheoretiker im Gebiet des gemeinen Rechts immer wieder die Notwendigkeit, die Geltung jener als logisch behaupteten Unwirksamkeitsformen auch im römischen Rechte nachzuweisen. Das philologische Verfahren der historischen Schule trat so neben die Methode Hegelscher Dialektik. Es ist bekannt, daß die Doppelbedeutung des Wortes nullus im römischen Recht, das bald das nicht vorhandene, bald das mangelhafte Rechtsgeschäft bezeichnet, der jüngeren gemeinrechtlichen Theorie entging und dazu verleitete, jenem Wort den

[39]) System des heutigen Römischen Rechts, IV, S. 537.

[40]) Zur Lehre des Code . . ., S. 29.

„logischen“ Begriff der Nichtigkeit unterzuschieben[41]). Dementsprechend deduzierte man aus diesem Begriff, erklärte es für logisch gefordert, daß jeder sich auf die Nichtigkeit berufen könne, eine querela nullitatis wie Heilung der Nichtigkeit für undenkbar usw. Allerdings blieben solche Ansichten nicht ohne Widerspruch. Selbst Windscheid [42]) hält es für nötig, gegenüber allzu kühnen philologischen Interpretationskünsten seiner Anhänger darauf hinzuweisen, daß immerhin das römische Recht Fälle der Bestätigung nichtiger Rechtsgeschäfte kenne, und Waechter[43]) handelt eingehend über die „heilbare Nichtigkeit“. Auch Regelsberger[44]) wendet sich gegen die „formale Rechtslogik“, bemüht sich aber andererseits, den für logische Argumentationen so unbequemen Begriff der relativen Unwirksamkeit auszumerzen, indem er die Handlungen des Gemeinschuldners nach § 7 der KO. nicht für relativ unwirksam, sondern durch ein Quasipfandrecht der Gläubiger gehemmt sein läßt. Daß damit jedoch ein unbequemer Begriff durch einen unberechtigten ersetzt wird, läßt sich kaum verkennen. Die Schwierigkeit, welche der Begriff der „relativen Unwirksamkeit“ der logischen Richtung bereiten muß, wird deutlich, sobald man dafür den ebensooft gebrauchten der „relativen Nichtigkeit“ einsetzt. Denn wie der Begriff der „geteilten Souveränität“ enthält offenbar auch derjenige der „relativen Nichtigkeit“ eine contradictio in adiecto.

Es ist im übrigen verständlich, wenn der gemeinrechtlichen Theorie die Logisierung der Unwirksamkeitsformen restlos nicht gelingen wollte. Zwar die Grundzüge standen fest. Aber wenn Windscheid [45]) die ex tunc-Wirkung der Anfechtbarkeit damit begründet, „daß die Anfechtbarkeit selbst schon Ungültigkeit sei, die Wiederaufhebung Folge und Ausdruck der Ungültigkeit, nicht ihr Grund“, so ist dies schließlich nur eine Behauptung. Erklärt daher Wächter[46]) im Gegensatz zu Windscheid, die Anfechtbarkeit sei nicht Ungültigkeit, sondern eröffne nur die Möglich-

---

[41]) Vgl. insbesondere Leonhard: Der allgemeine Teil des Bürgerlichen Gesetzbuchs in seinem Einflusse auf die Fortentwicklung der Rechtswissenschaft, 1900, S. 425 ff.

[42]) Windscheid-Kipp: Pandekten, 9. Aufl., I, 1906, S. 441, A. 10.

[43]) Desgl. S. 432 ff., 1880. [44]) Desgl. S. 525, 1893.

[45]) Windscheid-Kipp: a. a. O. S. 427.

[46]) a. a. O. S. 438.

keit, ein Rechtsgeschäft ungültig zu machen, so ist auch diese Behauptung logisch vertretbar. Ein Streit, den auch das BGB. nicht beendet hat, so daß man von Thur[47]) die Anfechtbarkeit als „rechtszerstörenden“ Akt bezeichnen sieht, während Enneccerus[48]) in ihr nur eine „schwebende Nichtigkeit“ erblickt, „verbunden mit der Annahme vorläufiger Geltung“. Davon abgesehen kam die Kodifikation durch das BGB. gerade rechtzeitig, die herrschende Ansicht von der logischen Natur der Unwirksamkeitsformen auch gesetzgeberisch festzulegen. Denn seit den Arbeiten von Schloßmann[49]), Gradenwitz[50]) und andern ließ sich die ältere Ansicht offenbar nicht halten, welche in den Ausdrücken „negotia nulla“ und „negotia quae rescindi possunt“ technische Bezeichnungen für Nichtigkeit und Anfechtbarkeit erkennen wollte. Damit aber hätte die historische Schule konsequenterweise diese Begriffe selbst fallen lassen müssen, deren historische Unrichtigkeit ja gleichzeitig auch ihre apriorische Geltung in Mitleidenschaft ziehen mußte. Durch die Kodifikation gelangte jedoch, wie Leonhard[51]) grimmig feststellt, „die falsche gemeinrechtliche Doktrin in kurzem auch in der neuen Wissenschaft des bürgerlichen Rechtes zur Vorherrschaft“, „wie sich ein Krankheitsstoff, der in eine Wohnung eingedrungen ist, auch späteren Mietern mitteilt“.

Betrachtet man an Hand der gegebenen Darstellung kritisch die privatrechtliche Lehre von den Formen der Unwirksamkeit, so wird man allerdings zugeben müssen, daß wenigstens historisch dem BGB. jener logische Begriff der Nichtigkeit zugrunde liegt, nach dem als nichtig dasjenige Rechtsgeschäft erscheint, „welches hinsichtlich der gewollten rechtlichen Wirkungen so angesehen wird, als ob es nicht vorgenommen worden wäre“[52]). Dementsprechend lauten denn auch fast übereinstimmend die Definitionen der Lehrbücher; man vergleiche etwa Goldmann und Lilienthal[53]),

---

[47]) Der Allgemeine Teil des Deutschen Bürgerlichen Rechts, 2. Bd., 1. Hälfte, 1914, S. 280 ff.

[48]) Lehrbuch des Bürgerlichen Rechts, Allg. Teil, 1923, S. 521 f.

[49]) Zur Lehre vom Zwange, 1874.

[50]) Die Ungültigkeit obligatorischer Rechtsgeschäfte, 1887.

[51]) a. a. O. S. 430.

[52]) E. I, § 108; Motive, Bd. I, S. 217.

[53]) Das Bürgerliche Gesetzbuch systematisch dargestellt, 1903, S. 179 ff.

Endemann[54]), Eltzbacher[55]), Matthias[56]), Enneccerus[57]), Cosack[58]) und v. Thur[59]). Dagegen ist es weder dem BGB. noch andern privatrechtlichen Gesetzen gelungen, mit einem derart logischen Begriff der Nichtigkeit im einzelnen auszukommen. So zeigen zunächst eine ganze Reihe von Vorschriften des BGB., wie etwa die §§ 313 II, 518 II, 1325II, die positiv rechtliche Unrichtigkeit der Lehre, die Heilung des nichtigen Rechtsgeschäfts sei logisch undenkbar. Ferner sieht § 310 HGB.[60]) so gut wie § 57 des Börsengesetzes vom 8. Mai 1908 eine Heilung der Nichtigkeit ex tunc vor. Auch in anderer Beziehung ist die Bedeutung der Nichtigkeit nicht derart, wie es die logische Kategorie des Nichtvorhandenseins erfordern würde. So muß nach den §§ 1323ff. BGB. eine nichtige Ehe, falls sie ins Heiratsregister eingetragen war, erst durch Richterspruch für nichtig erklärt worden sein, um nichtig im eigentlichen Sinne des Wortes zu werden. Dabei entsprechen auch hier die von privatrechtlicher Seite angenommenen Rechtsfolgen der Rückwirkung durchaus nicht in allem den Folgerungen, welche aus dem Begriff der logischen Nichtigkeit eigentlich abgeleitet werden müßten[61]). Schließlich gilt die nichtige Aktiengesellschaft so lange als bestehend, bis ihre Nichtigkeit im Handelsregister sich eingetragen findet[62]).

Bereits der Nachweis, daß auch im geltenden Privatrecht der positivrechtliche Nichtigkeitsbegriff mit jener logischen Kategorie der Nichtigkeit nicht durchweg übereinstimmt, widerlegt die Lehre der logisch-dogmatischen Richtung, die Anwendung jener Kate-

[54]) Lehrbuch des Bürgerlichen Rechts, 1903, S. 366 ff.

[55]) Einführung in das deutsche bürgerl. Recht, 1910, S. 69 f.

[56]) Lehrbuch des Bürgerl. Rechtes, 7. Aufl., 1914.

[57]) Lehrbuch des Bürgerl. Rechtes I, S. 516 ff., 1923.

[58]) Desgl. S. 155 ff., 1922. [59]) a. a. O. S. 296.

[60]) Siehe dazu Bondi: Nichtigkeit der Aktiengesellschaft, in Goldschmidts Zeitschr. Bd. 77, S. 483 und die dort Genannten; Staub: Kommentar, 10. Aufl., I, 1920, S. 1266.

[61]) So besteht nach Genzmer: Die Grenzen für d. rückwirkende Kraft d. Ehevernichtung im Privatrecht u. im öffentl. Recht, in Festgabe für Zitelmann 1923, S. 414 ff. keine Rückwirkung im Prozeß, weswegen der Richter in Sachen seiner geschiedenen Frau ausgeschlossen bleibt. Denn „der Gedanke des Gesetzes ist, die psychischen Beziehungen zu berücksichtigen, die der Bestand der Ehe gezeitigt hat, und die können durch keine Rückwirkung aus der Welt geschafft werden", S. 429.

[62]) Vgl. Bondi: a. a. O.

gorie sei wie sie selber denknotwendig gefordert. Der Fehlschluß, welcher die französisch-gemeinrechtliche Richtung zur Aufstellung ihres Nichtigkeitsbegriffs führte, kann aufmerksamer Betrachtung nun nicht lange verborgen bleiben. Zwar ist gegen die Kategorie der Nichtigkeit als solche nichts einzuwenden. Ein Tatbestand, der in gar keiner Beziehung vorhanden ist, kann auch in keiner Weise noch zu irgendeiner Zeit Bedeutung erlangen. Was aber fordert, diesen Nichtigkeitsbegriff dem positiven Recht zugrunde zu legen? Die hier seitens der logisch-dogmatischen Richtung behauptete Denknotwendigkeit erlangt ihre scheinbare Evidenz durch eine dialektische Vertauschung von physischem und normativem Sein. Indem man nämlich das nichtige Rechtsgeschäft als „tot" hinstellt, wird allerdings einleuchtend, weshalb von diesem toten Körper keinerlei lebendige Wirkungen ausgehen können. Dabei kommen Zweifel an der Beweiskraft dieser naturrechtlich-dialektischen Begründung auch einem Zeitalter nicht, das wie die zweite Hälfte des 19. Jahrhunderts durchaus unter dem Einfluß naturwissenschaftlicher Anschauungen und Begriffsbildungen steht[63]). Im übrigen bedarf es nach dem bereits Gesagten kaum noch einer Widerlegung obiger Argumentation, über deren Unrichtigkeit nur der Schimmer des Vergleiches täuschen kann. Zuzugeben ist natürlich, daß etwa ein totes Tier tot ist in jeder natürlichen Beziehung und ohne Rücksicht darauf, von welcher Seite etwa man es betrachtet. Dagegen muß eine Handlung, die rechtlich in einer Beziehung und für den einen nicht vorhanden ist, es nicht notwendig auch in jeder Beziehung und für alle sein, da es sich hier nicht um ein Fehlen natürlicher Wirkungen, sondern um die Unvollziehbarkeit normativer Zurech-

---

[63]) Z. B. spielt bei Dernburg, Pandekten, 7. Aufl., S. 284, ein völlig naturwissenschaftlich aufgefaßter Begriff der Wirkung seine Rolle, indem beim nichtigen Rechtsgeschäft die verursachende Kraft zu fehlen, beim anfechtbaren bloß „hemmbar" zu sein scheint. — Bezeichnend für die scheinbare Begründung juristischer Behauptungen durch naturwissenschaftliche Ausführungen ist es, wenn auch noch neuerdings etwa De Louter, Le droit international publique positiv, Bd. I, S. 16, 1920, erklärt: „deux élements ne nuissent nullement à l'unité d'un organisme, puisqu'ils sont nécessaires à son existence" und damit sein „double fondement" des Völkerrechts gegen den Vorwurf eines unerträglichen Dualismus zu decken sucht. Aus welchem Satz dann „logiquement et nécessairement" weitere rechtliche Folgerungen gezogen werden.

nungen handelt. Eine Denknotwendigkeit, irgendwann die „logische“ Kategorie der Nichtigkeit anzuwenden, ist demnach von der französisch-gemeinrechtlichen Theorie keineswegs aufgewiesen worden[64]).

Durch die historische Entstehung der Unwirksamkeitsformen fehlerhafter Rechtsgeschäfte werden im übrigen mancherlei Mängel der privatrechtlichen und damit auch der sie übernehmenden publizistischen Theorie deutlich und verständlich. So hat der logische Begriff der Nichtigkeit zur Folge, daß in den Darstellungen des bürgerlichen Rechts sich als Unwirksamkeitsformen fast ausschließlich Nichtigkeit und dingliche Anfechtung mit ihren verschiedenen Unterarten genannt finden. Dagegen werden Fälle der Wandlung usw., in denen ein dem Rechtsgeschäft von Anfang an anhaftender Fehler sich in einer Unwirksamkeit ex nunc äußert, in diesem Zusammenhange nicht einmal erwähnt. Selbst Cosack[65]) welcher der traditionellen Lehre wohl am freiesten gegenübersteht, widmet der „nachträglich eintretenden Unwirksamkeit“ nur wenige dürftige Zeilen. Dabei liegt nach heute durchaus herrschender Ansicht[66]) dem § 7 der KO. wie dem § 14 des Anfechtungsgesetzes ein obligatorischer Begriff der Anfechtung zugrunde, wodurch allein schon der dingliche Anfechtungsbegriff des BGB. zu einer Unwirksamkeitsform normativ begrenzten Anwendungsgebietes herabsinken müßte. Wie wenig de lege ferenda selbst im BGB. der dingliche Anfechtungsbegriff immer befriedigt, kann einer genaueren Untersuchung der einzelnen Anwendungsfälle kaum entgehen[67]). Des weiteren läßt der alte Irrtum der privatrechtlichen Theorie, die Anwendung bestimmter Unwirksamkeitsformen sei logisch gefordert, diese bei der Darstellung in unbilliger Weise herausreißen aus dem Zusammenhange des Systems, obwohl in Wahrheit die Normen über Nichtigkeit und Anfechtbarkeit von Rechtsgeschäften erst durch ihre teleologische Einbettung in den Gesamtkomplex, innerhalb dessen die Unwirksamkeitsformen

[64]) Ausführungen über den gleichgerichteten Versuch Kelsens s. unten sub *α*.

[65]) a. a. O. S. 15.

[66]) RGE. 52, 334; 58, 44. Vgl. ferner Siméon-David: Recht und Rechtsgang, Bd. II, S. 680 ff., 1923 und die dort Genannten.

[67]) So fordert Genzmer a. a. O. de lege ferrenda eine ex nunc-Wirkung der Ehenichtigkeitsklage.

mannigfach modifiziert erscheinen[68]), Sinn und Halt gewinnen können. Schließlich steht die Betrachtung des Aktes unter dem Gesichtspunkt „vorhanden — nicht vorhanden“ so im Vordergrund, daß dabei das praktische Fundament der ganzen Lehre von der Unwirksamkeit der Rechtsgeschäfte, die Möglichkeit, diese Unwirksamkeit durch Klage oder Einrede irgendwie geltend zu machen, von der privatrechtlichen Theorie nahezu vergessen wird[69]). Mängel, die ihren eigentlichen Grund in dem Versuch der privatrechtlichen Theorie finden, Unwirksamkeitsforderungen, deren Anwendung in Einzelfällen als Forderung praktischer Vernunft erschien, zu logisieren. Wenn Demolombe [70]) bald nach der französischen Kodifikation schrieb: „Une théorie générale et complète des nullités: je n'hésite pas à dire, qu'elle n'existe pas dans le Code Napoléon“, so gilt dasselbe für das BGB. Um so schärfer wird daher die Berechtigung publizistischer Anlehnungen an das Privatrecht zu prüfen sein.

β) Die Publizisten. Die vorausgeschickten Untersuchungen machen es verständlich, aus welchem Grunde nach Kormann[71]) die Unwirksamkeit nur in Nichtigkeit, relativer Unwirksamkeit und Anfechtbarkeit bestehen „kann“[72]). Der alte Irrtum der gemeinrechtlichen Theorie, bestimmte Unwirksamkeitsformen seien allein logisch denkbar, erlebt hier seine publizistische Auferstehung. Ist aber demnach der nichtige Tatbestand bestimmt durch alle Eigenschaften physischen Nichtvorhandenseins und erscheint das nichtige „publizistische“ Rechtsgeschäft als rechtliches „Nichts“[73]), so ist es nur konsequent, die Folgen dieser Nichtigkeit zu bestimmen, indem wir nach Kormann „die wich-

[68]) Man denke, abgesehen von dem bereits früher Ausgeführten, etwa an die Mischform der relativen Unwirksamkeit, die Vorschriften über Konversion, teilweise Nichtigkeit usw.

[69]) Über die Bedeutung dieses Mangels für die Lehre vom fehlerhaften Staatsakt s. insbesondere § 7d der Arbeit.

[70]) a. a. O. no 237. [71]) System a. a. O. S. 204ff.

[72]) In Frankreich behandelt nach Jèze L'Alcindor: Essai d'une théorie des nullités en droit administrative, Paris 1912, den fehlerhaften Staatsakt formalistisch. Als Unwirksamkeitsformen unterscheidet er les actes inexistants, les actes nuls ou irréguliers und les actes annulables. Im einzelnen konnte Alcindors Schrift leider nicht benutzt werden, da sie auf deutschen Bibliotheken fehlt, in Frankreich vergriffen ist und auch aus Holland und der Schweiz nicht zu erlangen war.

[73]) Kormann: a. a. O. S. 206.

tigsten Folgerungen aus unserm Nichtigkeitsbegriff ... ziehen"[74]). Weniger konsequent allerdings, da durch keinerlei angebliche Notwendigkeiten gefordert, ist es, wenn Kormann mit dem Begriff der relativen Unwirksamkeit „rechnen zu müssen"[75]) glaubt, weil er sich im Privatrecht finde. Charakteristisch dagegen für eine gewisse Methodenlosigkeit des Autors, welcher, ausgehend von einem vorausgesetzten Gegensatz von privatem und öffentlichem Recht, eine Verpflanzung privatrechtlicher Institute ins öffentliche Recht trotzdem mit ihrer privatrechtlichen Bedeutung begründet.

Kennzeichnend für den Einfluß privatrechtlicher Lehren auf das öffentliche Recht ist weiter, wenn man von publizistischer Seite die dingliche Anfechtung des BGB. geradezu als die Form der Anfechtung übernommen sieht. So läßt Fleiner[76]) die Außerkraftsetzung des fehlerhaften Verwaltungsaktes „von Amtes wegen" als auch seine Beseitigung über Klage oder Beschwerde ex tunc wirken. „Denn absolute Nichtigkeit und Anfechtbarkeit unterscheiden sich nicht in ihren Wirkungen, sondern bloß in der Art, wie die Beseitigung der ungültigen Verfügung herbeigeführt wird." Wie Fleiner trennt auch Hatschek[77]) den nichtigen und anfechtbaren Verwaltungsakt und übernimmt offenbar die privatrechtlichen Begriffe. Desgleichen sind nach Kormann[78]), der sich hier wie sonst eng an das privatrechtliche Schema anschließt, die „Wirkungen der durchgeführten Anfechtung ... grundsätzlich ex tunc zu datieren". Auch Otto Mayer[79]) läßt wie die Zivilisten als Unwirksamkeitsformen des fehlerhaften, in seiner Terminologie „ungültigen" Verwaltungsakts nur seine Nichtigkeit oder Vernichtbarkeit mit Wirkung ex tunc gelten. Immerhin rückt er gleich neben diese Unwirksamkeitsformen des ungültigen Verwaltungsakts die Mittel, welche bestehen, damit der Ver-

---

[74]) Kormann: a. a. O. S. 206. [75]) a. a. O. S. 208.

[76]) Institutionen des deutschen Verwaltungsrechts, 1919, 4. Aufl., S. 196.

[77]) Lehrbuch des deutschen und preußischen Verwaltungsrechts, 1922, 2. Aufl., S. 10.

[78]) Bei Stengel-Fleischmann: Wörterbuch, Bd. III, S. 724 r; System, S. 329, V. Umgekehrt allerdings will Kormann, System S. 329, beim „Widerruf von Amts wegen" eine „Rückbeziehung der Wirkungen" grundsätzlich nicht annehmen.

[79]) Deutsches Verwaltungsrecht 1914, 3. Aufl., I, S. 97 f.

waltungsakt „auch ohne ungültig zu sein, aufgehoben, abgeändert oder sonst beeinträchtigt“ werden kann. Eine ausschließliche Behandlung der dinglichen Anfechtung erweist sich offenbar im öffentlichen Recht als nicht wohl angängig, und so sieht man W. Jellinek sich in einem eigenen Abschnitte dem „zurücknehmbaren Staatsakt“ zuwenden[80]. In der Methode ähnlich wie die Zivilisten geht Herrnritt[81] zwar aus von der Dualität Nichtigkeit — Anfechtbarkeit, versteht aber unter der Wirkung dieser Anfechtung die „Aufhebung, Vernichtung, Rücknahme“ überhaupt jede „Korrektur“ des Akts, damit also die dingliche und obligatorische Anfechtung zusammenfassend. Schließlich gelangt Tezner[82], der nicht von logisch-deduktiv entwickelten privatrechtlichen Unwirksamkeitsformen ausgeht, auf Grund der Entscheidungen des Österreichischen Verwaltungsgerichtshofs zum entgegengesetzten Ergebnisse wie etwa Fleiner, indem er die Kassation fehlerhafter Akte von Amts wegen grundsätzlich ex nunc wirken läßt.

Bereits diese Ausführungen zeigen die problematische Richtigkeit einer glatten Übernahme der privatrechtlichen Unwirksamkeitsformen fehlerhafter Rechtsgeschäfte ins öffentliche Recht. Hinzu kommt, daß, von der Wirkung der Anfechtung abgesehen, die Art, in welcher ein Fehler durch Anfechtung geltend gemacht wird, im privaten und öffentlichen Recht durchaus verschieden ist. Während nämlich im Privatrecht die Anfechtung regelmäßig durch einfache Erklärung gegenüber dem Anfechtungsgegner erfolgt, hinter der dann die Möglichkeit gerichtlicher Durchsetzung steht, wird unter publizistischer Anfechtung sowohl die Parteienanfechtung in ihren verschiedenen Formen — Klage, Beschwerde usw. —, als auch die Rücknahme des fehlerhaften Akts durch die ihn setzende Behörde, wie schließlich seine Kassation durch ein anderes Organ, insbesondere die Aufsichtsbehörde, verstanden. Auch bedeutet es offenbar rechtlich einen Unterschied, ob, wie im Privatrecht, eine Anfechtung erfolgen darf,

---

[80]) a. a. O. S. 151 ff.

[81]) Grundlehren des Verwaltungsrechts, 1921, S. 289; vgl. auch 290 ff.

[82]) Das österreich. Administrativverfahren, 1922, S. 295. — Auch der ältere Bernatzik, welcher noch auf dem Boden gemeinrechtlicher Anschauungen steht, unterscheidet a. a. O. S. 71, Anm. 14 und S. 201, Anm. 52 zwischen relativer Nullität und Anfechtbarkeit, von denen diese ex nunc, jene ex tunc wirken soll.

oder ob sie wie die Kassation von Amts wegen unter Umständen erfolgen soll.

Ist schon hiermit der Kreis der eigentlichen Unwirksamkeitsformen des Privatrechts überschritten, so erleidet die angeblich logische Struktur dieser Formen durch die Prozessualisten einen weiteren Stoß. Wenn nämlich Wach, Hein, Hellwig, Beling, Stein, Oetker, Nußbaum, Schötensack, Sauer[83]) und andere zwischen dem nichtigen und Nichturteil unterscheiden[84]), so wird damit neben die Nichtigkeit noch deren Superlativ gestellt, kann also nur diese Übernichtigkeit als inexistence im Sinne der französischen Lehre gelten. Der nichtige Akt ist dann nicht mehr ein rechtliches Nichts, denn obwohl er nach Sauer „sachlich keine andere Bedeutung wie ein Nichtakt" hat, so „erfüllt er immerhin die wesentlichen Erfordernisse eines gültigen Aktes und kann daher sehr wohl ein förmliches Verfahren nach sich ziehen, das freilich nur seine Nichtigkeit feststellen kann"[85]). Mit Anerkennung einer abgeschwächten Nichtigkeit aber ist naturgemäß der Kreis absoluter, logischer Unwirksamkeitsformen gesprengt[86]). Weiter kennt namentlich das österreichische Recht eine Sistierung, d. h. Vollzugssperre bestimmter fehlerhafter Akte, die Komunalverbänden gegenüber dauernd zu sein pflegt[87]). Hier ist also der Akt weder nichtig noch vernichtbar in irgendeiner Weise, sondern wird nur in seiner Wirkung gehemmt. Schließlich vertrat die deutsche Regierung in ihrer Note vom 5. September 1919 an den Präsidenten der Friedenskonferenz die Ansicht, daß Artikel 61 Abs. 2 der Reichsverfassung über die Beteiligung Österreichs am Reichsrat wegen Kollision mit Art. 80 des Versailler Vertrages zurzeit „kraftlos" sei[88]). Versteht man hierunter, wie es Witt-

---

[83]) Sauer: Grundlagen des Prozeßrechts, 1919, S. 437 ff. Dort finden sich auch die Stellennachweise bezüglich der anderen oben genannten Autoren.

[84]) Vgl. auch Friedrichs: Verwaltungsrechtspflege II, 1921 S. 1013 ff. und die dort Genannten. [85]) a. a. O. S. 504.

[86]) Dies gilt auch, wenn Thoma: Der Polizeibefehl im badischen Recht, 1906, I, S. 466 f., zwar den Begriff der Nichtigkeit im Sinne von inexistence verwendet, daneben aber „rechtsungültige" Polizeiverordnungen kennt, welche immerhin die unteren Behörden binden.

[87]) S. dazu Tezner: Administrativverfahren a. a. O. S. 288 ff.

[88]) Abgedruckt als Nr. 70 der Sammlung völkerrechtlicher Quellen von Pohl-Sartorius, 1922, S. 405.

mayer[89]) wohl mit Recht tut, eine derzeitige Unwirksamkeit, so wäre dies der Fall einer dem Privatrecht[90]) unbekannten bedingten Gültigkeit als Unwirksamkeitssanktion fehlerhafter Staatsakte[91]).

Scheinen die bisherigen Ausführungen eine Mannigfaltigkeit teleologisch bestimmter Unwirksamkeitsformen zuzulassen, so ist dagegen nach Kelsen wenigstens die Kategorie der Nichtigkeit im Sinne der alten inexistence wie ihre Anwendung denknotwendig bestimmt. Für Kelsens System der reinen Rechtslehre haben nämlich von vornherein alle positivrechtlichen Vorschriften die gleiche Bedeutung[92]). Wenn daher „irgendein Tatbestand — eine menschliche Handlung — als Staatsakt, d. h. als dem Staate zurechenbar angesehen werden soll" und auch nur ein Element „den in der Rechtsordnung für die Zurechnung aufgestellten Bedingungen" nicht entspricht, „dann kann nach allgemeinen logischen Prinzipien das Zurechnungsurteil nicht gefällt werden"[93]). Der nichtige Staatsakt wird damit für Kelsen zum Nichtstaatsakt, die Nichtigkeit selbst zu einer absoluten rechtslogischen Kategorie. Nur die Kategorie der Anfechtung bleibt historisch-positivrechtlich bedingt, insofern durch die Rechtsordnung „genau bestimmt sein muß, welche Wirkungen die Anfechtung haben soll"[94]).

Gegen diesen von Kelsen geforderten Nichtigkeitsbegriff läßt sich jedoch zunächst sagen, daß er, wie die bisherige Untersuchung zeigte, der Rechtsordnung selbst nicht in allen seinen Folgerungen entspricht. Dann aber fragt es sich vor allem, ob dies formalistisch-quantitative Verfahren, mittels dessen Kelsen seinen Nichtigkeitsbegriff gewinnt, an sich begründet ist. Mit dieser Fragestellung, die letzten Endes mündet in das Problem der Rechtsauslegung überhaupt, muß jedoch der Bannkreis überschritten werden, welcher einer isolierenden Betrachtung der Unwirksamkeitsformen gezogen ist. Festgehalten sei jedoch vorher das Ergebnis der bisherigen Untersuchung. Es lautet: Ein System

[89]) Die Weimarer Reichsverfassung, 1922, S. 22.

[90]) Die aufschiebende oder auflösende Bedingung des Privatrechts beruht auf dem Parteiwillen.

[91]) Erwähnt sei in diesem Zusammenhange noch die von Kormann, System, S. 209 f. aufgestellte, angeblich den Rechtshandlungen eigentümliche Fehlerfolge der „Unrichtigkeit". In Wahrheit handelt es sich hier jedoch um eine Art des Fehlers, nicht um eine Form der Unwirksamkeit.

[92]) Staatsunrecht a. a. O. S. 86. [93]) Desgl. S. 86. [94]) Desgl. S. 87.

starrer Unwirksamkeitsformen kann durch die Argumentationen der logisch-dogmatischen Richtung als juristisch notwendig nicht nachgewiesen werden und widerspricht im einzelnen den Bestimmungen der Gesetze wie den Ausführungen von Theorie und Praxis. Auf welche Weise dann aber die Formen der Unwirksamkeit gewonnen werden können und nach welchen Gesichtspunkten vor allem Fehler und Unwirksamkeit in Beziehung zu setzen sind, bleibt im folgenden noch zu untersuchen.

§ 3. Die Versuche der Gegenstandsbegrenzung durch die Kategorien des Rechtsgeschäfts und der Rechtshandlung.

a) Die Bedeutung dieser Kategorien für die Theorie des fehlerhaften Staatsakts. Wurde bisher als Staatsakt jede Handlung betrachtet, die aus irgendwelchen Gründen dem Staate zuzurechnen war, so erscheint nunmehr bei dem Versuch, bestimmte Fehler mit bestimmten Unwirksamkeiten zu verbinden, eine inhaltliche Begrenzung des Gegenstandes als gefordert. Gelten doch bekanntlich auch im Privatrecht jene Regeln, welche von den Voraussetzungen und Formen der Unwirksamkeit handeln, nur für Rechtsgeschäfte. Eine Beschränkung der Untersuchung auf die Rechtsfolge von Staatsakten bestimmter Art scheint daher geboten.

Besondere Beachtung verdient unter diesem Gesichtspunkt die Ansicht einer Anzahl Autoren, nach der es wie im privaten so auch im öffentlichen Recht Tatbestände geben soll, welche als Rechtsgeschäfte angesehen werden müssen. Indem diesen Tatbeständen dann die Nichtrechtsgeschäfte oder Rechtshandlungen entgegengesetzt werden, erscheint es möglich, beide Gruppen rechtlich gesondert zu behandeln, wobei eine analoge Anwendung der privatrechtlichen Normen über Rechtsgeschäfte und Rechtshandlungen sich sozusagen von selber ergibt. Zwar liegen an sich durchaus nicht jeder Verwendung des Wortes „Rechtsgeschäft" von publizistischer Seite derartige Vorstellungen zugrunde. Vielmehr wird häufig wie bei seiner Prägung durch Hugo[95]) der Ausdruck Rechtsgeschäft schlechthin für Rechtshandlung im weiteren Sinne gebraucht[96]) oder erfährt der gebrauchte Begriff individuelle Färbungen durch den jeweiligen Zusammenhang, in dem er sich

95) Lehrbuch eines zivil. Kursus IV, 53.

96) So offenbar von Heyland: Die Rechtsstellung der besetzten Rheinlande, 1923, S. 4.

findet. Vielfach dient das Wort Rechtsgeschäft auch zur Bezeichnung von Akten, die, irgendwie Rechte schaffend, doch nicht Gesetz oder Verordnung sind[97]). Damit verbunden findet sich wohl die Vorstellung, ihre Richtigkeit bleibe dahingestellt, das Rechtsgeschäft könne als ein „rechtsunterstelltes Wollen" eine „Abänderung der souveränen Rechtsordnung" nicht herbeiführen[98]). Aber nicht immer ist diese Verwendung des Rechtsgeschäftsbegriffs ein derart „harmloses Vergnügen"[99]). Bereits bei Laband ist wohl die Parallele von Verwaltungsakt und Rechtsgeschäft nicht so durchaus ohne jede technische Bedeutung wie G. Meyer annimmt[100]), der selber die Übernahme privatrechtlicher Begriffe ins öffentliche Recht verwirft. Einen schon stark privatrechtlichen Anstrich erhält die Bezeichnung Rechtsgeschäft bei Otto Mayer[101]), während endlich bei Kormann der publizistisch gewendete Begriff des privatrechtlichen Rechtsgeschäfts geradezu im Mittelpunkt seines ganzen Systems steht. Es ergeben sich hieraus für die Voraussetzungen und Folgen der Fehlerhaftigkeit von Staatsakten wichtige Konsequenzen. Ist tatsächlich das „publizistische" Rechtsgeschäft dem privatrechtlichen wesensgleich, so erscheint es z. B. als begründet, Willensmängeln einen Einfluß auf die Wirksamkeit mit ihnen behafteter Akte einzuräumen. Richtig ist daher für Kormann[102]) Belings[103]) Ansicht, nach dem

---

97) Z. B. ist nach Laband: Staatsrecht, 4. Aufl., II, S. 175, die Verfügung ein Rechtsgeschäft, weil sie nicht „Rechtssätze, sondern Rechtsverhältnisse" schaffe. Mit Recht bemerkt Thoma: Der Vorbehalt des Gesetzes im preuß. Verfassungsrecht, in Festgabe für Otto Mayer, 1916, S. 179 dagegen, Radbruch zustimmend, daß jede Anordnung von oben her betrachtet als Rechtsgeschäft, von unten gesehen als Rechtssatzung erscheint.

98) Dies die Formulierung von Stammler: Lehrbuch der Rechtsphilosophie, 1922, S. 133, Anm. 2. 99) Bernatzik: a. a. O. S. 10. Anm. 7.

100) Lehrbuch des deutschen Verwaltungsrechtes, 1893, 2. Aufl., I, S. 29, Anm. 1.

101) Deutsches Verwaltungsrecht, 2. Aufl., I, S. 104 ff., 1914. Im Gegensatz zu O. Mayer, für den die Verfügung das einseitige Rechtsgeschäft der Verwaltung ist, läßt Piloty, Verwaltungsrechtl. Gedanken, in Festgabe für O. Mayer 1916, S. 97, nur „das Rechtsgeschäft stets einen Rechtserfolg . . . als Ziel" haben, während einer „Verwaltungsverfügung nur ganz ausnahmsweise Rechtserfolge" zukommen, dieselbe vielmehr „gewöhnlich" nur „tatsächliche Zustände" gestalten soll.

102) System a. a. O. S. 293. Einige Literatur zum Begriff des publizistischen Rechtsgeschäfts ebendort S. 22 ff.

103) In Kohlers Enzyklopädie II, 366; Bennecke-Beling, S. 294.

Prozeßhandlungen des wahnsinnigen Richters darum nichtig sind, weil sie als rechtsgeschäftliche Akte die „Erklärung einer geschäftsfähigen Person“ zu ihrer Wirksamkeit voraussetzen. Unbeträchtlich dagegen erscheinen Mängel dieser Art bei Akten, die nicht als „publizistische Rechtsgeschäfte“ angesehen werden können. Denn nach Kormann[104]) beruht „die Nichtigkeit wegen Willensmängeln . . . auf dem Charakter des Verwaltungsakts als einer Willenserklärung; sie kann darum keine Anwendung finden auf Akte, die keine Willenserklärungen sind. Gerade in dieser Frage also zeigt sich der viel bezweifelte Wert des Rechtsgeschäftsbegriffs und seiner scharfen Scheidung von der bloßen Rechtshandlung; nur für das Rechtsgeschäft, nicht für die Rechtshandlung gelten die Vorschriften über Geschäftsfähigkeit“.

Auch Walter Jellinek ist wie Kormann durchaus der Meinung, daß „staatliche Rechtsgeschäfte“[105]) bezüglich der Verbindung von Fehler und Unwirksamkeitsform besonders zu behandeln seien. Die unter diese Kategorie zu rechnenden Tatbestände entdeckt auch er durch Verwendung der privatrechtlichen Definition des Rechtsgeschäfts. Danach erklärt W. Jellinek z. B. die Zustellung für kein Rechtsgeschäft, sondern für eine Handlung. „Denn was der Gerichtsvollzieher oder der Amtsdiener oder der Postbote herbeiführen will, das ist allein die körperliche Übergabe oder Niederlegung des zuzustellenden Schriftstücks, nicht der mit dieser Tat verbundene rechtl'che Erfolg[106]).“ Meint ferner Fleiner[107]): „Da sich in der Verfügung eine Willenserklärung verkörpert, so muß sie überdies frei von Willensmängeln sein“, so bedeutet auch dies offenbar einen Anschluß an die privatrechtlichen Lehren von Rechtsgeschäft und Willenserklärung. Dasselbe gilt schließlich für Hatschek[108]), der schlechthin Verwaltungsakt

[104]) System a. a. O. S. 304.

[105]) Der Ausdruck findet sich bei Jellinek, a. a. O., z. B. S. 20, 27.

[106]) a. a. O. S. 70. [107]) Institutionen, S. 194, 176.

[108]) a. a. O. S. 11. Neuerdings unterscheidet Hatschek, Völkerrecht als System rechtlich bedeutsamer Staatsakte, 1923, im Anschluß an die privatrechtliche Einteilung der rechtlich bedeutsamen Handlungen auch im Völkerrecht zwischen Völkerhandlungen, Völkerrechtshandlungen und Völkerrechtsgeschäften, macht also die privatrechtlichen Kategorien zur Basis seines ganzen Systems. Die Berechtigung hierzu ergibt sich für Hatschek durch Gleichsetzung jener privatrechtlichen Grundbegriffe mit per Idee einer allgemeinen Rechtslehre. Vgl. insbesondere S. 122 ff.

und publizistisches Rechtsgeschäft gleichsetzt. Dagegen sind nach Hatschek „Mitteilungen, Belehrungen, Mahnungen u. a. m." keine publizistischen Rechtsgeschäfte. „Die Behörde will keine bindende Willenserklärung abgeben." „Es sind bloß: Rechtshandlungen, d. h. Handlungen, an die sich rechtliche Wirkungen ohne Rücksicht auf den Willen des Handelnden anknüpfen, während bei den Verwaltungsakten als publizistischen Rechtsgeschäften die rechtlichen Wirkungen eben deshalb eintreten, weil der Handelnde, insbesondere die Behörde, den Eintritt dieser Wirkungen will."

Beansprucht so der Begriff des publizistischen Rechtsgeschäfts praktische Bedeutung auch bezüglich der Folgen fehlerhafter Staatsakte, so fragt es sich doch, was eigentlich seine Aufstellung und Verwendung rechtfertigt[109]). Jedenfalls kann ein derartiger publizistischer Rechtsgeschäftsbegriff nur dann überhaupt irgendwelchen Sinn haben, wenn wirklich Akte bestimmter Art ihm auch entsprechen. Da nun die Vertreter des hier interessierenden Begriffs eines publizistischen Rechtsgeschäfts durchweg der Meinung sind, ihre Unterscheidung einzelner Staatsakte in Rechtsgeschäfte und Rechtshandlungen mittels der privatrechtlichen Definitionen dieser Begriffe vollzogen zu haben, setzen sie die Möglichkeit, mittels dieser Definitionen menschliche Handlungen juristisch zu unterscheiden, als gegeben voraus. Ob diese grundlegende Annahme jedoch berechtigt ist, muß deutlich werden, wenn man einmal nachprüft, wie eigentlich der privatrechtlichen Theorie es gelingt, bestimmte Tatbestände als Rechtsgeschäfte oder Rechtshandlungen zu erkennen und zu unterscheiden.

b) Die privatrechtlichen Versuche, bestimmte Tatbestände als Rechtsgeschäfte oder Rechtshandlungen festzustellen.

α) Das Willens- oder Erklärungsziel als Unterscheidungskriterium. Nach Enneccerus[110]) ist das Rechtsgeschäft

[109]) Sulser: Bedingung u. Auflage. Ein Beitrag zum allgemeinen Teil des Verwaltungsrechts, Züricher Diss. 1919, S. 3, meint zwar, die Anerkennung des privatrechtlichen Rechtsgeschäftsbegriffs nötige dazu, auch ein publizistisches Rechtsgeschäft anzuerkennen. „Es liegt ja einfach eine menschliche Handlung, die eine besondere Art von juristischen Tatsachen darstellt, vor." Aber diese Argumentation entbehrt jeder Beweiskraft, da Sulser weder untersucht, ob es Tatbestände gibt, die sich dem Rechtsgeschäftsbegriff fügen, noch begründet, warum derartigen rechtsgeschäftlichen Tatbeständen im öffentlichen Recht irgendwelche Bedeutung zukommt.

[110]) a. a. O. S. 354. Literatur über Begriff und Wesen des Rechtsgeschäfts bringt bis 1913 wohl am vollständigsten der Kommentar von

„ein Tatbestand, der eine Willenserklärung oder eine Mehrheit von solchen enthält und von der Rechtsordnung als Grund für den Eintritt der als gewollt bezeichneten Rechtswirkungen anerkannt ist“. Gegenüber dieser Definition, die auf die Richtung des Erklärungsinhalts abstellt, legt die Enneccerus sonst nahestehende ältere Willenstheorie das Schwergewicht auf die Richtung des Willens selber. Demnach soll nach der Willenstheorie der empirische Wille selbst, nach der Erklärungstheorie zum mindestens der Erklärungsinhalt bei Tatbeständen, die sich als Rechtsgeschäfte charakterisieren, auf Rechtsfolgen gerichtet sein. Fehlt „die auf eine Rechtswirkung gerichtete Absicht des Erklärenden“, so liegt nach Ansicht des Reichsgerichts[111]) „ein Rechtsgeschäft überhaupt nicht vor, weder ein wirksames, noch ein unwirksames. Eine derartige Erklärung entbehrt völlig des rechtsgeschäftlichen Charakters“. Dagegen kann dieselbe sich als Rechtshandlung darstellen, da hier nach Meinung der Motive[112]) die Rechtsfolge von selbst und ohne Rücksicht auf den Parteiwillen eintritt. Nach Ansicht der privatrechtlichen Theorie sind also die von den Begriffen Rechtsgeschäft und Rechtshandlung gemeinten Tatbestände durch natürliche Merkmale ausgezeichnet und voneinander unterschieden. Als wesentliches Kennzeichen rechtsgeschäftlicher Tatbestände sieht dabei, wie gesagt, die Willenstheorie das Ziel des psychologischen Willens, die Erklärungstheorie das immanente Ziel der Erklärung an, welches Ziel nach beiden Theorien in Rechtsfolgen bestehen soll. Für die Verwendbarkeit, wenn auch noch nicht Richtigkeit dieser Lehre würde nun sprechen, wenn wirklich an jenen Tatbeständen, welche gemeinhin als Rechtsgeschäfte angesehen werden, sich die Merkmale des Rechtsgeschäftsbegriffs nachweisen ließen. Denn da diese Tatbestände ja angeblich auf Grund der Definition des Rechtsgeschäfts als diesem Begriffe zugehörig erkannt wurden, stellt dieser rückläufige Weg gleichsam die Probe aufs Exempel dar.

Planck-Strohal, 1913, I, 4. Aufl.; einige spätere Literatur enthält Enneccerus, a. a. O. zu § 136.

[111]) E. Bd. 68, S. 324.

[112]) I, 126. Es kann hier im allgemeinen von Rechtshandlungen gesprochen werden ohne Rücksicht auf weitere Untergruppen, wie sie als Vorstellungs- und Gefühlsäußerungen usw. von den verschiedensten Autoren aufgestellt werden. Das allen Gemeinsame ist eben die Nichtrechtsgeschäftsnatur.

Betrachtet sei zunächst der Tatbestand der Kündigung, welcher leicht zu vergegenwärtigen ist und als einseitige Willenserklärung wohl allgemein anerkannt wird. Auf die Frage, woher weiß man eigentlich, daß die Kündigung als Rechtsgeschäft und nicht etwa als Rechtshandlung erscheint, würde die Antwort je nach dem eingenommenen willens- oder erklärungstheoretischen Standpunkte lauten: Die Kündigung ist deswegen ein Rechtsgeschäft, weil der Wille des Kündigenden, bzw. der Inhalt des Erklärten, sich auf einen Rechtserfolg und nicht auf einen solchen tatsächlicher Art richtet. Enthalten jedoch zunächst in Wahrheit alle jenen Tatbestände, welche im Rechtsverkehr als Kündigung betrachtet und von der Rechtsordnung als solche anerkannt werden, einen Willen, gerichtet auf die rechtlichen Wirkungen der Kündigung? Reflektiert man auf den Akt der Kündigung, so wird man finden, daß jeder Kündigende als Ergebnis seiner Erklärung regelmäßig ein bestimmtes Verhalten des Aktsadressaten, also einen tatsächlichen Erfolg herbeiführen will. Die Kündigung scheint danach eher eine Rechtshandlung zu sein. Dagegen spricht, jedoch, daß meist der Kündigende eine mehr oder weniger klare Vorstellung auch von den Rechtsfolgen der Kündigung zu haben pflegt, wobei sein Wille sich normalerweise auch auf Verwirklichung dieser Rechtsfolgen erstreckt. Dieses Moment spricht also für eine rechtsgeschäftliche Natur der Kündigung.

Nicht anders wird das Ergebnis, wenn man statt von dem psychologischen Willen vom Inhalt des Erklärten den Ausgang nimmt. Denn da auch der vom Erklärenden losgelöste, für sich betrachtete Erklärungsinhalt letzten Endes nur enthält, was der Erklärende in ihn hineinlegte, so ist auch dieser Inhalt geradeso gut und geradeso wenig auf Rechtsfolgen gerichtet wie der ihn hervorbringende Wille selber. Unhaltbar insbesondere erscheint die Anschauung, nach der „die Rechtswirkung mit dem Inhalt der Willenserklärung im wesentlichen kongruent“[113]) sein soll. Denn daß in der den Kündigungstatbestand verwirklichenden Erklärung, die Wohnung Y zum xten zu kündigen, bereits die Rechtsfolgen enthalten seien, wird ernsthaft schwerlich vertreten werden können[114]).

---

[113]) v. Thur, a. a. O. S. 106.

[114]) Dagegen auch Kohler: Das Autorrecht, Iherings Jahrb. 1880, S. 135 ff.

Soll trotzdem der Tatbestand der Kündigung, obwohl er so gut unter den Begriff des Rechtsgeschäfts wie den der Rechtshandlung gebracht werden kann, sich als rechtsgeschäftlicher darstellen, dann muß dies rechtsgeschäftliche Moment irgendwie als hervorstechend erscheinen.

Als Beispiel, dies festzustellen, sei die Mahnung gewählt, deren Rechtshandlungsnatur zwar nicht völlig unbestritten ist[115]), immerhin aber so überwiegend angenommen wird, daß v. Thur sie geradezu als nächstliegenden Fall einer Rechtshandlung überhaupt bezeichnet[116]). Als Rechtshandlung soll nun die Mahnung durch das Fehlen des auf einen rechtlichen Erfolg gerichteten Willens angeblich erkennbar sein. Denn, wie v. Thur behauptet, „indem der Gläubiger die ihm geschuldete Leistung verlangt, will er sein Recht ausüben, nicht aber eine Rechtsänderung herbeiführen". Eine Vergegenwärtigung des Tatbestandes der Mahnung wird die Richtigkeit dieser Behauptung ergeben. Nach v. Thur ist der Wille des Gläubigers auf „Ausübung seines Rechtes" gerichtet. Soll dies, wie es der Thurschen Definition der Rechtshandlung entsprechen würde, heißen, der Wille des mahnenden Gläubigers sei lediglich auf einen „tatsächlichen" Erfolg gerichtet, so kann diese Behauptung als richtig nicht anerkannt werden. Denn weder in jedem einzelnen Fall noch auch nur typisch fehlt einem mahnenden Gläubiger der Rechtserfolgswille. Es liegt hier offenbar geradeso wie bei der Kündigung. Der Kündigende wie der Mahnende will regelmäßig einen tatsächlichen Erfolg und will ebenso die Rechtswirkungen, soweit er sie kennt und sie in seinem Bewußtseinshorizont auftauchen. Ja, man wird eher noch wie bei der Kündigung von der Mahnung sagen können, der Wille des Mahnenden sei auf einem Rechtserfolg gerichtet. Denn anders wie die Kündigung zielt die Mahnung von vornherein ab auf Überwindung schuldnerischer Widerspenstigkeit. So scheint es nur natürlich, wenn gerade im Falle der Mahnung der Gläubiger den Rechtserfolg erstrebte.

---

[115]) Zitelmann: Selbstmahnung des Schuldners, in Festgabe für Krüger 1911, S. 287, erklärt die Mahnung für ein Rechtsgeschäft. Derselben Ansicht scheint Cosak a. a. O. zu sein. Wenn Manigk, Willenserklärung und Willensgeschäft, 1907 S. 725 in seiner Terminologie die Mahnung als „Willensmitteilung", Breit, Die Geschäftsfähigkeit, S. 193, sie für eine „Sollenserklärung" ansieht, so ist das hier Entscheidende das Bestreiten der Rechtsgeschäftsnatur.

[116]) a. a. O. S. 108.

Es ergab sich damit im Gegensatz zur Ansicht der privatrechtlichen Theorie, daß sich die Tatbestände der Mahnung und Kündigung den Definitionen des Rechtsgeschäfts und der Rechtshandlung, wenigstens soweit jene Definitionen auf ein Vorhandensein oder Fehlen des Rechtserfolgwillens als Unterscheidungskriterium abstellten, durchaus nicht fügen wollten. Immerhin mag es an der Wahl der Beispiele gelegen haben. Betrachtet sei daher eine Anzahl weiterer Tatbestände, die nach der Meinung v. Thurs als Rechtshandlungen anzusprechen sind. Es werden da genannt „die Aufforderung des Schenkers an den Beschenkten, sich über die Annahme der Schenkung zu erklären", die „Aufforderung zur Anmeldung von Ansprüchen oder zur Genehmigung von Rechtsgeschäften", die „Aufforderung des Schuldners an den wahlberechtigten Gläubiger". Aber bereits eine kurze Reflektion auf die betreffenden Akte zeigt, wie in all diesen Fällen, welche in ihrer wesenhaften Struktur der Mahnung offenbar verwandt sind, der Wille des Handelnden erfahrungsgemäß typisch wie individuell so gut auf Rechtsfolgen wie auf ein tatsächliches Ergebnis gerichtet sein kann und umgekehrt. Der reine Behauptungscharakter wie die Gewaltsamkeit jener auf angebliche psychologische Besonderheiten gegründeten Unterscheidung tritt auch bei anderen Autoren deutlich heraus. Man höre etwa Eltzbacher[117]): „Solche Willensäußerungen wie die des Gläubigers, der es ablehnt, die Leistung nach einer bestimmten Frist noch anzunehmen . . . richten sich nicht auf eine Rechtsfolge, sondern auf etwas rein Tatsächliches." Eine Unterscheidung von Rechtsgeschäft und Rechtshandlung nach dem Willens- oder Erklärungsziel scheint damit ausgeschlossen zu sein. Die Frage nach der Berechtigung, auf Grund psychologischer Kriterien die Tatbestände des Rechtsgeschäfts und der Rechtshandlung zu bestimmen und abzugrenzen, braucht daher in diesem Zusammenhange gar nicht erst aufgeworfen zu werden. Zu beachten bleibt schließlich, daß gegenüber der herrschenden Lehre namhafte Autoren[118]) auch bei Rechtsgeschäften die Not-

117) Die Handlungsfähigkeit nach deutschem bürgerl. Recht, 1904, I, S. 77.

118) Angaben darüber s. bei Oertmann, Kommentar, Allg. Teil, 1908, unter Willenstheorie. In einer Abhandlung über „Parteiabsicht und Rechtserfolg", erschienen 1881 in Iherings Jahrbüchern, vertritt Lenel bereits diesen Standpunkt. Auch neuestens bestreitet Lenel in Rechtswissenschaft der Gegenwart in Selbstdarstellungen 1923, S. 11 die Be-

wendigkeit, einen Rechtserfolg zu wollen, bestreiten. Dann aber entfällt die Möglichkeit, nach Willens- oder Erklärungsziel die Rechtsgeschäfte von den Rechtshandlungen zu trennen, von selbst.

β) Die Notwendigkeit eines Rechtserfolgswillens als Kennzeichen des Rechtsgeschäfts. Die tatsächliche Unmöglichkeit, nach angeblichen Verschiedenheiten des Willens- oder Erklärungszieles die Rechtsgeschäfte von den Rechtshandlungen zu unterscheiden, ist übrigens auch den Anhängern dieses Kriteriums nicht völlig entgangen. Jedenfalls dürfte es hierauf zurückzuführen sein, wenn zwar von ihnen meist an dem Erfordernis des auf den Rechtserfolg gerichteten Willens bzw. Erklärungsinhalts beim Tatbestande des Rechtsgeschäftes festgehalten wird, dagegen die Möglichkeit, daß auch der Tatbestand der Rechtshandlung derart einmal beschaffen sei, mehr oder weniger offen zugegeben wird[119]).

Dann aber kann eine angebliche Verschiedenheit des Willens oder Erklärungszieles auch nicht mehr Rechtsgeschäfte und Rechtshandlungen unterscheiden. Auf dieser Erkenntnis mag beruhen, wenn unter Festhaltung am Rechtserfolg als Willens- oder Erklärungsziel die Rechtshandlungen von den Rechtsgeschäften nun dadurch geschieden werden sollen, daß man bei ersteren einen etwaigen Rechtserfolgswillen für gleichgültig erklärt. So ist schon nach der im übrigen mehrfach geänderten Ansicht

---

rechtigung der „fast allgemein herrschenden Lehre, daß zum Begriff des Rechtsgeschäfts eine spezifisch juristisch gefärbte, nämlich auf den Rechtserfolg gerichtete Absicht der Parteien gehöre“. Der Grund aber, „warum die herrschende Lehre so schwer zu erschüttern ist“, liegt nach Lenel in der Bequemlichkeit, „in Zweifelsfällen, statt zu untersuchen, welche Rechtsfolgen und warum sie dem Parteiwillen angemessen sei, lieber ohne weiteres der Partei das Gewolltsein dieser Rechtsfolge in die Seele zu schieben“.

[119]) Auch ersteres Erfordernis läßt Enneccerus fallen. So meint er a. a. O. S. 336 von den Rechtshandlungen „tatsächlich werden sie in den meisten Fällen im Bewußtsein ihrer Rechtswirkungen, ja oft in der Absicht, sie hervorzurufen, vorgenommen“. Umgekehrt heißt es S. 356 von den Rechtsgeschäften, es brauchten nur „die unmittelbaren und rechtsgeschäftlichen“ Folgen erklärt zu werden. Eine Einschränkung, die ihrerseits noch eingeschränkt wird, da nach Enneccerus auch diese unmittelbaren Folgen „nicht in klarer juristischer Vorstellung, sondern nur in praktischer Gesamtanschauung erklärt“ sein müssen. Wie dann allerdings Enneccerus mit Hilfe seiner Definitionen noch Tatbestände als Rechtsgeschäfte und Rechtshandlungen unterscheiden will, ist unverständlich.

der Protokolle[120]) die Mahnung deshalb „zweifellos kein Rechtsgeschäft, weil ihre Wirkungen ohne Rücksicht auf den Willen der betreffenden Person“ angeblich eintreten sollen. Desgleichen ist für Enneccerus[121]) den Rechtshandlungen wesentlich, daß hier die „Rechtswirkung nicht durch den Inhalt des Willens, sondern direkt durch das Gesetz“ nach seiner Ansicht bestimmt wird. Eine Meinung, welche auch H. Lehmann[122]) in seinem Allgemeinen Teil des Bürgerlichen Gesetzbuches vertritt. v. Thur[123]) hält darum „die Willensäußerung des Tradenten bei der Besitzübergabe“ für „nicht rechtsgeschäftlicher Natur,“ weil einmal dieselbe auf einen tatsächlichen Erfolg gerichtet sei, dann aber die Rechtswirkung dieser Willensäußerung . . . weder in ihrem Inhalt, noch im Bewußtsein des Tradenten zu liegen brauche.“ Die Merkmale von v. Thur und Enneccerus zusammenfassend, sieht Planck - Strohal[124]) im Anschluß an Klein das Unterscheidungskriterium der Rechtshandlungen von den Rechtsgeschäften darin, daß bei ersteren „nicht eine gewollte Rechtswirkung in der Erklärung als gewollt bezeichnet zu sein braucht, und daß diese Rechtswirkung, auch wo sie gewollt oder sogar als gewollt bezeichnet ist, nicht um deswillen eintritt, weil sie gewollt ist“. Auch Eltzbacher[125]) zerteilt in seiner Terminologie das „rechtmäßige Verhalten“ in „Willenserklärungen und unmaßgebliches Verhalten“, welch letzteres „in sich nichts“ berge, „was unmittelbar für die Art der an es geknüpften Rechtsfolge maßgebend wäre“, wodurch es von der Willenserklärung unterschieden sein soll. Schließlich gehört auf Grund eben dieses Kriteriums nach Manigk[126]) der Fund zweifellos zur Kategorie der Rechtshandlungen. Denn „der Wille des Finders einer Sache braucht sich auf keine der rechtlichen Wirkungen seines Verhaltens zu beziehen, weder auf einzelne typische Hauptwirkungen noch auf die Gesamtheit derselben. Der Fund kann also in keiner Hinsicht als Rechtsgeschäft angesehen werden“.

Das hiermit aufgestellte Kriterium der Notwendigkeit oder Gleichgültigkeit des Rechtserfolgswillens als Kennzeichen von Rechtsgeschäft und Rechtshandlung ist jedoch offenbar nicht ge-

[120]) I, S. 267. [121]) a. a. O. S. 336.
[122]) Bd. I der Grundrisse der Rechtswissenschaft, S. 168.
[123]) a. a. O. S. 101. [124]) a. a. O. S. 224. [125]) a. a. O. S. 121.
[126]) a. a. O. S. 671.

eignet, die von ihm verlangte unterscheidende Funktion in Wahrheit zu erfüllen. Vielmehr bedeutet jene Abstellung auf die Rechtswirkung, welche dieser Definition zugrunde liegt, einen deutlichen Zirkel. Auf die Frage nämlich, ob man z. B. den Fund als Rechtsgeschäft oder Rechtshandlung anzusehen habe, lautet die Antwort der privatrechtlichen Theorie, der Fund sei deswegen eine Rechtshandlung, weil der Wille des Finders nicht auf Rechtsfolgen gerichtet zu sein brauche. Der Wille des Finders braucht aber nicht auf Rechtswirkungen gerichtet zu sein, wenn der Fund als eine Rechtshandlung angesehen werden muß. Um also mit Hilfe der obigen Definition des Rechtsgeschäfts angeben zu können, ob ein Tatbestand sich als Rechtsgeschäft oder Rechtshandlung darstellt, muß man bereits wissen, welcher von beiden Rechtskategorien der betreffende Tatbestand unterzuordnen ist. Denn auch dem Gesetz, welches sich über diesen Punkt regelmäßig ausschweigt, kann die Antwort nicht etwa entnommen werden.

Zusammenfassend läßt sich demnach sagen, daß jedenfalls mittels der durch die Privatrechtstheorie aufgestellten Definitionen des Rechtsgeschäfts und der Rechtshandlung diesen Begriffen zuzuordnende Tatbestände unmöglich aufgefunden werden können. Damit aber erweisen sich auch die Versuche derjenigen Publizisten, welche wie etwa W. Jellinek, Kormann, Hatschek, Fleiner und Sulser mittels der privatrechtlichen Definitionen von Rechtsgeschäft und Rechtshandlung bestimmte Tatbestände öffentlich-rechtlicher Bedeutung zusammenzufassen und für rechtliche Behandlung herauszuheben suchten, als von vornherein verfehlt. Auf dem privatrechtlichen Zirkelschluß beruht besonders drastisch die Kormannsche Unterscheidung seiner „publizistischen Rechtsgeschäfte“ und „rechtshandlungsmäßigen Verwaltungsakte“. Will man nämlich wissen, welcher von beiden Kategorien ein Verwaltungsakt unterzuordnen ist, „so muß“ nach Kormann[127]) seine „rechtliche Natur klar werden, wenn man sich fragt: welchen Einfluß hat es, wenn der Handelnde ausdrücklich erklärt, er wolle den Eintritt von Rechtsfolgen nicht. Bei dem Rechtsgeschäft wird diese Willenserklärung das Rechtsgeschäft aufheben, bei einer Rechtshandlung wird sie ein leerer Protest gegen das ja nicht vom Handelnden, sondern nur vom Gesetzgeber Gewollte, sie wird ein Schlag ins Wasser sein“. Um also

[127]) System, S. 23.

Rechtsgeschäft und Rechtshandlung unterscheiden zu können, ist auch nach Kormann Kenntnis der rechtlichen Natur des zu beurteilenden Tatbestandes die unumgängliche Voraussetzung.

γ) Die teleologische Unterscheidung von Rechtsgeschäft und Rechtshandlung als eigentlich verwandte Methode der privatrechtlichen Theorie. Ergibt sich demnach die Sachlage, daß natürliche Verschiedenheiten zwischen den als Rechtsgeschäfte und Rechtshandlungen bezeichneten Tatbeständen nicht bestehen, so ordnet doch andererseits die privatrechtliche Theorie unbestreitbar bestimmte Akte den entsprechenden Rechtsbegriffen unter. Es fragt sich also, auf welche Weise in Wahrheit die Zivilisten jene Bestimmung und Abgrenzung von Tatbeständen als Rechtsgeschäfte und Rechtshandlungen eigentlich vollziehen. Dieser Punkt ist schon darum von Bedeutung, weil sich mit Sicherheit voraussagen läßt, daß diejenigen Publizisten, welche bisher der privatrechtlichen Theorie freiwillig Gefolgschaft leisteten, sie ihr weiterhin nicht werden versagen können. Es zeigte sich nun schon, daß jene Unterscheidung von Rechtsgeschäft und Rechtshandlung, welche mit Hilfe der als Unterscheidungsmittel angegebenen Definitionen niemals hätte vollzogen werden können, tatsächlich ohne Begründung, vielmehr als petitio principii erfolgte. Eine petitio principii ist es, wenn etwa Manigk[128]) die Geschäftsführung ohne Auftrag für eine Rechtshandlung erklärt, weil ihre Folgen „ohne jede Rücksicht auf ihr Gewolltsein rein ex lege“ eintreten sollen. Das eigentliche Motiv zu dieser Behauptung wird jedoch erkennbar, wenn Manigk einige Seiten weiter wie beiläufig bemerkt „sähe man die Geschäftsführung als Rechtsgeschäft an, so müßte man nach der herrschenden Auffassung, die bei jedem Rechtsgeschäft eine Willenserklärung annimmt, die §§ 116ff. anwenden. Das wäre ein schlechter Schutz des Geschäftsherrn“. Der wirkliche Grund, die Geschäftsführung ohne Auftrag für eine Rechtshandlung zu erklären, liegt also für Manigk in dem Wert des Ergebnisses. Sieht man genauer zu, so wird man finden, daß alle die Tatbestände, welche nicht als Rechtsgeschäfte, sondern im weitesten Sinne als Rechtshandlungen angesehen werden, wegen des praktischen Ergebnisses offenbar oder nach Ansicht des betrefffenden Autors einer restlosen Unterordnung unter die Normen über Rechtsgeschäfte widerstre-

[128]) a. a. O. S. 685.

ben. Was Kelsen[129]) gegen die zivilistische Unterscheidung der verschiedenen Irrtumsfälle einwendet, daß nämlich „diese Unterscheidung . . . durchaus nicht nach psychologischen, sondern nach ethisch-politischen Gesichtspunkten" erfolge, gilt jedenfalls für die privatrechtliche Lehre vom Rechtsgeschäft. Ja, man wird nicht zu weit gehen mit der Feststellung, daß die privatrechtliche Theorie als Rechtsgeschäfte Tatbestände ansieht, auf welche nach ihrer Ansicht die Normen über Rechtsgeschäfte ihrem Sinne gemäß voll zur Anwendung zu bringen sind, damit also teleologisch die rechtlichen Handlungen unterscheidet[130]).

c) Haltlosigkeit der publizistischen Versuche, Staatsakte rechtlicher Eigentümlichkeit mittels der privatrechtlichen Definitionen des Rechtsgeschäfts und der Rechtshandlung zu gewinnen. Aus der Unmöglichkeit, mittels der privatrechtlichen Definitionen von Rechtsgeschäft und Rechtshandlung eine Abgrenzung bestimmter Seinstatbestände vorzunehmen, ergibt sich von selbst die Unbrauchbarkeit dieser Begriffsbestimmungen für die Lehre vom fehlerhaften Staatsakt. Auch dann aber, wenn man die Brauchbarkeit jener privatrechtlichen Definitionen für eine Einteilung der menschlichen Handlungen unterstellte, würde daraus für ihre Bedeutung im System des öffentlichen Rechts nicht das geringste folgen. Dagegen hat die publizistische Übernahme der Lehre vom Rechtserfolgswillen bei einer vorausgesetzten Dualität der Rechtssysteme etwas höchst Befremdliches. Denn jene Verherrlichung des Rechtserfolgswillens durch die privatrechtlichen Willenstheoretiker führt über den Gedanken der Privatautonomie geraden Weges zurück auf die Idee des freien Individuums und deren philosophische Verfechter. So betrachtet Kant[131]) den Vertrag als „Akt der vereinigten Willkür" zweier

[129]) Hauptprobleme, S. 130.

[130]) Bedeutet für Kelsen das teleologische Verfahren an sich etwas Unzulässiges, so liegt nach hier vertretener Ansicht die Unzulässigkeit des privatrechtlichen Verfahrens in der ihm zugrunde liegenden objektiven Unwahrhaftigkeit.

[131]) Vgl. Binder: Wille und Willenserklärung im Tatbestand des Rechtsgeschäfts, Arch. f. Rechts- u. Wirtschaftsphilos. V, S. 266, Anm. 2. — Der alte Streit, ob auf dem Willen oder der Rechtsordnung die bindende Kraft der Verträge ruhe, findet sich überall in den Lehrbüchern des Naturrechts und geht nach Warnkönig, Rechtsphilosophie als Naturlehre des Rechts, 1839, S. 375, Anm. 1, bis ins 16. Jahrhundert zurück.

Personen und Hegel[132]) lehrt: „der Boden des Rechts ist überhaupt das Geistige und seine nähere Stelle und Ausgangspunkt der Wille, welcher frei ist". Der Einfluß Hegels auf Savigny mag wesentlich zur Lehre vom autonomen Willen beigetragen haben[133]). Als frei aber erscheint der Wille der Individuen auf dem Gebiete des Privatrechts gegeneinander und gegenüber dem Staat. Eine Einteilung der Staatsakte auch nach dem Willen bedeutet daher, abgesehen von ihrer völligen Grundlosigkeit, eine seltsame Umkehrung des ursprünglichen Sinnes. Schließlich fehlt es auch ganz an Normen, welche die Fehlerfolgen jener angeblichen publizistischen Rechtsgeschäfte angeben könnten. In Wahrheit werden daher von Kormann wie Jellinek als publizistische Rechtsgeschäfte Tatbestände betrachtet, auf welche ihnen eine analoge Anwendung der privatrechtlichen Normen über Rechtsgeschäfte angemessen scheint. Die Berechtigung dazu kann aber, wie später genauer klarzulegen sein wird, nicht induktiv, sondern nur teleologisch aufgewiesen werden[134]).

§ 4. Versuch einer psychologischen Verbindung von Fehler und Unwirksamkeitsform.

Im vorigen Paragraphen wurde der Versuch abgewehrt, durch Übernahme der privatrechtlichen Definitionen von Rechtsgeschäft und Rechtshandlung Staatsakte verschiedener Art und rechtlich besonderer Struktur zu gewinnen. Zu behandeln bleibt noch W. Jellineks Systematik, der induktiv auf seltsamen Wegen eine Einteilung der staatlichen Handlungen und damit verknüpft besondere Regeln für Fehlerhaftigkeit und Fehlerfolgen der verschiedenen Staatsakte erstrebt.

Während nämlich Kormann seine Aufstellung der Kategorien des publizistischen Rechtsgeschäfts und der publizistischen Rechtshandlung im wesentlichen auf ihr Vorhandensein im Privatrecht stützt, versucht W Jellinek seine Einteilung der Staatsakte durch eine solche der menschlichen Tätigkeiten zu begründen. Denn, wie er meint, „die Organe des Staates sind Menschen; jede staatliche Tätigkeit ist daher menschliche Tätigkeit; wer die Arten der menschlichen Tätigkeiten kennt, kennt auch die Arten der

---

132) Grundlinien der Philosophie des Rechts, 1821, § 4.

133) So redet Savigny häufig von „freien Handlungen".

134) Vgl. § 6, § 7e der Darstellung.

staatlichen Tätigkeiten"[135]). Im weiteren unterscheidet W. Jellinek drei geistige Funktionen, welche er als Wahrnehmung, Wille und Gedanken bezeichnet, und kommt darauf zu folgender Behauptung[136]): „Wenn es gelingen sollte, die Grundeinteilung der staatlichen Akte auf diese drei Funktionen des menschlichen Geistes und deren Kombinationen zurückzuführen, so dürfte die einheitliche Darstellung der Voraussetzungen und der Fehler von sämtlichen Äußerungen der Staatsgewalt kein Ding der Unmöglichkeit sein." Bereits mit diesem Ausgangspunkt verfällt jedoch Jellinek in einen grundsätzlichen Fehler. Aus einer Einteilung der psychischen Akte folgt nicht das mindeste für die äußeren Tätigkeiten, mit deren Regelung es die Rechtsordnung doch zunächst zu tun hat. So wichtig auch das angenommene psychische Verhalten etwa in Form von Bewußtsein der Rechtswidrigkeit, Fahrlässigkeit, Arglist und Vorsatz rechtlich sein mag, wird doch durch Klassifikation psychischer Vorgänge eine Einteilung der äußeren Handlungen keinesfalls erreicht. Denn ganz andere Momente wie diese Bewußtseinsvorgänge kennzeichnen die äußeren Handlungen. Hier sind vielmehr Subjekt und Objekt der Handlung, die Art der zwischen beiden bestehenden Beziehungen, Richtung und Intensität des Akts und anderes das Entscheidende. So wäre etwa dem Befehl wesentlich, daß dieser hinzielt auf ein Bewußtsein, ein Verhalten des Aktadressaten fordert, und, um als Befehl zu erscheinen, ein bestimmtes Verhältnis von Unter- und Überordnung zwischen Aktträger und Aktadressaten setzt. Dagegen sind bestimmte psychische Einstellungen des Aktträgers nicht wesensmäßig mit dem Akt des Befehlens verbunden, und der Befehl bleibt Befehl, ganz gleichgültig, was dabei auch der Befehlende dachte, wahrnahm und wollte, und ob er dergleichen tat. Die Schicht der inneren und äußeren Akte erweist sich demnach zwar aufeinander bezogen, nicht aber derart, daß bestimmten äußeren Handlungen notwendig bestimmte psychische Vorgänge entsprächen. Eine natürliche Einteilung der „menschlichen Tätigkeiten" ist so nicht psychologisch, sondern, wenn überhaupt, wohl nur phänomenologisch durchführbar.

Bei dieser prinzipiellen Unmöglichkeit, durch Einteilung der psychischen Akte ein System der äußeren Handlungen zu gewinnen, sei hier der zweite Einwand, gerichtet gegen die Jellinek-

[135]) Fehlerhafter Staatsakt, S. 5. [136]) a. a. O. S. 9.

sche Dreiteilung der Bewußtseinsvorgänge als solche, nicht weiter verfolgt. Nur festzustellen bleibt, daß nicht Wahrnehmen, Denken und Wollen, sondern höchstens Gegenstandsbewußtsein, Fühlen und Streben[137]) annähernd vollständig die verschiedenen Seiten psychischen Seins bezeichnen. Daß eine auf die psychischen Phänomene angeblich gegründete Einteilung der menschlichen Tätigkeiten nicht einen Zweig, das Fühlen, einfach weglassen darf, dürfte einleuchten. Wenn W. Jellinek sich dazu für berechtigt hält, weil für das, „was man in der Psychologie Gefühl nennt . . . bei der Bildung der richterlichen Überzeugung sowenig wie bei den sonstigen Tätigkeiten der Staatsorgane ein Raum vorhanden"[138]) sei, so ist dies weder überzeugend noch richtig. Denn Fragen wie die, ob eine Handlung gegen den Anstand oder die guten Sitten verstößt, ob ein Plakat eine landschaftlich hervorragende Gegend verunziert, und viele andere sind nur mit Zuhilfenahme des Gefühls[138a]), nicht aber mit Wollen, Wahrnehmen oder Denken zu lösen. Schließlich würde selbst eine richtige Einteilung der menschlichen Handlungen etwa nach phänomenologischen Gesichtspunkten[139]) noch keinerlei rechtliche Bedeutung beanspruchen können[140]).

Es wäre unbillig, für seinen fundamentalen Irrtum etwa Jellinek verantwortlich zu machen. Vielmehr tritt Jellinek auch hier über Bernatzik[141]) das Erbe der privatrechtlichen Theorie

---

137) Man vgl. dazu etwa Pfänder: Psychologie, 2. Aufl. 1920, S. 185 ff.

138) a. a. O. S. 8.

138a) Nach Rickert, System der Philosophie, Teil I 1921, S. 334, 346 ist auch das psychologische Faktum Gefühl von dem sinndeutenden, wertverstehenden Akt ästhetischen Schauens durchaus zu trennen. Nicht einmal für eine außerrechtliche Einteilung sinnvoller Akte würde demnach die Jellineksche Dreiteilung von Bedeutung sein.

139) Man denke an Reinach: Die apriorischen Grundlagen des bürgerlichen Rechtes, 1913.

140) Gegen den der Dreiteilung Jellineks zugrunde liegenden „metaphysischen" Staatsbegriff wendet sich jetzt Sander: Staat und Recht, 1923, S. 686 ff.

141) Es ist nicht ohne Interesse, das naturwissenschaftliche Verfahren W. Jellineks mit dem zugrunde liegenden Bernatziks zu vergleichen. Die Deduktion, welche Bernatzik zu seinen „Tätigkeitsformen der Verwaltung" führt, läuft folgendermaßen: Nach Bernatzik a. a. O. S. 6f. ist „die Einflußnahme auf den konkreten Tatbestand" den Organen der Rechtsordnung in zweierlei Weise möglich, entweder durch „logische

an, welche ausgehend von dem Begriff der Willenserklärung im Tatbestand des Rechtsgeschäfts und orientiert an Zitelmanns grundlegenden Arbeiten Zerlegungen des Seins nach psychologischen Gesichtspunkten an sich schon für rechtlich bedeutungsvoll hält. Lagen den naturrechtlichen Einteilungen des Tatbestandes bis auf Trendelenburg[142]) im wesentlichen wohl ethische Gesichtspunkte zugrunde, so erscheinen den Positivisten des gemeinen wie bürgerlichen Rechts psychische Unterscheidungen an sich für rechtserheblich, und es ist wohl nur wenigen zum Bewußtsein gekommen, wie hier naturrechtliche Dogmatik im schlechtesten Sinne getrieben wird. Als direkter Vorgänger des Jellinekschen Verfahrens kann unter den Zivilisten etwa Eltzbacher betrachtet werden, der seine höchst scholastische Zerlegung des natürlichen Seins darum für juristisch beachtlich hält, weil er sie durch Normzergliederung gefunden zu haben meint. Da aber naturgemäß alles einmal Norminhalt werden kann, kommt eine Zerlegung des Norminhalts auf eine solche des natürlichen Seins heraus. Daß Eltzbacher durch sein Verfahren dazu kommt, Begriff und Gegenstand für zwei „Arten des rechtswirksamen Verhaltens" zu erklären[143]), kennzeichnet deutlich die Methode.

Tätigkeit" oder durch „Willenstätigkeit". Denn, „wie die geistige Arbeit jedes Menschen sich in eine urteilende und in eine handelnde scheidet, so auch die der Administration". Beides, Urteilen wie Handeln, sind für Bernatzik „Formen geistiger Tätigkeit". „Allein gleichviel ist zwischen beiden Formen geistiger Tätigkeit ein intensiver Unterschied ... Das Schließen als logische Funktion hat keinen Zweck ... das Handeln dagegen hat den Zweck, in der Außenwelt Veränderungen hervorzurufen ... Demgemäß muß auch die Behörde, welche einen Tatbestand zum Objekt ihrer geistigen Tätigkeit macht, entweder einen Schluß ziehen oder sie muß ihre Tätigkeit zur unmittelbaren Ursache von Veränderungen in der Außenwelt machen, und hiernach teilen sich die denkbaren Formen ihrer Tätigkeit in Urteile im weiteren Sinne und in Verfügungen", — Wie Jellinek, verwechselt also Bernatzik die immanenten und transeunten Akte, was durch Vertauschung von Wollen mit Handeln geschieht. Außerdem vermischt Bernatzik Zweck und Ursache. Der Handelnde braucht durchaus nicht immer den erreichten Erfolg bezweckt zu haben, wie etwa die Fahrlässigkeitsdelikte zeigen. Eine Einteilung aller „denkbaren" Verwaltungsakte wird also durch das Verfahren Bernatziks keineswegs gewährleistet.

142) Naturrecht auf dem Grunde der Ethik, 1860.

143) a. a. O. S. 16.

Es bleibt noch festzustellen, wie Jellinek von seiner Einteilung der psychischen Akte zu einer solchen der staatlichen Handlungen gelangt. Die Metabasis dahin verläuft folgendermaßen: Nach Jellinek „vermag gar nicht selten die Warnehmung eines staatlichen Organs an sich, losgelöst von allen andern Tätigkeiten, rechtliche Wirkungen hervorzubringen. Wir denken an die Unmasse von Fällen, in denen die Tätigkeit einer Behörde allein in der Entgegennahme von Erklärungen besteht"[144]). „Die zweite Gruppe in unserm System bilden diejenigen Erklärungen der Staatsorgane, denen Wahrnehmungen vorausgegangen sind und die ein Urteil enthalten"[145]). Schließlich umfaßt „die letzte, dritte Gruppe alle Tätigkeiten der Staatsorgane, die auf Wahrnehmungen beruhen und die vom Wirkungswillen getragen sind"[146]). Als Wirkungswille bezeichnet Jellinek hierbei „die gewollte Tätigkeit, verbunden mit einer gewissen Vorstellung; der Vorstellung, daß diese Tätigkeit kausal ist für einen bestimmten Erfolg"[147]). An Namen wird für die erste dieser drei Gruppen die Bezeichnung „Entgegennahme von Erklärungen", für die zweite der Ausdruck „Urteile", schließlich für die dritte die Benennung „staatliche Handlungen" eingeführt[148]). Dabei werden die Handlungen noch in Rechtsgeschäfte und Handlungen im engeren Sinne zerfällt[149]). Überlegt man, was diese Gruppen noch mit den psychischen Elementen bei Jellinek, Gedanke, Wahrnehmung und Wille, zu tun haben, so ergibt sich folgendes. Die erste Gruppe läßt sich zur Not an den psychischen Vorgang der Wahrnehmung heranrücken, insofern man bei den genannten Tatbeständen das rechtliche Schwergewicht auf den immanenten Akt der Wahrnehmung verlegen kann. Dagegen stellt die Entgegennahme von Erklärungen keineswegs den einzigen Fall der rechtlichen Bedeutsamkeit von Wahrnehmungen dar, insofern etwa auch die Wahrnehmung des Richters, daß der Zeuge oder die Partei erschienen oder nicht erschienen sei, bedeutungsvoll sein kann. Die Kategorie der Wahrnehmung allein mit der Entgegennahme von Erklärungen in Beziehung zu setzen, fehlt also jeder Anlaß. Dagegen kann Jellinek die zweite Gruppe seiner staatlichen Tätigkeiten, die Urteile, nur dadurch mit der Funktion des Denkens verbinden, daß Urteil im juristischen und logischen Sinne

144) a. a. O. S. 12. 145) Desgl. S. 16. 146) Desgl. S. 16.
147) a. a. O. S. 8. 148) Desgl. S. 18. 149) Desgl. S. 27f.

von ihm gleichgesetzt werden, eine Gleichsetzung, die auch im einzelnen allerlei Folgen nach sich zieht. Macht man sich jedoch klar, daß hier der Begriff Urteil zwei völlig verschiedene Gegenstände deckt, indem einmal eine Einheit von Begriffen, das andere Mal ein Ausspruch bestimmter Behörden dadurch bezeichnet werden, so erweist sich jene besondere Verbindung von Denken und juristischem Urteil als reines Wortspiel. Wenn Jellinek schließlich die dritte Gruppe, die der Handlungen, an die psychische Tatsache des Willens heranrückt, indem er in dieser Gruppe den Wirkungswillen für entscheidend bezeichnet, so wäre die Art menschlicher Tätigkeit noch aufzuweisen, welche die „Vorstellung, daß diese Tätigkeit kausal ist für einen bestimmten Erfolg", charakterisierte. Die staatlichen Handlungen im weiteren Sinne teilt W. Jellinek in solche, „die einen Erfolg in der Außenwelt, und solche, die eine Veränderung innerhalb der Rechtsverhältnisse bezwecken"[150]. Von ihnen wird die erste Gruppe als „Handlungen im engeren Sinne", die zweite als „Rechtsgeschäfte" bezeichnet unter ausdrücklicher Berufung auf das Privatrecht[151]. Deutlich springt so heraus, wie die tatsächlich unvollziehbare Einteilung der äußeren H ndlungen nach psychologischen Gesichtspunkten in Wahrheit auf Grund rechtlicher Bewertungen erreicht wird. Dabei endet, wie alte Weltchroniken, das scheinbar ab ovo begonnene System in einer dogmatischen Spitze, der privatrechtlichen Unterscheidung von Rechtsgeschäft und Rechtshandlung, bezüglich deren Brauchbarkeit auf schon früher Ausgeführtes verwiesen werden kann.

Durch W. Jellineks Einteilung der menschlichen Handlungen wird das Problem des fehlerhaften Staatsaktes nach all dem seiner Lösung nicht nähergebracht[152].

---

150) a. a. O. S. 19. 151) Desgl. S. 19.

152) Ein Beispiel mag das induktive Verfahren W. Jellineks veranschaulichen. Jellinek behauptet, a. a O. S. 149, „der Akt der Vernichtung ist entweder Urteil oder Handlung, aber auf keinen Fall Gesetz. Wer die Vernichtung eines Staatsakts zur Grundlage einer Entscheidung zu machen hat, verarbeitet sie im Untersatz und nicht im Obersatz; man kann daher die Revision nie mit der Behauptung begründen, das Berufungsgericht habe von der Vernichtung eines Patents nichts gewußt und darum falsch entschieden; der Tatsachenirrtum dringt nicht bis in die Revisionsinstanz". Es ist hierzu wie zu der natürlichen Einteilung der Handlungen prinzipiell zu sagen, daß, ob jemand einen Sach-

§ 5. Versuche einer logischen Verbindung von Fehler und Unwirksamkeitsform.

Eine Gewinnung verschiedener Staatsakte mittels der Definitionen von Rechtsgeschäft und Rechtshandlung hat sich bei genauerer Prüfung als unmöglich herausgestellt. Als nicht weniger undurchführbar erwies sich weiter W. Jellineks Unternehmen, durch eine psychologische Einteilung der menschlichen Handlungen eine solche der staatlichen Akte zu erhalten. Damit erübrigt es sich, im einzelnen die Grundlosigkeit von Ausführungen nachzuweisen, welche, obzwar für die Verbindung von Fehler und Unwirksamkeit von Bedeutung, sich doch nur als Folgerungen aus schon widerlegten Prämissen ergeben[153]). Zu betrachten bleiben dagegen eine Anzahl Versuche, auf logisch-dogmatische Weise die Verbindung von Fehler und Unwirksamkeitsform herzustellen.

a) Das Verfahren logischer Deduktion. „Die Entgegennahme von Erklärungen kann auf seiten des Staatsorgans nur entweder nichtig oder vollkommen gültig sein; ein drittes ist nicht denkbar; die Vernichtung einer anfangs gültigen Wahrnehmung ist ein Widerspruch in sich selbst"[154]). Die Unrichtigkeit dieser Argumentation W. Jellineks ist leicht nachzuweisen, wenn man natürliche Wirkung und Rechtsfolge, kausale und normative Verknüpfung auseinanderhält. Dann zeigt sich sofort, wie Jellinek sich jener Scheinbegründung bedient, welche bereits als Hauptstütze für die Lehre von der Unheilbarkeit nichtiger Rechtsgeschäfte erkannt wurde. Es sei daher nur wiederholt, daß eine Handlung im natürlichen Sinne allerdings nicht ungetan gemacht werden kann, da niemals die Kausalkette sich rückwärts aufrollen läßt. Ebenso sicher läßt sich jedoch jede Rechtsfolge, welche die

---

verhalt im Unter- oder im Obersatz verarbeitet, so lange rechtlich völlig gleichgültig ist, als nicht aus der Rechtsordnung selbst heraus die Notwendigkeit einer bestimmten Verarbeitung erhellt. Im übrigen läuft auch an sich das Werk des Verstandes durchaus nicht so, wie Jellinek, a. a. O. S. 10ff. es darstellt, da wohl das Gedachte sich eventuell in rein begriffliche Beziehungen auflösen läßt, im Denken dagegen neben logische Schlußbewegungen emotionale Elemente treten.

[153]) Dies gilt nunmehr z. B. von dem Kormannschen Satz: „Willensmängel können ... nicht ohne erheblichen Einfluß auf die mit ihnen behaftete Verfügung sein; dies ergibt sich aus dem Wesen der Verfügung als einer Willenserklärung".

[154]) a. a. O. S. 125. Ähnlich auch S. 151.

Rechtsordnung an einen Tatbestand knüpft, auch für die Vergangenheit beseitigen. Und als rechtserheblicher Tatbestand, dessen Rechtsfolgen beseitigt werden sollen, kommt die „Entgegennahme von Erklärungen" hier in Frage, keineswegs aber soll diese „elementare menschliche Tätigkeit"[155]) als natürlicher Tatbestand „vernichtet" werden, wie Jellinek es hinstellt.

Nicht ohne Interesse ist, wie auch Jèze, der ein formalistisches Verfahren sonst verwirft[156]), dem Blendwerk scholastischer Dialektik hier wie Jellinek verfällt. Auch Jèze erklärt demnach, „il n'est pas possible juridiquement de sup rimer, pour le passé, les effe ts qu'a produits régulièrement un acte juridique régulier. Cela n'est pas plus possible que de supprimer dans le passé les effects d'un acte matériel"[157]). Aus welcher Gleichsetzung von natürlicher und rechtlicher „Wirkung" Jèze im weiteren Verlauf allerlei nicht unbeträchtliche Folgerungen zieht[158]). Dabei erweist sich diese „Denknotwendigkeit" offenbar als nicht allzu zwingend. Denn wie Jèze nicht ohne Tadel vom Kassationshof vermerkt[159]), „toute fois . . . n'invoque pas l'argument de logique juridique". „Elle s'appuie uniquement sur l'utilité soziale."

Auch seine zweite Gruppe der staatlichen Tätigkeiten, die Urteile, verknüpft Jellinek von vornherein mit bestimmten Unwirksamkeitsformen, wobei diese Verbindung durch Ausschluß der Unwirksamkeit ex nunc erfolgt. Nach Jellinek[160]) ist es nämlich undenkbar, daß je ein fehlerhaftes Urteil ex nunc beseitigt werden könnte. „Warum ein Urteil nicht zurückgenommen, wohl aber vernichtet werden kann, wurde schon mehrfach hervorgehoben; es widerspricht eben einfach der Logik, daß der Satz: „A. ist am 20. Februar Eigentümer einer Sache", vom 1. März bis zum 15. Juli wahr, vom 15. Juli bis zum 15. Dezember unwahr sein soll: ein Urteil kann nur immer richtig oder nie richtig gewesen sein". Ganz abgesehen von der unrichtigen Gleichsetzung von juristischem und logischem Urteil ist aber auch sonst diese Behauptung Jellineks nicht zutreffend. Der Wahrheitsgehalt eines Urteils wechselt mit der Veränderung jener Gegenstände, auf welche das Urteil sich bezieht. Selbst wenn man jedoch annimmt, eine Veränderung des vom Urteil gemeinten Tatbestandes sei undenkbar,

---

[155]) a. a. O. S. 151.

[156]) Siehe § 7a der Arbeit.

[157]) Jèze, a. a. O. S. 88.

[158]) a. a. O. S. 131 ff.

[159]) a. a. O. S. 138, Anm. 2.

[160]) a. a. O. S. 151.

folgt aus dem Jellinekschen Satze durchaus nicht, was Jellinek mit ihm beweisen will. Denn auch wenn der objektive Wahrheitsgehalt eines Urteils feststehen mag, kann doch die subjektive Stellung, welche jemand zu der Geltung dieses Urteils einnimmt, schwanken. Logische Bedenken gegen die Beseitigung eines Urteils ex nunc bestehen also nicht. Bestünden sie wirklich, dann könnte niemand seine Meinung ändern.

Man wird nach dem eben Ausgeführten kaum behaupten können, daß Jellinek die deduktive Verbindung von Fehler und Unwirksamkeitsform gelungen sei. Auch kann nach diesen grundsätzlichen Proben wohl auch die Anführung kleinerer Beispiele einer logischen Verbindung von Fehler und Unwirksamkeitsform durch Jellinek verzichtet werden. Erwähnt sei so nur noch, daß die auf Zeit erteilte Konzession nur dann „mit sich selbst im Widerspruch steht“[161]), wenn man im Begriff der Konzession bereits die Unmöglichkeit, sie auf Zeit zu erteilen, unterbringt. Dies aber ist eine offenbare petitio principii. Ebensowenig ist eine Konzession: „Die im Bezirk R. liegende Wirtschaft wird von der Behörde im Bezirk M. genehmigt . . . widerspruchsvoll und darum von selbst nichtig“[162]). Auch läßt sich nicht mit Alexander Katz[163]) behaupten, der Vorbehalt des Widerrufs von Verwaltungsakten sei „in sich widersinnig und darum dergestalt nichtig, daß er auch keiner Anfechtung im Wege der Beschwerde oder Klage im Verwaltungsstreitverfahren“ bedürfe. Vielmehr liegt all diesen Argumentationen eine quaternio terminorum zugrunde, in dem das, was für den eingeführten Begriff lediglich kraft seiner Definition gilt, durch einfache Bezeichnung des unterzuordnenden Tatbestandes mit demselben Namen auf diesen übertragen wird.

[161]) Jellinek: a. a. O. S. 93. Auch diese Art der Argumentation findet übrigens ihr Vorbild im Privatrecht. So erklärt Kormann, System, S. 149, mit Berufung auf Manigk Nebenbestimmungen bei Rechtshandlungen grundsätzlich für begrifflich undenkbar. Mit Recht bestreitet jedoch Enneccerus, a. a. O. S. 234, Anm. 6 gegenüber Manigk diese begriffliche Unmöglichkeit. Dementsprechend entscheidet denn auch der Bayerische Verwaltungsgerichtshof: „Ein Wandergewerbeschein, der für eine kürzere Zeit als für die Dauer eines Kalenderjahres ausgestellt ist, kann nicht von Anfang an als ungültig erachtet werden. Die Erteilung eines solchen befristeten Wandergewerbescheines stellt sich wohl als ein fehlerhafter, immerhin aber nur als anfechtbarer Verwaltungsakt dar“ (J. W. 1923, S. 254).

[162]) a. a. O. S. 97. [163]) Grundzüge des preuß. Baurechts, 1910, S. 77.

Wie W. Jellinek versucht auch Kormann, eine logische Brücke zwischen Fehler und Unwirksamkeitsform zu schlagen. So ist für Kormann eine Verfügung nichtig, „wenn sie auf einen absolut unmöglichen Rechtserfolg gerichtet ist"[164]. Diesen Satz, welcher als reine Tautologie zunächst nichtssagend ist, erläutert Kormann dahin, daß „keineswegs jede Gesetzwidrigkeit eine Unmöglichkeit" bedeutet. Vielmehr muß man, „um den Begriff und Umfang der Nichtigkeit bewirkenden Unmöglichkeit festzustellen, jeweils die Frage aufwerfen: Kann die Behörde einen Akt nicht vornehmen oder aber kann sie es zwar, darf es aber nicht?"[165]. Nun vermag diese Unterscheidung zwischen Können und Dürfen als inhaltslos nicht selber anzugeben, wie sie im Einzelfalle zu verwenden sei. Man muß sich, um dies festzustellen, daher schon an die Beispiele Kormanns halten. Als absolut, d. h. für jede Behörde unmöglich, erklärt nun Kormann Verfügungen, wenn „das geforderte oder erlaubte Tun tatsächlich oder rechtlich oder sittlich unmöglich ist" oder sich die Verfügung „auf ein nicht vorhandenes Objekt ... bezieht"[166]. Und zwar gibt Kormann als Begründung an, es sei in diesen Fällen „begrifflich schon ein wirksamer Verwaltungsakt undenkbar"[167]. Ob etwas und was unter dieser begrifflichen Unmöglichkeit zu denken sei, bleibe dahingestellt. Sicher jedenfalls ist, daß auch jeder Erfolg einer Handlung, ja ihre Vornahme selbst, tatsächlich unmöglich wird, eine sie befehlende Verfügung trotzdem logisch wie rechtlich wirksam sein kann. So geht etwa der Befehl des Sultans Harun al Raschid an seinen Großvesir, ihm auf der Stelle ein Schloß zu schaffen, sicher auf ein unmögliches Tun, ohne deswegen begrifflich nichtig zu sein. Und gleiches gilt von manchen Militärbefehlen. Es gibt offenbar keinerlei Akte, welche gewissermaßen a priori mit rechtlichen Unwirksamkeitsformen bestimmter Art zu verknüpfen sind. Auch für die Verordnungen gilt dies, welche unter „dem Gesichtswinkel der Gesetzwidrigkeit" nach Kormann nur gültig oder nichtig, nicht aber anfechtbar sein können[168]. Eine Argumentation, welche den französischen

[164]) Bei Stengel-Fleischmann, III, S. 723, 1; System, S. 232ff.
[165]) System, S. 232.
[166]) Stengel-Fleischmann, a. a. O.; System, S. 232 ff.
[167]) Desgl., a. a. O.; System, S. 238.
[168]) System, S. 217.

Staatsrat nicht gehindert hat, den Rekurs neuerdings auch gegen Verordnungen zuzulassen[169]).

Erweisen sich damit eine Reihe von Versuchen als unhaltbar[170]), in Einzelfällen bestimmte Fehler mit bestimmten Unwirksamkeitsformen logisch zu verbinden, so bleibt doch Kelsens grundsätzliches Verfahren noch zu erörtern. Nach Kelsen nämlich ist schlechthin „die Frage, ob Nichtigkeit vorliegt oder nicht, eine Frage der Rechtslogik, sie wird vom Verstande jedes urteilenden Individuums, nicht aber autoritär vom Staate entschieden"[171]). Und diesem formalistischem Standpunkte gemäß wirft Kelsen W. Jellinek besonders vor, die Abgrenzung der Nichtigkeits- und Anfechtungsfälle „aus dem Gewicht der verletzten Norm"[172]) zu gewinnen. Nun gibt Kelsen allerdings zu, daß „nach ihrem Inhalt betrachtet die Rechtssätze von verschiedenem Gewicht sein"[173]) können. Jedoch ist nach ihm eine solche Argumentation „rein politischen, nicht mehr im geringsten juristischen Charakters". Denn „ebenso wie es ganz und gar unjuristisch ist, die Rechtsnormen untereinander zu werten, so verstößt es gegen alle methodologischen Prinzipien, den Rechtsverletzungen oder Mängeln des Staatsaktes ein verschiedenes, ihrem Inhalte nach abgestuftes Gewicht beizulegen"[174]). Daß demnach für Kelsen alle positivrechtlichen Vorschriften „von vornherein die gleiche Bedeutung"[175]) gewinnen, folglich jeder Fehler den Staatsakt grundsätzlich nichtig im Sinne von nichtvorhanden macht, wurde schon bei Behandlung der Unwirksamkeitsform festgestellt. Gegen die Richtigkeit auch dieses „rechtslogischen" Verfahrens erheben sich jedoch schwerste Bedenken. Zunächst verfährt nämlich die Rechtsordnung selber nicht derart formal, bestimmt vielmehr die Folgen einzelner Fehler nach praktischen Erwägungen, kennt insbesondere auch die Unwirksamkeitsform der Anfechtung. Um daher überhaupt seine Nichtigkeitsfälle formalistisch gegen die

---

[169]) Entscheidung vom 6. Dezember 1907 bei Sirey 1908.

[170]) Die Zahl der Beispiele könnte natürlich an sich beliebig vermehrt werden. Kennzeichnend dafür, wie sich mit gleicher logischer Schärfe Entgegengesetztes beweisen läßt, ist, wenn Kroschel und Michel eine Urteilsnichtigkeit mit dem geltenden Recht für logisch unvereinbar halten, während Krug sie für logisch gefordert erklärt. Vgl. dazu Kriegsmann: Die Nichtigkeit des Strafurteils, Kieler Festgabe für Hänel, S. 8, Anm. 2.

[171]) Staatsunrecht, S. 55. [172]) Desgl. S. 69. [173]) Desgl. S. 73.

[174]) Staatsunrecht, S. 74. [175]) Desgl. S. 86.

gesetzlich nun einmal vorhandenen der Anfechtung abgrenzen zu können, muß Kelsen behaupten, das Gesetz habe Gründe und Wirkungen der Anfechtung genau zu bestimmen[176]). Nun mag dieser Wunsch de lege ferenda ganz berechtigt sein, dagegen läßt sich de lege lata kaum sagen, daß er erfüllt wäre. Ist aber dies nicht der Fall, dann wird auch das formalistische Verfahren Kelsens unhaltbar. Sieht man weiter auf die Ergebnisse der Kelsenschen Methode, so scheinen dieselben als praktisch unerträglich. Denn jedermann wäre z. B. berechtigt, wegen des geringsten Versehens staatlicher Beamter diesen bei ihrer Dienstausübung auf jede Weise Widerstand zu leisten, weil ihre Handlungen dem Staate ja nicht zugerechnet werden könnten. Es spricht auch nicht sehr für die Brauchbarkeit einer Theorie, wenn man wie Kelsen zu ihrer Empfehlung anführen muß, ein jeder werde sich hüten, nach ihr zu verfahren[177]). Wie soll nach Kelsen ferner entschieden werden, falls nicht ein Tatbestandsmerkmal fehlt, die erteilte Polizeierlaubnis aber eingeschränkt wird durch dem Gesetzeszweck offenbar widerstreitend hinzugefügte Bedingungen? Auch dürfte jene Behauptung Kelsens, der Gesetzgeber habe Voraussetzung wie Wirkung der Anfechtung genau anzugeben, lediglich rechtspolitischen Charakters sein. Schließlich ist die Methode Kelsens zwar formalistisch, dagegen läßt sich eine Notwendigkeit sie anzuwenden logisch nicht nachweisen. Daß damit aber Kelsens Verfahren seine scheinbar apriorische Geltung verliert, vielmehr, wenn überhaupt, nur teleologisch noch begründbar ist, wird später deutlicher werden[178]).

b) Die petitio principii als Verbindungsbrücke. Bereits in der privatrechtlichen Lehre von Rechtsgeschäft und Rechtshandlung wie in der ihr nachgebildeten vom publizistischen Rechtsgeschäft ergab sich die petitio principii als eigentlicher Begründungskern. Desgleichen muß auch sonst, wie in den eben behandelten Fällen angeblich logischer Verbindung von Fehler und Unwirksamkeit, die petitio principii als Begründung dort übrigbleiben, wo sich ein teleologisches Verfahren als allein möglich erweist. So erklärt W. Jellinek „für absolut nichtig im Zweifel alle staat-

[176]) Staatsunrecht, S. 87 ff. [177]) Desgl. S. 90.

[178]) Vgl. § 6 der Arbeit. Ein formalistisches Verfahren der Rechtsauslegung fordert mit ähnlicher Begründung wie Kelsen auch Kriegsmann, a. a. O. S. 33.

lichen Handlungen, die ohne die erforderliche rechtsgeschäftliche Erklärung der Privatperson vorgenommen wurden“[179]). Dieser Satz enthält jedoch lediglich eine Tautologie, und es ist daher eine petitio principii, wenn Jellinek es für „ganz ausgeschlossen“ hält, daß einmal „der Angehörige eines fremden Staates nach geltendem Rechte gegen seinen Willen deutscher Staatsangehöriger wird“[180]). Nimmt Jellinek hier einen „absolut unwirksamen Staatsakt“ an, so heißt es wieder an anderem Orte, die „fehlerhafte Naturalisation“ sei „nur im Augenblicke ihrer Vornahme gesetzwidrig, während der herbeigeführte Zustand mit den Gesetzen nicht im Widerspruch“[181]) stünde. Auch diese Begründung beruht jedoch auf einer bloßen petitio principii, und dasselbe gilt, wenn umgekehrt nach Jellinek „die erschlichene Konzession, die ungesetzliche Anstellung im staatlichen Dienst einen Zustand“ schafft, „der sich auf die Dauer mit den gesetzlichen Bestimmungen nicht verträgt“[182]). Die ohne Antrag erteilte Gewerbekonzession ist wie die unverlangt erteilte Naturalisationsurkunde für Jellinek „ohne die geringste rechtliche Bedeutung“, da „nirgends steht, daß, wo sich Staat und Untertan als zwei Subjekte gegenüberstehen, trotzdem das eine Subjekt die Fähigkeit hat, sich über das andere zu erheben“[183]). Aber es ist eben eine petitio principii, daß Staat und Untertan sich hier als zwei gleichberechtigte Subjekte begegnen. Nichtig soll nach Jellinek die Verurteilung eines elfjährigen Kindes sein, welches das Gericht fälschlich für älter hielt, da zu den „unumgänglich notwendigen Bestandteilen“ eines Urteils gehöre, daß der Angeklagte „durch die Angabe seines wahren Geburtstags und seines Geburtsorts“ bezeichnet werde[184]). Auch dieser Satz stellt sich jedoch als reine petitio principii dar und zeigt zugleich in seiner unhaltbaren Allgemeinheit das Gefährliche einer derart ad hoc gebildeten Argumentation. Und eine petitio principii schließlich ist es nicht minder, wenn Jellinek das richterliche Prüfungsrecht von Gesetzen verneint, weil Verfahrensmängel, als welche sich etwa eine Verfassungsänderung mit einfacher Mehrheit darstelle, regelmäßig keine Nichtigkeit bewirkten[185]). Denn wie Thoma[186]) mit Recht

179) a. a. O. S. 78. 180) Desgl. S. 78. 181) Desgl. S. 167.
182) a. a. O. S. 167. 183) Desgl. S. 79.
184) a. a. O. S. 90. 185) D. J. Z. 1921, Spalte 75.
186) Arch. Öff. Recht 43, S. 211.

dagegen bemerkt, fragt es sich gerade, ob dieser angebliche Grundsatz hier Anwendung finden darf.

Auch bei andern Vertretern eines formalistischen Verfahrens findet sich die petitio principii als Begründung. Insbesondere bedient sich Kormann im breitesten Umfange derselben. Dabei verknüpft auch er die Tautologie mit der petitio principii. Es wird etwa die Tautologie als allgemeines Prinzip aufgestellt, so wenn es heißt, „nichtig ist jede ungesetzliche Delegation, da sie vorzunehmen der Beamte absolut unzuständig ist“[187]). Und dies Prinzip wird dann mit Beispielen belegt, welche gemeinhin mit der doppelten petitio belastet sind, daß hier die Delegation ungesetzlich sei und ihre Folge deshalb Nichtigkeit sein müsse. Auch ist die Behauptung Kormanns[188]), eine „Verletzung von Verfahrensvorschriften bewirke niemals Nichtigkeit“, ganz willkürlich und mit der gerichtlichen Praxis nicht übereinstimmend[189]). Und ebenso setzt der lapidare Satz, „der zum Beamten ernannte frühere Zuchthäusler ist nicht Beamter geworden; die Anstellung ist also nichtig“[190]), das zu Beweisende als bewiesen voraus.

Auch von Prozessualisten wird die petitio principii gebraucht, um anzugeben, in welchen Fällen ein Urteil als nichtig, in welchen es als bloß anfechtbar anzusehen sei. So erklären Oetker[191]), von Baligand[192]), Binding[193]), Friedländer[194]), Michel[195]) und Schötensack[196]) Urteile, welche mit Vollmachtsüberschreitung ergangen seien, für nichtig, während Überschreitung des Auftrags ein Urteil lediglich anfechtbar machen soll. Aber abgesehen von der Möglichkeit, jeden Tatbestand so gut als Auftrags- wie als Vollmachtsüberschreitung zu konstruieren, und umgekehrt, be-

[187]) System, S. 254. [188]) Desgl., S. 272.

[189]) Man vergleiche etwa die bei Fleiner: a. a. O. S. 195, Anm. 60 angeführten Entscheidungen.

[190]) System, S. 239. So vertritt denn auch W. Jellinek: a. a. O. S. 86 mit ähnlicher Begründung den entgegengesetzten Standpunkt.

[191]) Konkursrechtliche Grundbegriffe, 1891, S. 47 ff. und neuerdings wieder in Zeitschr. f. Rechtspflege in Bayern, 18. Jahrg., Nr. 13—15.

[192]) Ger., S. 72, 175, 223 ff.

[193]) Grundriß des gemein. deutsch. Strafprozeßrechts, 5. Aufl., 1904, S. 244. [194]) Ger., S. 58, 363 ff.

[195]) Absolute Nichtigkeit von Zivil- und Strafurteilen, 1906, S. 61.

[196]) Ger., S. 68, 465, 468 f.

deutet es, wie Kriegsmann[197]) und Sauer[198]) mit Recht hervorheben, eine petitio principii, Verletzung von Vollmacht oder Auftrag gerade mit Nichtigkeit oder Anfechtbarkeit zu verknüpfen.

Die Rolle, welche die petitio principii bei einer formalistischen Verbindung von Unwirksamkeitsform und Fehler spielt und spielen muß, kann naturgemäß im einzelnen nicht verfolgt werden. Betrachtet sei nur noch am Beispiel der Zuständigkeit, zu wie verschiedenartigen Ergebnissen die Vertreter eines logisch-dogmatischen Verfahrens bei formell gleicher Art eines Fehlers bezüglich der mit ihm zu verknüpfenden Unwirksamkeitsformen gelangen. So sind nach Herrnritt[199]) Akte nicht zuständiger Behörden „absolut nichtig", weil sie sich „in Wahrheit nicht als Willensakte des zur Vornahme desselben gesetzlich berufenen Organs darstellen". Jener Satz enthält aber gleichzeitig eine Tautologie und eine petitio principii, indem als Grund für die Nichtigkeit von Akten unzuständiger Behörden eben ihre Unzuständigkeit hingestellt wird. Fleiner[200]) erklärt als nichtig „nur diejenige Verfügung, welcher ein wesentliches juristisches Element fehlt. Zu den wesentlichen Elementen jener Verfügung gehört aber, 1. daß die verfügende Behörde sachlich und örtlich zuständig gewesen ist". Es ist jedoch ebenfalls eine petitio principii, wenn man schlechthin jede Überschreitung einer Zuständigkeit für einen Nichtigkeitsgrund erklärt. Ein Satz, der dazu positivrechtlich wie im Hinblick auf die Entscheidungen der Gerichte kaum haltbar sein dürfte. Demgemäß erklärt denn auch W. Jellinek nur Akte, welche mit Überschreitung sachlicher Kompetenz ergingen, für nichtig, „weil ... ganz außerhalb des Geschäftskreises einer bestimmten Art von Staatsorganen" gelegen[201]). Obwohl man, wie Jellinek selber zugibt[202]), mit derselben Argumentation auch Akte örtlich unzuständiger Behörden für nichtig erklären könnte, sollen letztere nur nichtig sein, wenn sie „nach ihren wesentlichen Bestandteilen stilisiert", einen Widerspruch mit sich selbst bilden. Eine Begründung, auf deren Unhaltbarkeit bereits oben hingewiesen wurde. Kormann schließlich erklärt Akte sachlich unzuständiger Behörden zwar an sich für nichtig, läßt aber Ausnahmen zu. Im übrigen nimmt er

197) a. a. O. S. 34 des Sonderdrucks. 198) a. a. O. S. 439.
199) a. a. O. S. 285. 200) a. a. O. S. 194. 201) a. a. O. S. 93.
202) a. a. O. S. 96f.

bei örtlicher Unzuständigkeit ebenfalls Nichtigkeit an, „wenn das Objekt, auf das sich der Verwaltungsakt bezieht, der Herrschaftsgewalt des örtlich unzuständigen Beamten entzogen" sei[203]). Mit dieser Tautologie, welche dann durch einzelne Beispiele erhärtet wird, deren Richtigkeit Kormann voraussetzt, ist naturgemäß auch nichts gewonnen. Andere Akte nicht „absolut" örtlich unzuständiger Behörden sind dagegen nach Kormann bald anfechtbar, bald sogar wirksam[204]). All dies gilt nach Kormann jedoch nur für „publizistische Rechtsgeschäfte", während bei den „Rechtshandlungen" jede Unzuständigkeit Nichtigkeit bewirken soll[205]). Eine Begründung dieser Behauptung wird man allerdings vergeblich suchen. Gegen Kormann wendet sich denn auch Hatscheck[206]), der Nichtigkeit nur im Falle von Ressortverwechslung annimmt.

Deutlich wird nunmehr bei zwei weiteren Autoren, wie unterhalb formalistischer Verkleidung sich eine teleologische Verbindung von Fehler und Unwirksamkeitsform verbirgt. So hält O. Mayer[207]) Erlaubniserteilungen unzuständiger Polizeibehörden nur für anfechtbar, wobei er sich zur Begründung auf die „Selbstbezeugung" obrigkeitlicher Akte überhaupt beruft. Eine Argumentation, welche als teleologisch sich noch erweisen wird. Und bereits Bernatzik[208]), welcher sonst durchaus formalistisch verfährt, verknüpft die Unwirksamkeitsform seiner Nichtigkeit mit dem Fehler sachlicher Unzuständigkeit in teleologischer Weise. Daß sachliche Unzuständigkeit Nichtigkeit bewirkt, folgt für ihn „aus der Natur der Sache". „Denn indem die Rechtsordnung einem amtlichen Organe einen bestimmten Wirkungskreis zuweist, gibt sie damit ganz unzweideutig dem Willen Ausdruck, daß die Vorbildung, praktische Schulung, rechtliche und materielle Stellung gerade nur bei diesen Organen dazu hinreicht, um die definitive Ordnung der Rechtsverhältnisse ihnen mit Beruhigung überlassen zu können." Wieviel weniger einleuchtend allerdings derart scheinbar evidente generelle Wertungen werden, sobald man sie anwenden will, zeigt jede Einzeluntersuchung[209]).

---

[203]) System, S. 247. [204]) Desgl., S. 249.
[205]) Desgl., S. 259. [206]) a. a. O. S. 95.
[207]) Verwaltungsrecht, a. a. O. S. 266. [208]) a. a. O. S.270.
[209]) Dementsprechend bedient sich z. B. Thoma: Polizeibefehl, a. a. O. S. 459 ff. bei Feststellung der Rechtsfolgen fehlerhafter Polizei-

Betrachtet man schließlich die Bestimmungen der Gesetze, so sieht man daß ihnen durchaus nicht jene formalistischen Prinzipien der logisch-dogmatischen Methode zugrunde liegen. So sind nach § 10 ZPO. Urteile des Landgerichts an Stelle des eigentlich zuständigen Amtsgerichts „unanfechtbar". Bisweilen begründet örtliche Unzuständigkeit die Revision nicht (§ 549 ZPO.), und auch sachliche Unzuständigkeit heilt nach gemeiner Ansicht regelmäßig mit Rechtskraft der Entscheidung[210]). Dazu können bei nicht ausschließlicher Zuständigkeit die Parteien diese begründen. Auch die Gerichte bedienen sich keineswegs immer einer formalistischen Begründung[211]). Ja, das Preuß. Oberverwaltungsgericht erklärt bei vorliegender dringender Gefahr oder sonstiger Dringlichkeit Akte an sich unzuständiger Behörden sogar für zulässig[212]).

---

verordnungen nicht eines derartigen Wertungsschemas. Vielmehr sind für ihn VO. örtlich unzuständiger Behörden nur dann ein rechtliches „Nichts", wenn der Bezirk, für den sie erlassen wurden, nicht im Bereich der sie erlassenden Behörde lag. In anderen Fällen sind dagegen fehlerhafte Polizeiverordnungen für Thoma nur „rechtsungültig". Ferner hält Thoma VO. sachlich unzuständiger Polizeibehörden für „rechtsungültig", wenn das ganze Lebensgebiet der sie erlassenden Behörde nicht unterstellt war. Überschreiten dagegen nur einzelne Sätze die Befugnis, so sollen nur diese rechtsungültig sein. Man sieht hier also eine weit stärkere Individualisierung der Wertung als bei Bernatzik.

[210]) ZPO. § 551 verbunden mit § 579 ZPO.

[211]) Sehr deutlich wird die Entscheidung nach teleologischen Gesichtspunkten etwa bei OVG. Bd. 62, Nr. 138. Hier hatte über den klägerischen Einspruch an Stelle des Gemeindevorstandes ein Bureauvorsteher entschieden. Während schwebenden Verfahrens genehmigt darauf der Gemeindevorstand die ergangene Verfügung. Das OVG. erklärte hierauf nicht, wie es dem „logischen" Verfahren entsprochen hätte, die Verfügung wegen absoluter Unzuständigkeit für nichtig oder nicht vorhanden, ihre Heilung für begrifflich unmöglich und wies auch nicht die Klage ab, da gegen ein Nichts gerichtet. Nach Ansicht des OVG. besaß vielmehr die angegriffene Verfügung darum nicht „die materielle Kraft eines Einspruchsbescheids", weil „das Gesetz will, daß vor der Inanspruchnahme der Verwaltungsgerichte die Beschwerde des zu Gemeindelasten Herangezogenen von dem Gemeindevorstande selbst geprüft werde". Aus diesem Grunde war eine Übertragung der Zuständigkeit seitens des Gemeindevorstandes nach Ansicht des OVG. unzulässig. Dabei erschien aber auch die unwirksame Verfügung dem OVG. keineswegs als unbeachtliches Nichts, sondern wurde im Interesse des Klägers, weil sie äußerlich sich als Einspruchsbescheid darstellte, außer Kraft gesetzt.

[212]) Vgl. z. B. OVG. 41, 267; 2, 424; 5, 340; 46, 432; 53, 323. Diese und andere Entscheidungen bringt Friedrichs: Polizeigesetz, 1911, S. 37.

Nach all dem läßt sich kaum behaupten, daß eine begründete Verbindung von Fehler und Unwirksamkeit auf formalistische Weise bisher gelungen sei. Wie wenig im übrigen das formalistische Verfahren nur eine Gleichmäßigkeit des Ergebnisses unter Ausschluß verschiedenartiger Wertungen verbürgt, ergab das Beispiel der Zuständigkeit.

c) Die Aufgabe des formalistischen Verfahrens zugunsten eines teleologischen. Schließlich geben auch die Vertreter der logisch-dogmatischen Richtung ihr formalistisches Verfahren zugunsten eines teleologischen dort offen auf, wo es sich um Beantwortung der Frage handelt, mit welcher Unwirksamkeitsform ein Fehler auf dem Gebiet des öffentlichen Rechts grundsätzlich zu verbinden sei.

Nach Otto Mayer steht der Verwaltungsakt, soweit kein Gesetz sich einer Materie bemächtigt hat, auf sich selbst. „Er ist nicht wie das Rechtsgeschäft des Privaten, das alle seine rechtliche Wirksamkeit aus dem Gesetze zieht, sondern ist selbst öffentliche Gewalt, die aus sich selber bestimmend wirkt, soweit ihr nicht besondere Schranken gesetzt sind"[213]). Verschieden ist so der Rechtswert „der Willenserklärungen der Obrigkeit von denen der Rechtsgeschäfte des Einzelnen. Die letzteren sind wirkungslos, wenn sie nicht ihre Rechtmäßigkeit nachweisen. Die Obrigkeit aber, wenn sie innerhalb ihrer allgemeinen Zuständigkeit bestimmt, bezeugt damit zugleich, daß die besonderen Voraussetzungen für die Gültigkeit ihres Akts gegeben sind"[214]). Diese schon von Laband, wenn auch weniger deutlich, vertretene Ansicht[215]) übernimmt Kormann[216]), nach dem im öffentlichen Recht das fehlerhafte Geschäft grundsätzlich nur anfechtbar ist, während „der untergeordneten Stellung der Privatwillenserklärung, die sich über die Willenserklärung des Gesetzgebers nicht nur nicht hinwegsetzen darf, sondern überhaupt nicht hinwegsetzen kann", die grundsätzliche Nichtigkeit des fehlerhaften privatrechtlichen Rechtsgeschäfts entsprechen soll. Desgleichen ist nach Fleiner[217]), der fehlerhafte Verwaltungsakt grundsätzlich nur anfechtbar, da eine andere Entscheidung die Rechtssicherheit gefährden würde.

---

213) Verwaltungsrecht a. a. O. S. 100. 214) a. a. O. S. 98.
215) Staatsrecht II, 4. Aufl., S. 173, 11. 216) System, S. 216f.
217) a. a. O. S. 196, 199.

Bemerkenswert an diesem Standpunkt von Laband, O. Mayer, Kormann und Fleiner ist die Aufgabe des formalistischen Verfahrens. Als grundsätzlich nur anfechtbar erscheint dabei den ersteren der fehlerhafte Staatsakt wegen seines durch das Bild der Selbstbezeugung fast metaphysisch begründeten Rechtswertes. Die damit verbundene Wertung von Staat und Untertan, die den Staatswillen als höherwertig erscheinen läßt, und die Parteinahme für den Staat, auch dort, wo er unrecht tut, kann als Einnahme eines kollektivistischen Standpunktes bezeichnet werden[218]). Nahe diesen Gedankengängen steht die französische Theorie, welche, der starken Ausbildung der Staatsidee in Frankreich entsprechend, den fehlerhaften Staatsakt grundsätzlich nur anfechtbar sein läßt. Mag dabei die Begründung auch nüchterner ausfallen als durch jene fast religiöse Formel O. Mayers, so wird dafür die zugrunde liegende Parteinahme gegen das Individuum für den Staat um so deutlicher [219]). Hinzu kommt allerdings, daß auch vom Standpunkt des Individuums aus die wenigstens vorläufige Geltung fehlerhafter Staatsakte regelmäßig gefordert scheint. Der herrschenden Lehre gegenüber wendet Herrnritt ein: „Die zwingende Natur der Verwaltungsnormen, welche hier doch die möglichste Übereinstimmung des Verwaltungsaktes mit der Norm im öffentlichen Interesse erheischt, andererseits der offiziöse Charakter des Verwaltungsverfahrens sprechen gerade auf dem Gebiet des Verwaltungsrechtes mehr noch als im Privatrecht für die Nichtigkeit des unrechtmäßigen Aktes. Im Privatrecht kann die Heilung eines solchen ohne Schaden für das öffentliche Wohl weit eher der Anfechtung durch die Beteiligten nach ihrer Willkür überlassen werden als im Verwaltungsrechte“[220]).

[218]) Auch Piloty: Arch. f. öffentl. Recht 23, S. 399, vertritt denselben, wenn er die Nichtigkeit von Verwaltungsakten als grundsätzliche Fehlersanktion darum verwirft, weil der Staat bei seinen Handlungen „ein hohes Ausnahmemaß von Autorität“ nicht entbehren könne.

[219]) So heißt es bei Jèze: a. a. O. S. 59, Anm. 5: „La règle est certaine; mais l'explication de cette règle a donné lieu à difficultés. On peut en donner — et on en a donné deux raisons: 1° la marche des services publiques exige que les actes, même irréguliers — mais non inexistants — produisent provisoirement leurs effets: sinon, l'action administrative serrait paralysée; 2° l'acte irrégulier, mais non inexistant, a une apparence de légalité: cette apparence de légalité doit lui faire produire provisoirement les effets de l'acte régulier.“

[220]) a. a. O. S. 284, Anm. 7.

Eine Anschauung, welche, ebenfalls teleologisch begründet, wohl als Einnahme eines individualistischen Standpunktes betrachtet werden muß. Als von einem individualistischen Standpunkte entworfen kennzeichnet sich auch das Kelsensche System, welches, von der formalen Gleichheit aller Rechtssubjekte ausgehend, von hier aus jede Mehrwertigkeit des Staatswillens bekämpft[221]). Dem entspricht es, wenn für die reine Rechtslehre jeder Fehler grundsätzliche Nichtigkeit des Staatsakts herbeiführt.

Es fragt sich noch, welcher Standpunkt, ob derjenige der prinzipiellen Nichtigkeit oder vorläufigen Geltung des fehlerhaften Staatsakts richtig ist. Eine Antwort hierauf kann begründet nicht erteilt werden, ehe nicht über die Methode der Rechtsauslegung, als deren Anwendungsfall das Problem des fehlerhaften Staatsakts sich darstellt, grundsätzliche Klarheit gewonnen worden ist.

Dritter Teil.

Notwendigkeit und Verfahren teleologischer Rechtsauslegung.

§ 6. Die Methode der Rechtsauslegung und der fehlerhafte Staatsakt.

a) Unzulänglichkeit der herrschenden Lehre von der Rechtsauslegung. Die methodischen Schwierigkeiten, welche bei Behandlung des fehlerhaften Staatsakts immer wieder sich erhoben, laufen von allen Seiten wie Fäden eines Netzes in der Lehre von der Rechtsauslegung als ihrem Anfangspunkt zusammen. Die Frage, ob absolute oder relative Unwirksamkeitsformen anzunehmen sind, kann wie die Kardinalfrage aller Ausführungen zum fehlerhaften Staatsakt, auf welche Weise Fehler und Unwirksamkeit miteinander in Beziehung gesetzt werden sollen, nur vom Zentralproblem der Rechtsauslegung her beantwortet werden. Eine irgendwie begründete grundsätzliche Stellungnahme zum Problem des fehlerhaften Staatsakts ist so ohne Besinnung auf die Methode der Rechtsauslegung nicht möglich.

---

221) Vgl. die Ausführungen Kelsens: a. a. O. S. 66ff., 86, gegen O. Mayer. Auf die Ähnlichkeit, welche die individualistische Einstellung Kelsens mit derjenigen Austins hat, weist Kellreutter: Verwaltungsrecht und Verwaltungsrechtsprechung im modernen England, 1912, S. 213f., hin.

Es kann nun darüber, daß als auszulegender Tatbestand das Recht im weitesten Sinne erscheint, ein begründeter Zweifel kaum bestehen. Dagegen fragt es sich, wenn Norm und Normkorrelat nicht zu mathematisch evidenter Deckung gelangen, welche Autorität die hier bestehende Unsicherheit zu beheben hat. Als solche Autorität betrachtet nun die noch herrschende, durch Savigny begründete subjektive Theorie den historischen Gesetzgeber[222]), dessen Willen sie folgerichtig zu erforschen verlangt. Ihr gegenüber will die jüngere objektive Richtung, als deren klassischen Vorgänger man vielleicht Thibeau[223]) ansehen darf, den vom Gesetzgeber abgelösten Willen des Gesetzes selbst erkunden[224]). Der damit theoretisch aufgestellte Gegensatz erweist sich jedoch als praktisch wenig bedeutsam. Denn auch die subjektive Theorie denkt heute sich „den Gesetzgeber nicht als Lebewesen"[225]). Dazu wird eigentlich der subjektive Standpunkt völlig aufgegeben, wenn Enneccerus die amtliche Feststellung der „Zustimmung aller Gesetzgebungsfaktoren zu einer bestimmten Auffassung" nur als besonders beachtlich hinstellt[226]). Vollends aber bedeutet es die Einnahme des bekämpften objektiven Standpunktes, wenn sch ießlich der Wille des Gesetzgebers mit dem im Gesetzgebungsakt zur Herrschaft gelangten „Willensinhalt", d. h. aber dem Gesetze, verschmolzen wird[227]). Mit Recht meint daher Leonhard[228]), man habe „mit der Willenstheorie nie recht Ernst gemacht". Die notwendige Konsequenz, zu welcher eine subjektive Theorie führen muß, nämlich, „die einzelnen an der Schaffung des Gesetzes be-

[222]) Charakteristisch ist, daß die historische Schule Rechtsauslegung und Gesetzesauslegung im wesentlichen identifiziert. Nur so ließ sich die Forderung, den Willen des Gesetzgebers zu erforschen, zum allgemeinen Prinzip erheben. Im folgenden ist, bei klarer Erkenntnis der Bedeutung des Gewohnheitsrechts wie jener eigentümlichen Schwierigkeiten, die seine Auslegung bietet, ebenfalls nur der Normalfall der Auslegung gesetzten Rechts behandelt.

[223]) Theorie der logischen Auslegung des Rechts, 2. Aufl., 1806.

[224]) Eine Aufzählung von Vertretern beider Richtungen bringt Enneccerus a. a. O. § 49. Hauptvertreter der subjektiven Theorie ist in Frankreich Gény, nach dem, Méthode d'interprétation et sources, S. 213, die Auslegung „faut remontrer à la volonté qui la créée, et tâcher de reconstituer cette volonté dans sa pureté et son énergie première".

[225]) Enneccerus: a. a. O. S. 109. [226]) Desgl.: a. a. O. S. 110.

[227]) Enneccerus: a. a. O. S. 109.

[228]) Auslegung und Auslegungsnormen, 1917, S. 9.

teiligten Personen darüber zu vernehmen, was sie mit dem Gesetze haben sagen wollen"[229]), macht in ihrer praktischen Absurdität auch jene Theorie unhaltbar. Und wenn trotzdem neuerdings W. Jellinek die juristische Methode der Gesetzesanwendung im Normalfall durchaus die eines Historikers sein läßt, so dienen, um mit Radbruch zu reden[230]), seine Ausführungen „eher zur Widerlegung als zur Erhärtung dieser These". Wie wenig historisch W. Jellinek im übrigen selber verfährt, zeigten seine früher gebrachten Argumente.

Gibt sich die subjektive Theorie in ihrer Konsequenz so selber auf, dann besteht der Hauptunterschied beider Auslegungsrichtungen darin, daß seitens der subjektiven Theorie das philologisch-historische Moment und damit der Wert der Gesetzesmaterialien in den Vordergrund gestellt wird. Ihr gegenüber kehrt die objektive Richtung den Sinn des Gesetzes stärker hervor, ohne jedoch zu dessen Ergründung eine Heranziehung der Materialien völlig zu verschmähen. Als für die Gesetzesauslegung beachtliche Gesichtspunkte werden im übrigen seitens der subjektiven Theorie etwa „historische Momente", insbesondere die „leitenden Ideen der Zeit", die „ganze historische Entwicklung", „die Entstehungsgeschichte" angeführt. Andererseits sollen jedoch „systematische Momente", der „innere Zusammenhang der Vorschrift, der Ort, an dem sie steht und ihr Verhältnis zu andern Bestimmungen derselben Gesetze oder anderer Gesetze", der „besondere Zweck des Gesetzes oder der Einzelvorschrift" wie schließlich der „Wert des Ergebnisses" Beachtung verdienen[231]). Ähnlich, nur in anderer Reihenfolge unterscheidet Wach[232]) als Vertreter der objektiven Richtung zwischen rationellen, historischen und systematischen Elementen. Begnügt sich nun die herrschende Lehre mit Angabe dieser für die Rechtsauslegung angeblich wesentlichen Momente, so ist doch damit in Wahrheit das eigentliche Problem in keiner Weise gelöst. Denn offenbar widersprechen

---

229) Baumgarten: a. a. O. 1, S. 196.

230) Gesetz, Gesetzanwendung und Zweckmäßigkeitserwägung, 1913, S. 163 ff.; Radbruch: Grundzüge der Rechtsphilosophie, 1914, S. 194, Anm. 8.

231) Enneccerus: a. a. O. S. 113 ff. Die Unterscheidung zwischen grammatischen, logischen, historischen und systematischen Elementen findet sich bereits bei Savigny: System 1, S. 215, 1840.

232) Handbuch des Deutschen Civilprozeßrechts, I, 1885, S. 270.

sich die einzelnen als beachtlich angemerkten Gesichtspunkte, insofern etwa das Ergebnis einer philologischen Quelleninterpretation mit der durch den systematischen Zusammenhang scheinbar geforderten Sinndeutung durchaus nicht zusammenzufallen braucht. Irgendein Kriterium dafür, welcher Gesichtspunkt im Einzelfalle als ausschlaggebend zu betrachten sei, bringt aber weder die objektive noch die subjektive Richtung. Fehlt dadurch entsprechend den einzelnen Elementen das ihre Anwendung regelnde Band, so fragt sich dazu noch, ob eigentlich die verschiedenen Gesichtspunkte, welche die herrschende Lehre für beachtlich erklärt, in Wahrheit auch beachtlich sind. Diese ganze, von der herrschenden Lehre theoretisch unbehandelte Problematik, muß jedoch ihre praktische Auflösung naturgemäß in jedem Einzelfall der Rechtsauslegung finden. Als eigentlich geübte Methoden derselben haben sich nun im Laufe dieser Untersuchung neben dem Verfahren logischer Deduktion wie naturwissenschaftlicher Induktion Wertungen des Tatbestandes ergeben.

b) Unmöglichkeit deduktiver Rechtsauslegung. Sprach gegen das logisch-dogmatische Verfahren, abgesehen von der häufigen Unrichtigkeit der Beweisführung, ebensooft die Unbrauchbarkeit des Ergebnisses, so bleibt doch noch die Frage nach der grundsätzlichen Berechtigung der Deduktion als Form der Rechtsauslegung zu beantworten. Auf den richtigen Weg müßte hierbei eigentlich schon die einfache Feststellung führen, daß jenes namentlich von Kelsen verteidigte Verfahren deduktiver Rechtsauslegung nur in einer Minderzahl von Fällen praktisch überhaupt anwendbar ist. Lediglich dort nämlich, wo, wie etwa im Falle der Geschäftsfähigkeit nach bürgerlichem Recht, der Rechtsbegriff die von ihm gemeinten Gegenstände eindeutig bezeichnet, kann die Gesetzesauslegung auch in Form des einfachen logischen Schlusses vorgenommen werden. Handelt es sich dagegen um Feststellung, was unter einem unbestimmten[233]) Rechtsbegriff wie etwa dem des Rechtsgeschäftes zu verstehen sei, so muß ein ateleologisches Verfahren auch notwendig die Antwort schuldig bleiben. Erklärt daher Kelsen den fehlerhaften Staatsakt aus logischen Gründen für regelmäßig rechtlich nicht vorhanden, so müßte er, um konsequent zu bleiben, die Auslegung aller unbe-

[233]) Mit Recht betont Schoen: Verw.-Arch. Bd. 27, S. 112, daß auch die unbestimmten Begriffe echte Rechtsbegriffe sind.

stimmten Rechtsbegriffe ebenfalls verweigern. Denn ist die logische Methode der Gesetzesauslegung allein gestattet, obwohl eine Auslegung der unbestimmten Rechtsbegriffe teleologisch allein vollziehbar ist, so klafft hier eine Lücke, welche nicht von der Theorie, sondern nur vom Gesetzgeber geschlossen werden könnte. Doch ist dies Resultat, welches sämtliche Gesetze der Welt unverwendbar machen würde, an die Notwendigkeit, das logisch-formalistische Verfahren anzuwenden, eng gebunden. Wie jedoch früher schon hervorgehoben wurde, läßt sich die angebliche Notwendigkeit, logisch zu verfahren, nicht ihrerseits wiederum logisch auch beweisen. Vielmehr ist jenes Dogma, die Rechtsauslegung habe logisch zu erfolgen, wenn überhaupt, nur teleologisch haltbar[234]). Damit aber verliert die logische Methode der Rechtsauslegung ihre scheinbar selbständige Geltung. Die Frage nach dem richtigen Verfahren der Rechtsauslegung wird überhaupt zu einem Sinnproblem.

Zu seiner Auflösung wird auszugehen sein vom Wesen der Rechtsordnung wie ihrer sozialen Funktion im Gemeinschaftsleben. Es zeigt sich da, wie die Gesetze im Interesse der Gemeinschaft[235]) bestimmte Handlungen fordern oder gestatten, andere verbieten, damit also wertend zum menschlichen Treiben Stellung nehmen[236]). Aufgabe der Rechtsauslegung ist so offenbar, die generelle gesetzliche Wertung für den Einzelfall gewissermaßen umzusetzen.

---

234) Wie wenig aber das logische Verfahren teleologisch befriedigend und begründet ist, zeigte sich bereits und wird in den nächsten Paragraphen noch deutlicher werden.

235) Man könnte hier von formellem Gemeinschaftsinteresse reden, wie nämlich es die Gesetze verstehen. Das wirkliche Gemeinschaftsinteresse braucht sich damit durchaus nicht immer zu decken.

236) Auf die „teleologische Färbung sämtlicher Rechtsbegriffe“ weist Lask: Rechtsphilosophie in Windelbands Philosophie im Beginn des 20. Jahrhunderts, 1907, S. 310, hin. Nach Lask haben ferner „die neueren Ansätze zu einer Logik der Rechtswissenschaft . . . hauptsächlich den Erfolg gehabt, das von der Jurisprudenz stets angewandte teleologische Prinzip auch in der methodologischen Besinnung ausdrücklich zum Bewußtsein zu bringen“. Im selben Sinne Binder, Kantstudien 255, 365. Von Interesse für das darin nach Ausdruck ringende Gefühl der Unhaltbarkeit deduzierender Rechtsauslegung sind auch die Bemerkungen von Heinze: D. J. Z. 1923, Sp. 154, und der Aufsatz von Drews: Schöpferische Rechtssprechung, ebenda, Sp. 249. Siehe auch Kaufmann: Kritik der neukantischen Rechtsphilosophie, und die Ausführungen von Jerusalem: Völkerrecht und Soziologie, 1921, S. 1 ff.,

c) Grundlosigkeit induktiver Rechtsauslegung. Der eben festgestellte normative Charakter der Gesamtheit rechtlicher Bestimmungen macht aber notwendig auch al e Versuche unmöglich, die Richtigkeit von Auslegungsergebnissen anstatt auf rechtliche Forderungen auf Tatsachen zu stützen. Es gilt dies gegenüber dem privatrechtlichen wie publizistischen Dogma, es müßten Verschiedenheiten des Seins auch ohne weiteres normative, rechtliche Bedeutung zukommen. Denn daraus etwa, daß bestimmte Tatbestände psychologisch verschiedenartig sind oder zu sein scheinen, folgt nicht, daß sie verschiedenartig für juristische Betrachtung sind.

Derselbe Einwand ist auch den soziologischen Versuchen induktiver Rechtsauslegung von Ehrlich bis Jerusalem und Saleilles entgegenzusetzen[237]). Die innere Verwandtschaft dieser Versuche mit den Methoden des naturphilosophischen Positivismus ist unverkennbar. Man kann den naturwissenschaftlichen Methoden, soweit sie juristisch-normative Geltung beanspruchen,

gegen die „scholastische Methode" der historischen Schule. Beachtung verdient in diesem Zusammenhang eine Bemerkung von Spengler: Der Untergang des Abendlandes, 1922, 2, S. 68ff. Nach Spengler (S. 95), der sich dabei auf Sohm: Inst., S. 170, stützt, ist das, „was wir bis heute Rechtswissenschaft nennen . . . entweder Philologie der Rechtssprache oder Scholastik der Rechtsbegriffe". Methodisch bedeutsam ist ferner besonders die Schrift von Smend: Die politische Gewalt im Verfassungsstaat und das Problem der Staatsform, 1923, der sich S. 14 gegen ein formalistisches Verfahren wendet. Von Interesse ist schließlich, wenn selbst Bergbohm: Jurisprudenz und Rechtsphilosophie, 1, S. 358, die Unvermeidlichkeit teleologischer Rechtsauslegung implicite zugeben muß. Nach Bergbohm kostet es nämlich „den Juristen nicht selten einige Anstrengung, die Tragweite des formell gültigen Rechtssatzes nicht um seiner materiellen Verwerflichkeit willen zu verkürzen und vor keiner Konsequenz zurückzuschrecken, wenn sie nur keine juristische Absurdität" enthält. Denn wie die „juristische Absurdität" anders vermieden werden kann, als durch Abbiegung des formalistischen Verfahrens der Rechtsauslegung zugunsten eines teleologischen, ist nicht recht ersichtlich. — Die gegen Wach gerichteten Ausführungen von Nußbaum: Die metaphysisch-teleologische Methode im Prozeß, Arch. f. Rechts- und Wirtschaftsphilos. 2, S. 307ff., treffen das hier vertretene Verfahren teleologischer Rechtsauslegung nicht.

237) Über die französische Soziologie s. Japiot: a. a. O. S. 157, und vor allem die gute These von Micescou: Essai sur la Technique Juridique, Paris 1911. Literatur zur Rechtsquellenbewegung in zeitlicher Aufeinanderfolge bringt Jung: Das Problem des natürlichen Rechts, 1912.

nicht treffender und kürzer begegnen als mit dem von Husserl gegenüber den empirischen Wissenschaften gebrauchten Satze: „Aus Tatsachen folgen immer nur Tatsachen[238].“ Wie in Wahrheit auch das soziologische Verfahren in juristisch-normativer Wendung aufhört, soziologisch zu sein, vielmehr einen teleologischen Charakter annimmt, haben Menzel[239] und namentlich Kelsen[240] schlagend nachgewiesen.

---

[238]) Ideen zu einer reinen Phänomenologie und phänomenologischen Philosophie, 1913, S. 18.

[239]) Naturrecht und Soziologie, 1912.

[240]) Der soziologische und der juristische Staatsbegriff, 1922. Den Grundzug des soziologischen Verfahrens der Rechtsauslegung möge ein Beispiel kennzeichnen. Laut Jerusalem gibt es ein soziologisches Prinzip „der automatischen Einstellung“, nach welchem zwischen aufeinander stoßenden Staaten eine Auseinandersetzung stattfinden soll, „und zwar je nach der Intensität, welche die Souveränität in dem Punkt besitzt, aut dem sie auf die andere trifft“, a. a. O. S. 22. Nach dem soziologischen Prinzip der automatischen Einstellung entscheidet nun angeblich „in jedem einzelnen Falle das Kräfteverhältnis zwischen den staatlichen Energien, welche sich gegenübertreten“. Die hierfür aufgestellten Grundsätze können nach Jerusalem im Einzelfalle dadurch durchbrochen werden, daß jenes Energieverhältnis aus besonderem Grunde einmal ein anderes wird. Eine solche Ausnahme soll das Recht der Verfolgung eines Schiffes bilden, welches besteht, wenn „von der Besatzung oder den Passagieren eines Schiffes ein Delikt in fremden Küstengewässern begangen ... und innerhalb der Küstengewässer die ... Verfolgung des Schiffes aufgenommen wurde“. Der Grund des Rechts, die Verfolgung auf hoher See fortzusetzen, liegt nach Jerusalem nun darin, daß ein „Abstoppen des verfolgenden Schiffes mit sofortiger Wirkung in dem Augenblick, wo die hohe See erreicht ist, ... schiffstechnisch ebenso unmöglich“ sei „wie physiologisch die einmal in Aktion getretenen motorischen Nerven der Verfolger augenblicklich außer Funktion gesetzt werden können“, a. a. O. S. 32. Soweit dabei Jerusalem mit diesen Ausführungen eine Art Naturgeschichte einer rechtlichen Institution geben will, ist prinzipiell hiergegen gar nichts einzuwenden, so sehr das tatsächliche Bestehen dieser natürlichen Normentwicklung im Einzelfall bezweifelt werden mag. Aus der Unmöglichkeit, rechtzeitig zu stoppen, folgt jedoch so wenig, ein Recht zu weiterer Verfolgung, wie aus der Unmöglichkeit, die motorisch gespannten Armmuskeln zu bändigen, das Recht folgt, einen andern zu mißhandeln. Warum man nicht so schnell wie möglich oder bereits vor hoher See stoppen muß, vielmehr berechtigt ist, die Verfolgung fortzusetzen, bleibt völlig unerklärt. Beachtung verdient unter diesem Gesichtspunkt, wenn neuestens Max Rumpf: Der Sinn des Wirtschaftsrechts, Archiv f. Civil-Praxis 1922, S. 153ff. versucht, die soziologische mit der teleologischen Rechtsauslegung zu verbinden. Obwohl er als

Die in Deutschland besonders seit Kohler geübte Rechtsvergleichung bildet, soweit sie wie bei Tarde[241]) lediglich Kenntnisse vermitteln soll, keinen eigenen Zweig der Rechtsauslegung. Wo dagegen die Rechtsvergleichung selbständigen normativen Wert beansprucht, gilt gegen sie das bereits oben gegen die juristische Soziologie Gesagte. Denn auch aus der Anwendbarkeit fremder Rechtsausführungen läßt sich ein Recht dazu in keiner Weise begründen. Im ganzen erheben sich damit gegen die naturwissenschaftliche Methode der Rechtsauslegung dieselben Bedenken, welche auch eine induktive Begründung der ethischen Prinzipien als unmöglich erscheinen lassen[242]). Mit der Unmöglichkeit schließlich, die subjektive Theorie der Rechtsauslegung folgerichtig durchzuführen, muß um so mehr die Forderung philologisch-historischer Gesetzesauslegung zum Dogma werden[243]).

Können die eben gekennzeichneten induktiven Richtungen der Rechtsauslegung an sich normative Bedeutung nicht beanspruchen, so verdient dagegen die ihnen wesensgemäße weltanschauliche Haltung des Auslegenden um so eher Beachtung. Denn jene in naturwissenschaftlicher Wendung vielfach so unbegreiflich un-

„vollrechtlich" schon eine Rechtsmethode bezeichnet, welche die Tatsachen des rechtlich bedeutsamen Soziallebens erforscht und darstellt, will er doch die Verbindung „mit der neueren deutschen Kulturphilosophie, die die Kultur begreift als das Reich der Werte", herstellen. Dann aber liefert die Soziologie nur noch Material, die Rechtsauslegung selbst wird notwendig teleologisch.

241) Le droit comparé et la sociologie, Bull. de la soc. legisl., comp. 1900, S. 529ff.

242) Vgl. dazu etwa Nelson: Ethische Methodenlehre, 1915.

243) Von ihrer romantischen Wurzel abgesehen, war die historische Richtung der Gesetzesauslegung begünstigt insbesondere durch die Notwendigkeit philologischen Verfahrens unter der Herrschaft des gemeinen Rechts. Hinzu kam der bereits im Allgemeinen Landrecht (Einleitung § 26ff.), namentlich aber in der französischen Kodifikation zum Ausdruck gelangte Gedanke, daß alles Recht irgendwie aus dem Gesetz müsse deduziert werden können. Es sollte der Richter auf diese Weise jene Maschinenstellung erhalten, auf welche schon Montesquieu hinzielt mit den Worten: „dans les gouvernements republicain il est de la nature de la constitution que les juges suivent la lettre de la loi" (Esprit des lois VI, III, No. XI, 6). Zur Kritik der historischen Rechtsschule s. Stammler: Über die Methode der geschichtlichen Rechtstheorie, 1888. Auf die geringe Ergiebigkeit der historischen Schule für die Fortbildung des Rechts weist unter anderen Schücking: Die Organisation der Welt, 1909, S. 3ff., hin. Siehe ferner auch Anm. 236.

begründeten Methoden der Rechtsauslegung stellen sich, wenn man auf die Motive ihrer Anwendung sieht, als durch bestimmte Zielsetzungen hervorgetrieben dar. Als solche immanente Haltung enthält die historisch-philologische Quelleninterpretation von Savigny bis Stahl und Gierke die Ehrfurcht vor dem Gewordenen verbunden mit dem Wunsch, es zu bewahren. Dagegen ist der soziologischen Methode die umgekehrte Blickrichtung entsprechend, das Streben, zugunsten der Gegenwart sich von der Vergangenheit zu befreien, welche hier vielfach als lästige Fessel erscheint. Die scheinbar ateleologisch gefundenen, so aber nicht als berechtigt begründbaren Arten der Rechtsauslegung erweisen sich damit in Wahrheit als Zweige aus Wurzeln verschiedener weltanschaulicher Zielsetzungen. Die Bedeutung des Auslegenden für die damit als allein möglich gebliebene Methode der teleologischen Rechtsauslegung wie diese Methode selbst, gilt es nunmehr noch festzustellen.

d) Notwendigkeit und Verfahren teleologischer Rechtsauslegung. Es ist ein prinzipieller Mangel der formalistischen Rechtsauslegung, das auslegende Subjekt als solches ganz zu ignorieren. Ein Fehler, welcher seinen Grund offenbar in der Anwendung dieses Verfahrens selbst findet, welches aus seinem eigentlichen Geltungsgebiet auf den ihm fremden Boden der praktischen Vernunft verpflanzt wurde[244]). Dabei kann einer unbefangenen Betrachtung unmöglich entgehen, wie wenig sich auch einfache Fälle der Gesetzesauslegung durch bloße Zergliederung der Rechtsbegriffe lösen lassen. Im Gegensatz zu einer mathematischen Ordnung kann eben der Rechtsnormenkomplex nicht im Wege reiner Deduktion aus sich selbst heraus aufgerollt werden. Denn die Funktion der Rechtsbegriffe als Wertbegriffe, welche nur in gewissen Grenzen durch die Rechtsordnung bestimmt, im übrigen von ihr als bekannt vorausgesetzt werden, macht eine Ergänzung der dadurch nach außen offenen Normen durch wertende Subjekte zum Erfordernis[245]). Die Inbeziehungsetzung von Norm und Tat-

---

[244]) Mit Recht erklärt neuestens Eger: Zum gegenwärtigen Stande der deutschen Rechtsphilosophie, Schweiz. Juristenztg. 1923, S. 295, daß der Jurist seine Aufgabe „nicht mit der erkennenden, sondern mit der praktischen Vernunft" bewältige.

[245]) Dem hier Ausgeführten entspricht es, wenn Thoma: Dtsch. Juristenztg. 1922, Sp. 729, erklärt: „Beim Schweigen der Gesetze gibt es

bestand im Akt der Rechtsauslegung geschieht dabei nicht, wie meist angenommen wird, durch einfache Unterordnung des Seins unter die Norm. Vielmehr macht jener Hof von Unbestimmtheit, welcher fast alle Rechtsbegriffe umgibt, zunächst die Festlegung des Rechtsbegriffes für jeden Fall der Auslegung erneut erforderlich. Die insoweit rechtssetzende Tätigkeit der Auslegung ist jedoch nicht frei, sondern wenigstens der Richtung nach gebunden an jene Zwecke, welche eine Norm regelmäßig zu verwirklichen trachtet. Von reiner Auslegung kann dabei nur insoweit die Rede sein, als lediglich eine Formung der Rechtsbegriffe nach dem Gesetze immanenten Rechtsideen erfolgt. Soweit jedoch eine Mehrheit möglicher Rechtszwecke mehrere Lösungen gestatten oder gesetzliche Bestimmungen für Auflösung entstandener Rechtslagen überhaupt fehlen, kann die hier auftretende Schwierigkeit durch eigentliche Rechtsauslegung nicht mehr überwunden werden[246]). Allein die eigene schöpferische Zielsetzung des „Auslegenden" kann dann die fehlende gesetzliche Regelung ersetzen. Selbst mangels gesetzlicher Bestimmungen ist jedoch diese Rechtsergänzung nicht völlig frei. Als ausgeschlossen müssen vielmehr zunächst alle Lösungen gelten, welche geeignet erscheinen, die Rechtsordnung als solche, zu deren Ergänzung sie bestimmt sind, aufzuheben[247]). Im übrigen aber ist es offenbar ein sittliches

---

keine logisch-juristische Nötigung weder zur Bejahung noch zur Verneinung der Überprüfbarkeit formgerecht kundgemachter Gesetze". Hier liegt nach Thoma vielmehr ein „echtes Problem" der Gesetzesauslegung vor, dessen Beantwortung „irgendwie in einem subjektiven Werturteile des Entscheidenden wurzelt". Vgl. Thomas Besprechung von Bendix: Das Streikrecht der Beamten, Arch. f. Sozialwissensch. u. Sozialpolitik, S. 275f.

[246]) Deutlich herausgearbeitet ist das oben aufgeworfene Problem z. B. bei Lewald: Enquêterecht und Aufsichtsrecht, Arch. f. öffentl. Recht 1923, S. 369ff. Lewald kommt dort S. 292 zu der Feststellung, es lasse sich weder historisch, noch mit Hilfe immanenter Sinndeutung sicher sagen, ob das Enquêterecht des Art. 34 RV. gegenständlich beschränkt sei. Diese theoretisch unlösbare Frage könne daher nur praktisch mittels des „politischen Willens" entschieden werden. Indem Lewald dann die Partei des Parlaments ergreift, wählt er einen der beiden nach seiner Ansicht möglichen Standpunkte.

[247]) Dem widerspricht nicht, wenn Helfritz: Grundriß des preuß. Kommunalrechts, 1923, S. 11, es für möglich hält, daß einmal „Bestimmungen vorliegen, die zwar formell noch gültig, infolge gänzlich veränderter Verhältnisse aber praktisch nicht mehr anwendbar sind".

Postulat, als richtig nur diejenige Lösung anzuerkennen, welche sich als höchstwertigste darstellt, d. h. als geeignetes Mittel zur Erreichung des höchsten Zweckes, den ein konkreter Normenkomplex überhaupt zuläßt[248]). Welche Lösung derart beschaffen ist, kann bei ihrer Abhängigkeit von Tatbestand und Rechtslage naturgemäß nicht allgemein entschieden werden. Vielmehr bleibt für jeden Einzelfall nachzuweisen, daß die getroffene Entscheidung hinzielt auf Verwirklichung jener Rechtsidee, welche bestimmten Normen oder Normenkomplexen zugrunde liegt oder sinnvoll zu legen ist[249]).

e) Bedeutung des Ergebnisses für die Lehre vom fehlerhaften Staatsakt. Aus den bisherigen Ausführungen folgt für das Problem des fehlerhaften Staatsakts zunächst, daß jene Frage, ob fehlerhafte Staatsakte grundsätzlich nichtig oder nicht nichtig sind, als unrichtig gestellt betrachtet werden muß. Indem nämlich die Rechtsordnung ganz regelmäßig nur Zielsetzungen angibt, ohne sich grundsätzlich zu einem kollektivistischen oder individualistischen Standpunkte zu bekennen, erweisen sich auch normative

---

Allerdings läßt sich diese Ansicht nur begründen, wenn man wie hier die Notwendigkeit einer transzendentalen teleologischen Rechtsauslegung anerkennt. Das gilt auch, wenn Leonhard: a. a. O. S. 14, im Gegensatz zu anderen Vertretern objektiver Rechtsauslegung „nicht die Richtigkeitsmaßstäbe des Gesetzes, sondern die heutigen“ anzuwenden verlangt.

[248]) Wenn Baumgarten a. a. O. II S. 624 meint, daß von der modernen Wissenschaft im Gegensatz zur gemeinrechtlichen „bei der Anwendung des Rechts die Worte des Gesetzes in dem Sinne genommen werden, der unter teleologischem Gesichtspunkt das beste Ergebnis liefert“, so liegt darin eine geringere Bindung an die Norm, wie hier verlangt wird. Der richtige Zweck, dessen Verwirklichung die Rechtsregelung anzunähern hat, ist nach Feilchenfeld: Völkerrechtspolitik als Wissenschaft, 1922, S. 225, „das sachliche Ideal als End- und Selbstzweck“. Es kann auf diese für die gesamte Rechtstheorie bedeutsamen Ausführungen hier leider nur verwiesen werden.

[249]) Als allgemeinen Beurteilungsmaßstab das „Wohl der Gesamtheit“ anzunehmen, wie Baumgarten: a. a. O. I S. 278, fordert, liegt kein Anlaß vor. Auch gehen seit alters die Ansichten darüber, was diesem Wohle dient, auseinander. Eugen Huber: Recht- und Rechtsverwirklichung, 1921, S. 99, will in Zweifelsfällen der Rechtsauslegung die Antwort dem Bewußtseinsinhalt entnehmen, wo sich, „wenn wir tief genug graben, die Regel und Unterweisung für unser Verhalten“ finden sollen. Aber auch wenn man dies zugibt, bleibt dunkel, wie bei diesem subjektiven Standpunkt von verschiedenen Meinungen mehrerer Personen eine als objektiv richtig festgestellt werden kann.

Folgerungen als haltlos, welche aus einem derart vorausgesetzten Standpunkte gezogen werden[250]). Denn nur genaue Prüfung des Einzelfalles kann ergeben, welcher Standpunkt jeweils im oben dargestellten Sinne richtig ist. Mag dabei, wie meist angenommen wird, Anfechtbarkeit als teleologisch regelmäßig geforderte Sanktion fehlerhafter Staatsakte erscheinen, so kommt doch diesem Ergebnis lediglich empirische, nicht aber normative Bedeutung zu. Ist dies aber der Fall, dann erweisen sich auch von vornherein alle formalistischen Systeme als haltlos, welche die Folgen fehlerhafter Staatsakte normativ zu bestimmen suchen. Denn es besteht keinerlei Anlaß, ihren Ergebnissen, welche in Wahrheit teleologisch an Einzelfällen gefunden wurden, irgendwelche allgemeine normative Geltung zuzuerkennen. Auch bleibt zu beachten, daß nur durch Abtrennung der die Einzelergebnisse möglicherweise rechtfertigenden Rechtsideen eine scheinbare formalistische Allgemeingültigkeit dieser Systeme erreicht werden konnte[251]). Durch die Fernhaltung aller dynamischen Elemente, durch das Absehen vom wechselnden Inhalt wie von der durch die konkrete Rechtslage bedingten Wertung sind so die früher behandelten starren Systeme letzten Endes in die Fehler des alten Naturrechts verfallen[252]).

---

[250]) Im übrigen wird sich im Laufe der Untersuchung noch herausstellen, wie auch das Interesse des Individuums durchaus nicht immer die Nichtigkeit fehlerhafter Akte fordert. Dazu kann weder die im individualistischen, noch die im kollektivistischen Standpunkt enthaltene Zielsetzung als einzig berechtigte anerkannt werden. Vgl. unter diesem Gesichtspunkte Wolzendorff: Der Polizeigedanke des modernen Staats, 1918, S. 64 ff.

[251]) Behauptet etwa Anschütz: Lücken in den Verfassungs- u. Verwaltungsgesetzen, Verwaltungsarch. 1906, S. 329: „Das Auslegungsrecht der Analogie ist im Verwaltungsrecht überall ausgeschlossen, sobald dadurch die Rechte der Verwaltung über das, was im Gesetz steht, hinaus erweitert werden sollen", so findet dieser Satz seine Wurzel und eigentliche Begründung in dem Prinzip der gesetzmäßigen Verwaltung. Ohne Ideen wie die des Rechtsstaates oder der Gewaltenteilung usw. ist eben eine Rechtsauslegung, insbesondere eine Wahl zwischen Analogie und argumentum e contrario, gar nicht möglich. Vgl. auch v. Hippel: Die Lehre Montesquieus von der Dreiteilung der Gewalten und die praktische Bedeutung dieses Prinzips für die juristische Konstruktion, im holländischen Rechtsgeleerd Magazijn, Jahrgang 1924, Lieferung 1.

[252]) So auch Wolzendorff: Staatsrecht und Naturrecht in der Lehre vom Widerstandsrecht des Volkes gegen rechtswidrige Ausübung der Staatsgewalt, 1916, S. 468, Anm. 2, S. 469, Anm. 1, gegen Kormann.

Erscheint demnach jeder Versuch als sinnwidrig und unbegründet, die Folgen fehlerhafter Staatsakte gewissermaßen in Tabellen festzulegen, muß vielmehr jede gesetzliche Auslegung auf die konkrete Norm und den konkreten Tatbestand zurückgehen, dann bleibt dieser Untersuchung nur noch die Aufgabe, an einigen Beispielen zu zeigen, wie sehr die Rechtsfolgen fehlerhafter Staatsakte durch die konkrete Norm- und Tatlage bedingt sind[253]). Es wird sich allerdings auch ergeben, daß regelmäßig gewisse Typen verwandter Wertlagen und Lösungen wiederkehren, aber diese Gemeingültigkeit ist keine a priorische, sondern, erzeugt durch die Einheit menschlichen Lebens und Wertens, ist sie nicht notwendiger und regelmäßiger als die Struktur dieses Lebens selber.

Vierter Teil.

Versuch einer teleologischen Behandlung des fehlerhaften Staatsakts.

§ 7. Abhängigkeit der Bedeutung eines Fehlers von der konkreten Wertlage.

a) Unzulänglichkeit der französischen teleologischen Richtung. Die hier vertretene Ansicht von der Notwendigkeit eines teleologischen Verfahrens der Rechtsauslegung und damit einer entsprechenden Behandlung des fehlerhaften Staatsakts findet sich auch in

---

Wolzendorff hebt dort mit Recht „eine wesentliche Eigentümlichkeit der einseitigen begriffskonstruktiven Methode“, insbesondere Kormanns, hervor, nämlich die Gewaltsamkeit, mit der dieselbe sich „eine vis supplendi et corrigendi“ anmaßt. Und für die Art dieses „naturrechtlichen, rechtsumschaffenden“ Verfahrens scheint Wolzendorff charakteristisch, „daß diese begriffskonstruktive, sogenannte juristische Methode mit Vorliebe sich nur dem ‚allgemeinen Teil‘ des Verwaltungsrechts widmet“.

[253]) Bemerkenswert ist unter diesem Gesichtspunkt, daß Sulser, der an sich die Dualität Rechtsgeschäft-Rechtshandlung zugrunde legt, bald von seinem formalistischen Verfahren zu Wertungen übergeht (s. etwa a. a. O. S. 70ff.). So kommt er dazu, die Rechtsfolgen unzulässiger Nebenbestimmungen von Fall zu Fall im wesentlichen teleologisch zu bestimmen. Ferner haben nach Koellreutter: a. a. O. S. 91, die englischen Gerichte bei ihrer Prüfung der Rechtsgültigkeit lokaler Polizeiverordnungen (Bye-Laws) betont, „daß man allgemeine Regeln, nach denen eine solche Prüfung zu erfolgen hat, nicht aufstellen könne, sondern den einzelnen Fall für sich betrachten müsse“.

der neueren französischen Literatur. Es ist wohl der Wunsch nach stärkerer Individualisierung, welcher einzelnen Zivilisten die starre Verallgemeinerung der klassischen Unwirksamkeitsformen zuerst unerträglich erscheinen ließ. So wendet man sich gegen die übertriebene Strenge der alten Theorie[254]), fordert, die Folgen fehlerhafter Rechtsgeschäfte zu vervielfältigen und zu bereichern[255]), und bekämpft insbesondere die künstlichen Beweisführungen der klassischen Richtung[256]). Schon früher hatte Drogoul[257]) mit der Raschheit des Anfängers in seiner These die Folgen fehlerhafter Rechtsgeschäfte nur nach dem Zweck zu bestimmen gefordert, damit die Starrheit des klassischen Systems in ihr Gegenteil verkehrend. Obwohl demgegenüber Japiot das Abstreifen jeder Regel verwirft, ist doch auch für ihn: „La nullité . . . une sanction qui doit s'adapter au but de la règle dont elle tend à assurer l'observation et aù milieu où pratiquement elle intervient", und beruhen „sur cette idée fondamentale . . tous les éléments de notre travail"[258]).

Auch hier wieder sieht man die publizistische Theorie an die privatrechtliche anknüpfen, denn den Ausführungen von Jèze[259]) über die Rechtsfolgen fehlerhafter Staatsakte liegen unverkennbar Gedankengänge Japiots zugrunde. Nun entspringen jedoch jene zivilistischen Versuche einer teleologischen Behandlung fehlerhafter Rechtsgeschäfte durchweg praktischen Erwägungen, die ihre theoretische Rechtfertigung im wesentlichen dadurch finden, daß man im Gegensatz zum eigenen Verfahren die Unrichtigkeit und Unerträglichkeit der klassischen Theorie hervorzuheben sucht[260]). Dementsprechend erklärt denn auch Jèze „dès lors,

[254]) Vgl. Tissier bei Sirey, 1903, I, 257. Auf die Notwendigkeit, gewisse einmal entstandene Rechtslagen zu schützen, weist Thaller: Recueil periodique des arrêts, fondé par Dalloz, 1906, 1, 169 hin.

[255]) Gény: a. a. O. S. 148.

[256]) So Pieddelièvre, Planiol, Bartin nach Japiot: a. a. O. S. 144.

[257]) F. Drogoul: Essai d'une théorie générale des nullités, thèse de la Faculté d'Aix, 1902.

[258]) Einleitung a. a. O. S. 13.

[259]) Les principes généraux du droit administrative, 2. Aufl., 1914, S. 57 ff. Weniger ausführlich ist der Anhang zu Buch I der deutschen Ausgabe von 1913: Das Verwaltungsrecht der französischen Republik, S. 451 ff.

[260]) Dies gilt insbesondere auch von Japiot.

on peut prévoir que, dans un sythème juridique très perfectionné, les sanctions des irrégularités vont varier avec les circonstances. On peut affirmer que les solutions aux quelles conduit une logique rigoureuse et abstraite sont trop rigides pour donner satisfaction aux besoins de la vie sociale. Dans un pays arrivé à un certain dégré de civilisation et de perfectionnement juridique, le législateur et, à défaut du législateur, la jurisprudence doit immaginer une théorie très souple“[261]).

Dagegen bringt die eigentlich fehlende Begründung seiner teleologischen Methode, deren auch theoretische Notwendigkeit nicht aufgewiesen wird, mancherlei Unsicherheiten in die Ausführungen. Davon abgesehen entspricht es jedoch durchaus dem hier vertretenen teleologischen Standpunkte, wenn Jèze absolute, denknotwendige Formen der Unwirksamkeit nicht kennt, der von ihm aufgestellte Katalog derselben[262]) vielmehr nur die Rechtsfolgen enthält, „attachées, actuellement, en France, par la loi ou par la jurisprudence, aux irrégularités des actes juridiques“. Besteht, wie sich im Verlaufe dieser Untersuchung ergab, keine Möglichkeit und auch kein Grund, ein System logisch allein denkbarer Formen der Unwirksamkeit aufzustellen, dann kann für ein teleologisches Verfahren der Rechtsauslegung die Fülle möglicher Formen der Unwirksamkeit ihre Grenzen nur finden an der Mannigfaltigkeit teleologisch vertretbarer Lösungen überhaupt. Eine dabei tatsächlich vielleicht erforderliche Einschränkung auf eine nicht sehr große Anzahl von Unwirksamkeitsformen aber bedeutet eine empirisch bedingte, teleologische, nicht logische Notwendigkeit.

Die Eigentümlichkeit einer formalistischen Behandlung des fehlerhaften Staatsakts bestand nun, wie sich früher zeigte, unter anderem darin, aus der logisch festliegenden Fülle möglicher Unwirksamkeitsformen bei jeder konkreten Entscheidung eine herauszugreifen, um sie als Sanktion an einen fehlerhaften Akt gewissermaßen anzuhängen. Dagegen ist für das teleologische Ver-

---

[261]) a. a. O. S. 55.

[262]) a. a. O. S. 57. Es verlohnt nicht, diesen Katalog im einzelnen durchzugehen, zumal die dort angeführten Formen sich tatsächlich auf die schon bekannten des nichtvorhandenen, nichtigen, relativ unwirksamen und anfechtbaren Staatsakts zurückführen lassen, wobei die wesentliche Unterscheidung von dinglicher und obligatorischer Anfechtung nicht einmal gemacht wird.

fahren charakteristisch, den fehlerhaften Akt stets so zu behandeln, wie es dem Sinne der konkreten Norm entspricht, womit an Stelle rationeller, unbegründeter Generalisierungen eine teleologische Individualisierung der Rechtsfolgen tritt. Dabei muß nach Jèze: „Eine gute Theorie von der Nichtigkeit das allgemeine Interesse berücksichtigen, zugleich aber auch das vermögensrechtliche Interesse der Privaten oder der Verwaltung, die durch das Rechtsgeschäft berührt werden, und endlich auch die Interessen der Dritten“[263]). Und weiter: „Das auf die Tragweite der Rechtsfolge wirkende Hauptelement ist nicht nur die Wichtigkeit des vorgekommenen Fehlers, sondern auch die Bedeutung des in Frage kommenden sozialen oder individuellen Interesses“[264]).

Die hiermit gegebenen Grundsätze einer teleologischen Behandlung fehlerhafter Staatsakte erschöpfen jedoch in keiner Weise die Fülle möglicher Gesichtspunkte. Handelt es sich doch zunächst im öffentlichen Recht bei der Auferlegung öffentlicher Pflichten[265]) nicht nur um eine vermögensrechtliche Belastung des einzelnen, sondern um eine Beschränkung seiner Freiheit überhaupt, welche nicht allein unter dem privatrechtlichen Gesichtspunkt der Vermögensbeschädigung betrachtet werden darf. Ferner bestehen allgemein angebbare, feststehende Interessenziele nicht, wie Jèze annimmt[266]). Weiter steht die Forderung der Interessenberück-

---

[263]) Jèze: Deutsche Ausgabe S. 452; übereinstimmend die französ. Ausgabe S. 51.

[264]) Jèze: Deutsche Ausgabe S. 455. In der französischen Ausgabe S. 50 heißt es für „sondern auch“: „c'est aussi, c'est surtout . . .“

[265]) Daß aber gerade im öffentlichen Recht das Pflichtmoment im Vordergrund steht, hebt Piloty: Verwaltungsrechtliche Gedanken, in Festgabe für O. Mayer, 1916, S. 98 ff. treffend hervor.

[266]) Jèze verfällt hier in den Fehler der naturrechtlichen Quantitätstheorien des 18. Jahrhunderts. Auch Forderungen wie die der formalen Gleichheit usw. sehen ab von der konkreten Sachlage und individuellen Verschiedenheit und gelangen so zu der Interessenlage und den Bedürfnissen „des“ Menschen. Zu welch seltsamen Ergebnissen aber derart verallgemeinerte Interessenlagen führen können, zeigt sich, wenn nach Koellreutter: Verfassungsrecht der Vereinigten Staaten von Amerika, Nr. XXVII der Kohlrausch-Kaskelschen Enzyklopädie 1923, S. 21, die amerikanischen Gerichte „unter Berufung auf den Standpunkt der formellen Gleichheit aller Individuen“ auch Gesetze zum Schutz der wirtschaftlich Schwachen als gegen die Grundrechte verstoßend für ungültig erklären. Vgl. auch die Ausführungen sub b dieses Paragraphen.

sichtigung bei Jèze ganz unverbunden neben der Forderung, die Rechtsfolge durch die Bedeutung des Fehlers bestimmen zu lassen, obwohl doch gerade für Jèze die Bedeutung der Interessengefährdung über die Wichtigkeit des Fehlers entscheidet. Dazu fragt sich, welches Interesse den Vorzug verdient, wenn sie einander widerstreben. Denn mögen auch, wie Jèze annimmt[267]), die „richtig" verstandenen Interessen zusammenlaufen, so tun es darum die empirisch gegebenen sicher noch nicht. Vor allem aber bestimmt doch offenbar die Norm, ob ein Interesse Beachtung verdient, nicht aber erscheint eine Interessenlage, wie Jèze es hinstellt, schon darum als schutzwürdig, weil sie vorhanden ist[268]).

Obwohl also Jèze die praktische Unerträglichkeit der klassischen Theorie an sich richtig erkannt hat, ist er mangels theoretischer Begründung seiner eigenen Lehre dazu gekommen, den Formalismus des Verfahrens gegen einen solchen der Ideen zu vertauschen. Dies aber macht in Verbindung mit den eben aufgewiesenen Mängeln und Unklarheiten, welche hauptsächlich in einer Vermengung teleologischer und induktiver Gesichtspunkte bestehen, seine Methode als solche wertfremd und praktisch geradezu unverwendbar.

Die Mannigfaltigkeit teleologisch möglicher Gesichtspunkte, die Abhängigkeit dieser Wertkonstellationen von der konkreten Norm- und Tatlage, wie schließlich die trotz allem vorhandene empirische Regelmäßigkeit der Wertprobleme sei nunmehr an einigen Beispielen noch angedeutet. Eine Stellungnahme zu den im folgenden gebrachten Entscheidungen ist dabei absichtlich unterblieben. Zur Klarlegung des hier behandelten Problems war nur wesentlich, an praktischen Beispielen die Fülle möglicher Wertgesichtspunkte zu zeigen. Eine „Berichtigung" derselben für den konkreten Fall im Wege summarischen Verfahrens wäre ohne wissenschaftlichen Wert.

---

267) Deutsche Ausgabe a. a. O. S. 452 ff. Es liegt bereits hierin eine Vermischung von teleologischer und induktiver Betrachtung.

268) Auch ist die Abstellung auf Interessenlagen an sich unbegründet. Jede Norm sucht bestimmte sachliche Ideale zu verwirklichen. Daß diese verschiedenen Zielsetzungen gleichzeitig verschiedenen Interessen dienen oder dienen können, ist demgegenüber sekundär. Nicht die empirische Interessenlage, sondern die durch Korrelation von Normidee und Tatbestand entstehende Wertlage ist entscheidend.

b) Beispiele für verschiedene Wertlagen. *α*) Wirksamkeit fehlerhafter Staatsakte im Interesse der Privaten. Dem Zwecke der Unwirksamkeit als Sanktion eines Fehlers entspricht es, fehlerhafte Staatsakte dann als irgendwie wirksam zu betrachten, wenn ihre völlige Unwirksamkeit dem Sinne dieses Rechtsinstituts in concreto zuwiderliefe. Dieser Gedanke, der in den starren Systemen mit ihren absoluten Fehlern und Unwirksamkeitsformen keinen Platz findet[269]), beherrscht tatsächlich überall die Praxis. So gewahrt man, wie Tetzner ausführt[270]), in der Praxis des österreichischen Verwaltungsgerichtshofes „den Formalismus . . . durch den Gesichtspunkt durchbrochen, daß Fehler der Behörde der Partei nicht zum Nachteil gereichen, nicht auf ihrem Rücken ausgetragen werden dürfen". Und zwar erscheint, ähnlich wie im Privatrecht, dieser Schutz überall dort als geboten, wo es sich um „die Wahrung eines berechtigten Vertrauens" handelt. In diesem Falle sind die Behörden „verpflichtet . . ., die ihnen unterlaufenen Fehler für die Parteien unschädlich zu machen" und steht den Parteien „geradezu ein Anspruch auf eine solche Schadloshaltung zu". Während also nach Tetzner „die streng formale Behandlung" dazu führen müßte, „dort, wo eine Konzession geplant war, und nur ein Gewerbeschein ausgefertigt wurde", diesen als nichtig, die Konzession als nicht verliehen zu betrachten", vertritt der Verwaltungsgerichtshof die Ansicht, daß Fehler der Behörden „mit Recht treu- und gutgläubigen Parteien" nicht zum Nachteil zu gereichen haben[271], [272]).

Eine Ansicht, die sich durchaus mit dem Prinzip teleologischer Rechtsauslegung deckt, demzufolge die individuelle Wertlage eine

---

[269]) So nimmt neuerdings wieder die ungedruckte Kieler Dissertation von L. Gallsen: Fehlerhafte militärische Verwaltungsakte während des Weltkrieges, 1921, S. 21, Nichtigkeit wegen Mängeln in der Person des Staatsorgans an und leitet daraus logisch ab, daß nichtig auch Verfügungen einer Person seien, „die irrtümlich für ein Staatsorgan gehalten wird und sich selbst dafür hält".

[270]) Administrativverfahren a. a. O. S. 273.

[271]) a. a. O. S. 302.

[272]) Der Gedanke, daß wohlerworbene Rechtslagen der Privaten möglichst zu schützen sind, kehrt im modernen Recht überall wieder und spielt völkerrechtlich seine Rolle insbesondere in der Lehre von der Staatensukzession.

Abschwächung der gewöhnlichen Folgen bestimmter Fehler fordern kann[273]).

Daß in der französischen Theorie namentlich Jèze die Rechtsfolgen fehlerhafter Staatsakte teleologisch zu bestimmen sucht, bedarf nach dem bereits Ausgeführten kaum der Erinnerung. Es bedient sich des teleologischen Verfahrens aber auch die Praxis der französischen Gerichte, deren Entscheidungen Jèze seinen Ausführungen durchweg zugrunde legt. Für die Vertreter der klassischen Richtung würden etwa die Akte eines entlassenen, suspendierten oder abberufenen Beamten rechtlich nicht vorhanden sein. Sind doch derartige Akte einfach Musterbeispiele für die Kormannsche sogenannte „absolute Unzuständigkeit“. Aber eine derartige, allerdings sehr einfache, Lösung ist, wie sich im Verlaufe dieser Untersuchung ergab, weder begründet, noch auch nur sinnvoll[274]). Eher dürfte der ratio legis der Gedanke des Schutzes mit Grund gutgläubiger Dritter entsprechen. In Verfolgung dieses Gedankens gelangt Jèze im Anschluß an die englisch[275])-amerikanische[276]) Theorie und Praxis zur Unterscheidung zwischen usurpation und fonctionnaire de facto. Nur die Akte des Usurpators sind rechtlich nicht vorhanden, während Handlungen des fonctionnaire de fait zugunsten Dritter wirksam bleiben, wenn diese verständigerweise (raisonnablement) glauben konnten und tatsächlich „de bonne foi“ geglaubt haben, der Aktträger sei zu ihrer Vornahme befugt gewesen[277]). Es entspricht weiter dem teleologischen Verfahren, wenn auch die Bestimmung, wann jemand als fonctionnaire de fait, wann als usurpateur de

---

[273]) Ein Hauptfehler des formalistischen Verfahrens ist eben, nicht zwischen genereller und individueller Wertung zu unterscheiden, vielmehr das erfahrungsgemäß regelmäßig Geforderte darum für normativ notwendig zu halten.

[274]) Jèze, der die Eleganz der „logischen“ Entscheidung anerkennt, meint: „Pourtant, les argumentations exclusivement déductives et logiques sont très dangereuses. Le juriste a à résoudre non pas des problèmes de mathématique pure, mais des problèmes sociaux et éminents complexes; ils doit s'efforcer de concillier les intérêts divers en conflit, d'obtenir le maintient de la paix sociale. Voilà ce que le juriste ne doit jamais perdre de vue“.

[275]) Vergl. die Ausführungen von Lord Ellenborough bei Jèze, S. 456 A. der französischen Ausgabe.

[276]) Goodnow: Cases on administrative law, T. I, p. 141.

[277]) Jèze: a. a. O. S. 445.

fonction anzusehen ist, nicht formalistisch erfolgt, sondern durch Verlegung des Betrachtungspunktes auf seiten der Privaten. So erscheint Jèze als „fonctionnaire de fait ... l'individu qui a exercé une fonction en vertu d'une investiture plausible", während „cet individu est un usurpateur, s'il n'a pas d'investiture du tout, ou si l'investiture n'est pas plausible"[278]). Frei wird entsprechend nach Ansicht der Praxis, wer an eine Person zahlt, die er mit Grund für einen Beauftragten des Steuereinnehmers hielt[279]). Und gleichermaßen ist die Zahlung des Staates durch einen fonctionnaire de fait dem Berechtigten gegenüber, der sie mit gutem Grunde gutgläubig empfängt, unwiderruflich[280]). Bekannt ist ferner der vielbesprochene Fall der Eheschließungen von Montrouge, wo ein vom Maire von Montrouge ohne Beachtung der vorgeschriebenen Reihenfolge delegierter Standesbeamter eine Anzahl Ehen geschlossen hatte[281]). Das Gericht erklärte unter recht scholastischer Begründung diese Ehen für gültig. Eine wirkliche Begründung hätte nur teleologisch erfolgen können. Verwandt liegt ein Fall, wo der Munizipalrat statt 10 Mitglieder 12 aufwies, der Regierungsvertreter jedoch den Fehler mangels eines Protestes für geheilt erklärte, da eine andere Entscheidung „serait enlever toute valeur aux délibérations que prendra, pendant ce délai, le conseil municipal"[282]). Dagegen wurde die Wahl als solche vom Staatsrat annulliert. Für formalistisches Verfahren müßten ferner Handlungen, welche der Stellvertreter eines zu Unrecht abberufenen Maire vornahm, nach Kassierung dieser Abberufung nichtig sein, da ja der Maire dauernd zuständig blieb. Eine Logik, welche der Cours d'Orléans[283]) ausdrücklich verwarf, unter andern mit der Begründung, man würde „compromettre l'état et la fortune des citoyens, si l'on déclarait nuls tous les actes auquels aurait concouru un fonctionnaire révoqué alors qu'il ignorait sa révocation".

Dasselbe teleologische Verfahren wird schließlich auch in der deutschen Praxis[284]) und Theorie verwendet. So erklärt z. B.

---

278) Jèze: a. a. O. S. 254.

279) C. d'Etat vom 22. Juli 1876, Ducatel: Rec. S. 701; Conflits v. 15. Dezember 1888, Moreau: Rec. S. 986; s. Jèze: a. a. O. S. 482f.

281) Cass. vom 7. August 1883. 280) Jèze: a. a. O. S. 488.

282) C. d'Etat v. 30. Jan. 1885, El c'Héronville: Rec. S. 126.

283) Entscheidung vom 6. Aug. 1838 bei Jèze: a. a. O. S. 470, Anm. 1.

284) Vergl. § 5, A 211 der Arbeit.

das Reichsgericht in einer Anzahl Entscheidungen zwar ungesetzliche Beamtenernennungen für „unwirksam", nicht aber die von den so ernannten Personen vorgenommenen Handlungen[285][286]. Wenn Kormann[287]), der diese Entscheidungen zitiert, darin eine Bestätigung seines Grundsatzes der bloßen Anfechtbarkeit fehlerhafter Verwaltungsakte sieht, so ist damit herzlich wenig gesagt. Denn da dieser angebliche Grundsatz auch bei Kormann arg durchlöchert ist, fragt es sich gerade, ob und warum er hier gilt. Er tut dies aber, weil im Interesse der Dritten es unerträglich wäre, anders zu entscheiden und weil diese Interessen für teleologische Rechtsauslegung offenbar schutzwürdig sind[288]. Dasselbe Argument würde auch für die Gültigkeit etwa von Akten eines Beamten sprechen, der, wie es nach Erlaß des Altersgrenzengesetzes nicht selten war, unter Umgehung desselben seine Dienststelle behielt. Wo freilich ein Vertrauensschutz des Publikums als berechtigt nicht anerkannt werden kann, sind auch die Akte unzuständiger Beamten unwirksam. Wohl mit Recht erklärt daher der Badische Verwaltungsgerichtshof eine Verfügung, welche der Bürgermeister irrtümlich an Stelle des Vorsitzenden des lokalen Versicherungsamtes erlassen hatte, für nichtig[289]. Bemerkenswert ist schließlich, wenn auch Hatschek[290], der sich sonst ziemlich eng an Kormann anschließt, das berechtigte Vertrauen des

[285]) RG. 47, 120; RG. bei Gruchot 41, 1114 und in Jurist. Woch. 28, 269 u. 735.

[286]) Beachtung verdient bei der Ähnlichkeit der Wertlagen, wenn Staub: Kommentar, 10. Aufl., zu § 310, im Falle des § 310 HGB. eine Heilung der Gesellschaftsbeschlüsse ex tunc annimmt mit der Begründung: „Die entgegengesetzte Ansicht würde, da alle bisherigen Beschlüsse nichtig wären, zu unhaltbaren Folgerungen führen, sie entspricht auch nicht dem Zweck und Sinne des Gesetzes."

[287]) Schließt ein verbündeter Staat mit einem dritten Staat heimlich einen Vertrag, obwohl der Bündnisvertrag ihm dies nur mit Zustimmung des Verbündeten erlaubt, so ist nach Hatschek dieser Vertrag nicht nichtig, da der gutgläubige dritte Staat Schutz verdient (Völkerrecht a. a. O. S. 246). Auch im Völkerrecht kann also das Prinzip des Schutzes Gutgläubiger wiederkehren, wobei dahingestellt sein mag, ob seine Verwendung im konkreten Falle haltbar ist.

[288]) System: a. a. O. S. 217.

[289]) Zeitschr. f. Bad. Verw. u. Verwaltungsrechtspflege 1913, S. 106, zitiert bei Fleiner: a. a. O. S. 194, Anm. 59 als Beispiel seines allgemeinen Grundsatzes der Nichtigkeit von Akten unzuständiger Behörden.

[290]) Verwaltungsrecht a. a. O. S. 94 f.

Bürgers in die Gültigkeit eines Verwaltungsaktes zu schützen sucht. Unter publizistischer Umwandlung eines Satzes von Wellspacher[291]) kommt Hatschek zu dem Prinzip, daß, „wo der Staat durch den Mißbrauch der Organisationsgewalt in dem Staatsbürger das Vertrauen erweckt, daß der Staat diesem gegenüber rechtsgeschäftlich (d. i. durch Verwaltungsakt) handeln wollte, da muß derselbe Staat es sich auch gefallen lassen, daß dieses Vertrauen des Staatsbürgers rechtlich geschützt wird, selbst zum Nachteil des Staates". Nur wo der Bürger „ohne Schwierigkeit" den Mißbrauch der Organisationsgewalt erkennen konnte, entfällt für ihn naturgemäß der Vertrauensschutz. Dem mit Grund Gutgläubigen aber gibt Hatschek durch bloße Anfechtbarkeit des fehlerhaften Akts die Wahl, denselben bestehen zu lassen oder zu vernichten. Bei der Durchführung seines Grundsatzes ist Hatschek allerdings nicht immer konsequent. So soll der Vertrauensschutz des Privaten bei mangelnder Volljährigkeit, mangelnder Staatsangehörigkeit, fehlender Wählbarkeit oder nachträglichem Verlust derselben seitens des handelnden Organs berechtigt sein. Dagegen ist nach Hatschek „ein publizistisches Rechtsgeschäft" des geisteskranken Beamten auf alle Fälle nichtig[292]). Jedoch ist schlechterdings nicht einzusehen, warum der Vertrauensschutz gerade gegenüber dem geisteskranken Beamten versagen soll. Was Hatschek zu dieser Inkonsequenz veranlaßt, sind offenbar die Folgerungen, die er mit Kormann aus dem Begriff des publizistischen Rechtsgeschäfts ableitet. Wie wenig berechtigt jedoch dieselben sind, wurde bereits nachgewiesen. Auch wäre es offenbar im öffentlichen Interesse unerträglich und nicht im Sinne des Gesetzes, etwa die Gültigkeit von Akten, welche eine unwählbare Person im Laufe von Jahren gesetzt hat, durch die Privaten bestimmen zu lassen. Es liegt kein ersichtlicher Anlaß vor, in diesen Fällen des Vertrauensschutzes den Privaten besser, den Staat schlechter zu stellen, als beide stehen würden bei normaler staatlicher Tätigkeit. Dies aber wäre der Fall, wenn der Private frei über die Wirksamkeit staatlicher Akte bestimmte. Der Gedanke des Vertrauensschutzes fordert nur, den mit Grund gutgläubigen Privaten nicht schlechter zu stellen als bei fehlerfreier, staatlicher Tätigkeit. Dazu aber wird es in der Regel

---

[291]) Vertrauen auf äußere Tatbestände im bürgerl. Recht, 1906, S. 115.

[292]) a. a. O. S. 96 f.

genügen, den fehlerhaften Akt als fehlerfrei und wirksam zu betrachten.

Von Interesse ist in diesem Zusammenhange schließlich noch, wie diese Fälle, in denen fehlerhafte Staatsakte zugunsten des Individuums wirksam sein können, die nur relative Richtigkeit jenes unter andern von Herrnritt[293]) und Löffler[294]) vertretenen individualistischen Standpunkts zeigen, nach dem das Interesse des Bürgers die Nichtigkeit des fehlerhaften Staatsakts schlechthin fordern soll. Aufmerksamer Betrachtung kann ferner nicht entgehen, daß auch dann, wenn die Fehler eines Staatsaktes scheinbar nur im Interesse Dritter ohne rechtliche Sanktion bleiben, in Wahrheit diese Lösung auch dem Gemeininteresse entspricht[295]). Da aber in diesen Fällen das Gemeininteresse das Individualinteresse gewissermaßen zu dem seinigen macht, es in sich aufnimmt, kann man insofern von Wirksamkeit eines fehlerhaften Akts zugunsten Dritter reden. Unzutreffend ist jedenfalls, wenn Wodtke[296]) aus dieser ständigen Beteiligung des allgemeinen Interesses gegen Aucoc und Laferrière folgert, es sei gleichgültig, in wessen Interesse eine Formvorschrift erlassen werde. „Denn da alle Verwaltung im Interesse des Staatsbürgers geschieht, ist jede Formvorschrift, die im Interesse der Verwaltung gegeben ist, zugleich auch im Interesse des Staatsbürgers gegeben." Zwar gibt dieser Satz die Idee des Polizeistaats treffend wieder, verkennt aber eben darum jenes Ineinander von Interessen, welche für teleologische Betrachtung die Wirksamkeit oder Unwirksamkeit eines staatlichen Akts zugunsten des Einzelnen im Interesse der Gemeinschaft fordern kann.

β) Wesentliche und un esentliche Fehler. Wie sich im Laufe dieser Untersuchung zeigte, erschien dem formalistischen Verfahren namentlich Kelsens eine Abstufung der Fehler nach Gewicht als unjuristisch und logisch verwerflich[297]). Dagegen

[293]) Vgl. S. 54 der Arbeit. [294]) Grünhuts Zeitschr. 31, S. 495 ff.

[295]) Insoweit hat Jèze also recht. Vgl. Anm. 267 dieses Paragraphen. Doch gilt dies nur bei objektiver, nicht subjektiver Beurteilung der Interessenlagen.

[296]) Der Recours pour excès de pouvoir, 1918, S. 61.

[297]) Kormann: System, a. a. O. S. 260, und W. Jellinek: a. a. O. S. 103 f., kennen zwar wesentliche und unwesentliche Formvorschriften, ohne jedoch bei ihrem formalistischen Verfahren mit dieser Unterscheidung eigentlich etwas anfangen zu können.

sind für eine teleologische Rechtsauslegung derartige Abwägungen selbstverständlich und erforderlich[298]). Auch in der juristischen Praxis wird ein Fehler in Wahrheit regelmäßig dann als schwer angesehen, wenn der fehlerhafte Akt entweder allgemein oder im kon reten Falle als geeignet erscheint, irgendwelche Rechtslagen durch sein Vorhandensein fühlbar zu beeinträchtigen. Insbesondere hat das Preußische Oberverwaltungsgericht in ständiger Rechtsprechung[29]) Wahlfehler für schwer erklärt, die das Ergebnis der vorliegenden Wahl verschieben könnten. Eine gleichartige teleologische Abwägung des Fehlers, der unter Umständen selbst rechnerisch ausgeglichen wird, nimmt das Wahlprüfungsgericht beim Reichstag vor[300]). Es folgt darin nur der Praxis des alten Reichstags, der sein ursprünglich formalistisches Verfahren, nach dem Verstöße gegen das Wahlgesetz als schwer, Verstöße gegen das Wahlreglement als minder beachtlich erschienen, längst zugunsten einer individuellen Wertung aufgegeben hatte, und die Bedeutung eines Fehlers nach seiner Erheblichkeit für das Wahlresultat bestimmte[301]). Wenn Hatschek, der dies treffend hervorhebt, dabei meint, ob ein Fehler schwer sei, lasse sich auch im Falle der Wahl durch Anwendung seines Grundsatzes vom Vertrauensschutze feststellen[302]), so kann dem allerdings nicht beigepflichtet werden. Dieser Grundsatz würde vielmehr gerade verlangen, sogar bei wesentlichen Mängeln des Wahlverfahrens alle Wähler, welche die Fehlerhaftigkeit des Wahlakts nicht erkennen konnten, zu schützen. Auch müßte derart gutgläubigen Wählern eigentlich das Recht zustehen, nach Belieben das fehlerhafte Wahlergebnis anzufechten oder anzuerkennen. Davon kann jedoch auch für Hatschek keine Rede sein. Vielmehr zeigt sich hier, wie teleologische, dem Sinn der Norm entnommene Grundsätze, nur anwendbar sind, wo die Rechtslage, die zu regeln sie

---

298) Wie selbstverständlich im übrigen unbefangener Rechtsauslegung eine Abstufung der Fehler ist, zeigt die Bemerkung von Grau, „die hier aufgezählten Ungültigkeitsgründe sind von verschiedenem Gewicht“ (in D. J. Z. 1923, Sp. 587), nicht minder wie der vergebliche Kampf der Rechtslogiker gegen Wertungen, die sie schließlich selber vollziehn.

299) So z. B. die Entscheidungen Bd. 15, 34; 17, 120; 18, 48 usw.

300) Kaisenberg: Die Rechtsprechung des Wahlprüfungsgerichts beim Reichstag, 1921.

301) Vgl. Hatschek: Deutsches und preuß. Staatsrecht I, 1923, S. 395 ff. 302) Verwaltungsrecht a. a. O. S. 99.

bestimmt erscheinen, auch besteht. Die dem Sinn der Norm eventuell entsprechende Notwendigkeit, einen billigen „Ausgleich zwischen den verschiedenen Interessen" herzustellen[303]), hat aber mit dem Schutz des guten Glaubens nichts zu tun. Wohl aber bilden umgekehrt alle die sub a) angeführten Entscheidungen Beispiele dafür, wie Fehler bei gewissen Rechtslagen einmal als unwesentlich erscheinen können, welche regelmäßig als wesentlich zu betrachten sind[304]).

γ) Wesen und soziale Funktion des Akts. Schon früher wurde W. Jellinek gegenüber hervorgehoben, wie die äußeren Handlungen sich ihrem Wesen nach unterscheiden, ohne daß diese Verschiedenheit auf angebliche Willensrichtungen zurückgeführt werden könnte. Aus dieser Eigentümlichkeit des Akts ergibt sich einmal, daß seine Verwendung dort fehlerhaft sein muß, wo die Verhältnisse, welche er setzt, rechtlich nicht bestehen. Befiehlt also etwa die Wegepolizei dem Militärfiskus, so nimmt sie hiermit einen Akt vor, der seiner Struktur nach eine Überordnung der Polizei über den Militärfiskus in dem Befohlenen voraussetzt. Desgleichen läßt die Anstellung eines Beamten durch einseitige Verfügung dessen Zustimmung als entbehrlich, zum mindesten als nicht gleichwertig erscheinen. Fehlerhaft sind beide hier ergangenen Akte, wenn jene Überordnung des handelnden Organs, welche sie voraussetzen, rechtlich nicht besteht. Ob dies aber der Fall ist, muß in concreto der Rechtsordnung entnommen werden und läßt sich mangels ausdrücklicher Regelung nicht anders wie teleologisch begründen.

Das Wesen wie die soziale Funktion bestimmter Akte macht ferner verständlich, warum bei ihnen das Fehlen von Elementen als unwesentlich, ja naturgemäß erscheinen kann, welches andere Akte fehlerhaft und unwirksam machen müßte. So mag eine Zustellung durch betrunkene Beamte, eine Urteilsverkündung durch wahnsinnige Richter wirksam sein, weil kein Grund vorliegt, hier den Willen des Handelnden für rechtlich bedeutungsvoll zu erachten. In Umkehrung jener privatrechtlich-publizistischen

---

303) Verwaltungsrecht a. a. O. S. 99.

304) Erwähnt sei noch die bei Herrnritt zitierte Entscheidung des Österreich. Verwaltungsgerichtshofs v. 21. Mai 1908, 6766 An., welche in der Übergehung einer Instanz dann keinen wesentlichen Mangel erblickt, wenn dadurch die Rechtslage der Partei nicht beeinträchtigt wird.

Definition könnte man daher dort Rechtshandlungen annehmen, wo für teleologische Rechtsauslegung es gleichgültig erscheint, ob der Aktträger einen Rechtserfolg will oder nicht. Ja, jene ganze Kategorie der Rechtshandlungen, deren eigentliche verwaltungsrechtliche Bedeutung darin besteht, daß gegen die unter sie fallenden Handlungen die Rechtsmittel des Verwaltungsprozesses meist nicht gegeben sind[305]), umfaßt in Wahrheit Akte, die ihrem Wesen wie ihrer sozialrechtlichen Funktion nach einem gerichtlichen Angriff widerstreben[306]). Auf Wesen und sozialer Funktion des Akts beruht auch, wenn die gemeinhin als Rechtshandlungen betrachteten Mitteilungen und Beurkundungen bedingungsfeindlich sind[307]). Schließlich muß eine Handlung, um sinnvoll als nichtig betrachtet werden zu können, irgendwie ein Gebot oder Verbot enthalten, weswegen die Sanktion fehlerhaften Nichthandelns regelmäßig in der Pflicht, den durch rechtswidriges Verhalten entstandenen Schaden auszugleichen, bestehen wird.

δ) Abhängigkeit der Fehlerfolge von der Möglichkeit, den Fehler geltend zu machen. Die Regelung des Bürgerlichen Gesetzbuches, nach der im allgemeinen schwere Fehler ein Rechtsgeschäft nichtig, leichtere es anfechtbar machen, wird von Kormann und W. Jellinek auch für das öffentliche Recht in Anspruch genommen. Insbesondere führt nach beider Meinung eine Verletzung wesentlicher Formvorschriften Nichtigkeit des so ergangenen Aktes herbei[308]). Diese Ansicht ist in solcher Allgemeinheit jedoch unrichtig, indem sie übersieht, daß anders wie im Privatrecht im öffentlichen Recht nicht jede Rechtsverletzung klagweise auch geltend gemacht werden kann. So sind z. B. die sogenannten Staatshoheitsakte[309]), von einer etwaigen parlamentarischen Kontrollmöglichkeit abgesehen, richterlich unüberprüfbar. Ihre Wirksamkeit wird daher auch durch wesentliche Formverletzungen grundsätzlich nicht berührt[310]).

---

305) Vgl. Hatschek: Verwaltungsrecht, a. a. O. S. 11.

306) So deutlich die von Hatschek a. a. O. zitierten Entscheidungen des OVG. Bd. 24, 429; 43, S. 396.

307) Vgl. dazu Sulser, a. a. O. S. 68.

308) Vgl. Anm. 297 dieses Paragraphen.

309) Vgl. Hatschek: Verwaltungsrecht, a. a. O. § 7.

310) Es ist von Interesse, wie aus dem oben angegebenen Grunde man sich in Frankreich bemüht, den Begriff der Regierungsakte zu verengern. Vgl. Jèze: Deutsche Ausgabe, a. a. O. S. 448 ff.

Entsprechend beeinträchtigen auch Rechtsverletzungen durch den absoluten Herrscher regelmäßig die Wirksamkeit so ergangener Akte nicht. Umgekehrt wiederum sind häufig im deutschen Recht Verordnungen wegen Mängeln nichtig, welche etwa eine Polizeiverfügung nur anfechtbar machen würden. Eine Tatsache, welche ihren Grund nicht in der Bedeutung des Fehlers, sondern in dem fehlenden Rechtsmittel der Anfechtung gegen Verordnungen findet[311]. — Von besonderem Interesse ist schließlich, daß selbst wo eine ausdrückliche Rechtsregelung fehlt, doch stets bestimmte Akte für teleologische Rechtswürdigung als unerträglich und schlechthin unbeachtlich gelten. Ein Recht zum Widerstande scheint in solchen Fällen gefordert, dessen Voraussetzungen seinerseits zweifach abhängen vom Aufbau eines konkreten Normensystems wie von dem Inhalt der es tragenden Kulturanschauungen. Es ist in gleicher Weise bezeichnend für die modernen Rechtsinstitutionen und Rechtsanschauungen, wenn jene Lehre vom Widerstandsrecht des Volkes, welche das ganze Mittelalter durchzieht[312] und in abgeschwächter Form bis in die Mitte des 19. Jahrhunderts reicht[313], mit der Idee des Rechtsstaats nicht vereinbar scheint. Daher hat das trotzdem von Duguit[314] verkündete

[311]) Anders ist es daher im französischen Recht, das den recours pour excès de pouvoir auch gegen Verordnungen kennt. Über die unter Umständen absolute Unabhängigkeit der Geltung einer Entscheidung von ihrer Richtigkeit s. auch die Bemerkungen von Carl Schmitt: Politische Theologie, 1922, S. 31.

[312]) Vgl. Kern: Gottesgnadentum und Widerstandsrecht im früheren Mittelalter, 1914. Ferner Wolzendorff: Staatsrecht und Naturrecht, Gierke: Johannes Althusius und die Entwicklung der naturrechtlichen Staatstheorien, 1880, insbesondere S. 33 ff., 114 ff., 145 ff.

[313]) So handelt noch Dahlmann: Politik, 1847, in einem eigenen Kapitel vom Recht des Widerstands.

[314]) Duguit hält einen Widerstand gegenüber Gesetzen, welche mit der „règle de droit“ nicht übereinstimmen, für rechtmäßig (L'Etat, Teil 1, Kap. II). Diese „règle de droit“, welche aus der „solidarité sociale“ sich herleiten soll, bindet nach ihm Herrscher wie Beherrschte. Dagegen sieht Gény: Revue critique de législation, 1901, S. 508 ff., in Duguits Ansichten eine Neuauflage naturrechtlicher Ideen, während Hauriou ihn gar für einen Katheteranarchisten erklärt. Weitere Angaben und ausführliche Bekämpfung der Duguitschen Lehre bei Garré de Malberg: Contribution à la Théorie générale de l'Etat, Teil 1, S. 201 ff., 1920. Vom rechtspolitischen Standpunkt aus unterscheidet Feilchenfeld: a. a. O. S. 53, 148, zwischen Normen, die Befolgung nur fordern, und Normen,

Recht zum Widerstand gegenüber fehlerhaften Gesetzen in der französischen Literatur zwar viel Beachtung, aber wenig Anklang gefunden. Dagegen ist es nach Tezner[315]) fehlerhaften Verwaltungsakten gegenüber geradezu „eine Probe auf den Fall der Nichtigkeit . . ., wenn die Frage, ob gewaltsam Widerstand gegen den zwangsweisen Vollzug eines behördliche Form aufweisenden Aktes erlaubt sei, zu bejahen ist". Allerdings kann diese Probe wenig nützen, da nur gegenüber nichtigen Akten ein Widerstandsrecht in Frage kommt. Allein teleologische Rechtsauslegung hilft aus diesem Zirkel. Wie wenig formalistisch sich ein Recht zur Nachprüfung fehlerhafter Gesetze, d. h. zur Geltendmachung des Fehlers begründen läßt, hat Thoma neuerdings hervorgehoben[316]). Wer schließlich für die Nichtigkeit von Urteilen eintritt, welche auf Prügelstrafe oder Päderastie erkennen, tut es in Wahrheit, weil hier „gegen die unsere Rechtsordnung tragenden Kulturanschauungen in unerträglichem Maße verstoßen wird"[317]), und nicht aus irgendwelchen logischen Erwägungen.

Auch dann schließlich, wenn die Voraussetzungen formell feststehen, an deren Vorliegen die Möglichkeit, einen Fehler geltend zu machen, gebunden ist, treibt der Wechsel kultureller Anschauungen ganz verschiedenes Leben durch die alten Gehäuse. So

denen Befolgung gebührt. Bezeichnend ist übrigens, daß im Völkerrecht, welches die Staaten nur sehr unvollkommen zur Rechtsgemeinschaft eint, das Widerstandsrecht seine alte Bedeutung behalten hat.

[315]) Administrativverfahren, a. a. O. S. 299. Tezner gibt damit seinen früher vertretenen Standpunkt auf. Vgl. auch Kormann: System, a. a. O. S. 206.

[316]) S. § 6, Anm. 245 dieser Arbeit. Man vgl. gegen Thoma die Ausführungen von Nawiasky, deren Begründung auf der petitio principii beruht, nur fehlerfreie Rechtsregeln seien „wirklich bindende Gesetze", Dtsch. Jur.-Ztg. 1923, Sp. 41. Vgl. ferner Kelsen: Kommentar zur österreich. Verfassung, 1923, S. 182; W. Jellinek: Dtsch. Jur.-Ztg. 1921, Sp. 753; und gegen beide Thoma: Arch. f. öffentl. Recht Bd. 43, S. 271 ff. Deutlich kommt die notwendige Willensentscheidung neuerdings bei Tambaro, Bemerkenswerte Vorgänge im italienischen Parlament, Blätter f. vergleich. Rechtswissensch. 1923, Sp. 111 ff., zum Ausdruck. Während nach Tambaro bisher in Italien angenommen wurde, allein das Parlament könne ein Gesetzesdekret nachprüfen, erschien dies Verfahren bei der steigenden Flut von Dekreten nicht mehr als ausreichend. Infolgedessen wurde jetzt eine neue Lösung gefunden, welcher der Kassationshof zustimmte, „und die dem hohen Ziel der Gerechtigkeit entspricht".

[317]) Sauer: a. a. O. S. 454.

begründet nach wie vor für den französischen Staatsrat den Recours pour excès de pouvoir nur „l'incompétence, le vice de formes, la violation de la loi et le détournement de pouvoir“[318]). Aber seit der Entscheidung vom 29. Juli 1910 wird unter Gesetzesverletzung nicht mehr nur Beeinträchtigung eines erworbenen Rechts, sondern Interessenverletzung schlechthin verstanden und die alte Kategorie des détournement de pouvoir einer ganz neuartigen Einschränkung des pouvoir discrétionnaire der Verwaltung[319]). — Die Bedeutung eines Fehlers beweist sich damit als abhängig von der Möglichkeit, ihn geltend zu machen, welche ihrerseits abhängt von historischen bedingten Rechtsregelungen und der ebenfalls nur für die konkrete Wertlage als berechtigt aufweisbaren teleologischen Auslegung derselben.

ε) Abhängigkeit der Fehlerfolge von der Rechtskraft der verletzten Norm. Ob bestimmte Staatsakte als unwirksam betrachtet werden müssen, kann abhängig sein von der Stellung, in welche verschiedene Normensysteme zueinander zu bringen sind. Setzt man z. B. mit der herrschenden Meinung eine Dualität von Völkerrecht und Landesrecht voraus, so sind völkerrechtswidrige Landesgesetze den Untertanen des sie erlassenden Staates gegenüber wirksam und verbindlich. Andererseits macht auch die völkerrechtliche Fehlerhaftigkeit derartiger Staatsakte dieselben völkerrechtlich nicht notwendig nichtig, soweit und solange das Völkerrecht lediglich Ansprüche der Staaten gegeneinander regelt. Denn auch ein die Rechte des Nachbarstaates aufs schwerste kränkender Akt wird durch Verzicht des verletzten Staates auf die ihm zustehenden Ansprüche geheilt. Endlich sind nach Thoma[320]) nicht verwaltungsmäßige Polizeiverordnungen, d. h. solche, „bei deren Erlassung die instruktionell vorgeschriebenen Sanktions- und Publikationsformen nicht beachtet worden sind“, zwar „rechtsverbindlich, aber der Außerkraftsetzung durch die höhere Verwaltungsbehörde ausgesetzt“. In derartigen Fällen schwächt also die Fehlerhaftigkeit der Anordnung sie gewissermaßen nur nach innen, unter anderm eine Folge der auf ver-

[318]) Vgl. den Bericht von Hauriou: Le développement de la jurisprudence d'administrative depuis 1870 im Bulletin mensuel de la Société de législation comparée 1922, S. 244.

[319]) Hauriou: a. a. O. Mestre: L'évolution du droit administratif (doctrine) de 1869 à 1919, S. 254 ff., ebendort.

[320]) Polizeibefehl, a. a. O. S. 463.

schiedene Personenkreise sich erstreckenden Rechtskraft von Verordnung und Dienstinstruktion. Beachtung verdient in diesem Zusammenhange namentlich auch die auf dem Dogma der Gewaltenteilung beruhende grundsätzliche Bindung der Behörden einer Funktion auch an fehlerhafte Akte einer andern. Eine Erscheinung, welche sich durch den von bestimmten Ideen getragenen Aufbau jedes Rechtsnormensystems erklärt und positivistisch gar nicht begriffen werden kann.

Im übrigen erscheinen jedoch Normen regelmäßig als fehlerhaft und unwirksam, welche inhaltlich mit einem als höher vorausgesetzten Normensystem kollidieren. Von Interesse ist dabei, daß jene individualistische Lehre der Aufklärungszeit, derzufolge bestimmte Freiheitsrechte des Einzelnen sie beeinträchtigende Normen nichtig werden ließen, als mit dem modernen Souveränitätsdogma unvereinbar heute aufgegeben ist[321]).

ζ) Grenzen der Zulässigkeit privatrechtlicher Analogie für teleologische Rechtsauslegung. Bereits früher wurde hervorgehoben, daß eine einfache Übernahme privatrechtlicher Normen ins öffentliche Recht der Begründung entbehrt. Auch steht dies namentlich von Kormann geübte Verfahren in einem eigentümlichen Widerspruch zu der von ihm vorausgesetzten Dualität der Rechtssysteme. Mit Recht bemerkt denn auch Kelsen, „daß der Gegensatz des öffentlichen zum Privatrecht, den Kormann ... immer im Munde führt, ... seine Resultate nicht wesentlich beeinflußt hat“[322]). Faßt man dagegen, wie es hier geschieht, jenen Gegensatz nur als rechtsinhaltlichen auf, so muß für teleologische Rechtsauslegung eine analoge Anwendung privatrechtlicher Normen im öffentlichen Recht dort gestattet sein, wo der den ersteren immanente Rechtsgedanke in concreto als die erforderliche Ergänzung der durch den Wortlaut des Gesetzes nicht entwickelten publizistischen Rechtidee erscheint[323]).

c) Behandlung des fehlerhaften Staatsakts de lege ferenda. Die vorliegende Untersuchung ergab, wie die Rechtsfolgen fehler-

---

[321]) Vgl. dazu Feilchenfeld: a. a. O. S. 8.

[322]) Staatsunrecht, a. a. O. S. 85.

[323]) Obige Definition erhebt nicht den Anspruch, alle Fälle zulässiger Analogie zu decken, gibt aber wohl die Richtung des Verfahrens an. Vgl. im übrigen auch Koch: Zur Lehre von der Analogie im Recht, Göttinger ungedruckte Diss. 1922; Sulser: a. a. O. S. 96.

hafter Staatsakte sich nur teleologisch, nicht aber formalistisch bestimmen lassen. Insbesondere erwies sich die Bedeutung eines Fehlers abhängig von der jeweiligen Rechtslage, in der er auftrat. Auch die Annahme eines einheitlichen Endzwecks aller Rechtsnormen würde die durch Verschiedenheiten der Tat- und Rechtslage geforderte Mannigfaltigkeit der Einzellösungen nicht aufheben können. Jede Behandlung des fehlerhaften Staatsakts de lege ferenda wird daher nicht von angeblich logischen, in Wahrheit willkürlichen Prinzipien, sondern von den Einzelfällen auszugehen haben. Für ein bestimmtes Normensystem, eine bestimmte Normengruppe, gilt es, die hier möglichen Rechtslagen aufzudecken, und nach den Gründen zu suchen, welche diese oder jene Entscheidung als teleologisch gefordert erscheinen lassen. Hier von mehreren vertretbaren Lösungen eine als geltend festzulegen, verbleibt als Aufgabe dem Gesetzgeber und den Gerichten. Mangels gesetzlicher Regelung kann aber nur die Einzelauslegung begründen, welche Unwirksamkeit dem Fehler eines konkreten Akts sinngemäß entspricht[324]). Willkürlich und unüberprüfbar sind dagegen scholastische Verallgemeinerungen, welche gerade das verkennen, was eigentlich lebendig ist am Problem des fehlerhaften Staatsakts.

§ 8. Die Feststellung des Fehlers.

Die Unhaltbarkeit einer rein logischen Methode der Rechtsauslegung am Problem des fehlerhaften Staatsakts grundsätzlich aufzuweisen, darüber hinaus Methode wie Problem einer teleologischen Rechtsauslegung wenigstens zu skizzieren, war der eigentliche Zweck der bisherigen Untersuchung. Aufgabe der folgenden Zeilen muß demgegenüber sein, das Verfahren wertgerichteter Rechtsauslegung im einzelnen durchzuführen. Hierbei soll zuerst an einigen Normen aus dem Verfassungsrecht gezeigt werden, wie schon die Frage, ob ein Staatsakt fehlerhaft ist, sinnvoll ohne Werterkenntnis und -anerkennung vielfach nicht beantwortet werden kann. An Beispielen aus dem Verwaltungsrecht wird dann im nächsten Paragraphen entsprechend die Feststellung von Fehlerfolgen zu begründen sein. In einem letzten Paragraphen endlich soll der Versuch gemacht werden, darzulegen,

[324]) Wegen der dabei anzuwendenden Grundsätze sei auf § 6 der Arbeit verwiesen.

wie die hier vertretene Methode eine gewisse Synthese zum mindesten der Ideen des Rechtspositivismus und der jenen bekämpfenden Richtungen der Interessenjurisprudenz im weitesten Sinne anbahnt und eigentliche Reibungsflächen mit einem folgerichtigen Verfahren reiner Rechtslehre wie Sanders Theorie der Rechtserfahrung kaum ermöglicht.

Art. 6 der Weimarer Verfassung begründet die ausschließliche Gesetzgebungskompetenz des Reiches u. a. über das Auslieferungswesen. Ermächtigt hierzu durch einfaches Reichsgesetz erläßt trotzdem der Preußische Staat obige Materie ordnende gesetzliche Normierungen. Stellt deren Erlaß wie die reichsgesetzliche Ermächtigung zu ihm einen fehlerhaften Staatsakt dar?

Diese Frage muß bei strenger Wortinterpretation des Art. 6 anscheinend bejaht werden. Denn wenn das Reich die ausschließliche Gesetzgebung über das Auslieferungswesen hat, Bestimmungen, welche ein Recht zur Delegation ergeben könnten, aber fehlen, darf eben die Gesetzgebungskompetenz nur durch verfassungsänderndes Reichsgesetz übertragen werden. Offenbar ist aber obige Auslegung nicht zwingend. Denn mit derselben Beweiskraft läßt sich umgekehrt argumentieren: Weil dem Reich die ausschließliche Gesetzgebung über das Auslieferungswesen zusteht und ein Verbot, diese Befugnis zu delegieren, fehlt, steht dem Reichsgesetzgeber der Weg, seine Kompetenz auszuüben, frei.

Der Grund dieser scheinbaren Antinomie beruht nun darauf, daß eine strenge, logische Auslegung des Art. 6 in Wahrheit nicht möglich ist. Denn weil der Begriff „ausschließlich" offen läßt, was eigentlich ausgeschlossen werden soll, ergibt der fragliche Satz, je nachdem sein Beziehungskorrelat bestimmt wird, einen verschiedenen Sinn. Diese Unbestimmtheit des Satzsinnes könnte durch immanente Auslegung dann möglicherweise behoben werden, wenn der sinnunbestimmte Begriff „ausschließlich" in einem notwendigen Bezug zu anderen, ihn erklärenden Begriffen der Verfassung stünde. Dies ist jedoch nicht der Fall, vielmehr verleiht gerade der Begriff „ausschließlich" der Normengruppe, welche er beherrscht, ihr eigentümliches Gepräge. Schließlich hilft auch der Rückgang auf den Sprachgebrauch nicht weiter, da Maß und Richtung der Abwehr, welche das Wort „ausschließlich" zum Ausdruck bringt, auch im gewöhnlichen Sprachgebrauch wechseln. Selbst wenn dies aber nicht der Fall wäre, würde sich immer noch fragen, ob denn der Gesetzgeber die übliche Terminologie hier zugrunde legen wollte. Durch normimmanente Interpretation ist so die oben aufgeworfene Frage offenbar nicht lösbar[325]). Beantwortet werden kann sie allein von einem Standpunkte außerhalb der Norm[326]), will man nicht theoretisch überhaupt resignieren. Einen derartigen Standpunkt vertritt am konsequentesten die subjektive Theorie der Rechtsauslegung, wenn sie den normtranszendenten Willen des empirischen Gesetzgebers in den Quellen sucht. In Wahrheit stellt jedoch selbst für die subjektive Theorie der „Wille des Gesetzgebers" nicht sowohl ein empirisches Faktum, als eine Idee bestimmten Inhalts[327]) dar. Umsomehr aber kann für eine objektive Theorie der Rechtsauslegung der „Wille des Gesetzgebers" allein eine Idee, einen als richtunggebend vorausgesetzten Wert bedeuten[328]).

Ist nun aber auch diejenige Auslegung des Art. 6 normgemäß, welche dem derart aufgefaßten Willen des Gesetzgebers

---

[325]) Dies muß Brütt: Die Kunst der Rechtsanwendung, 1907, entgegengehalten werden, der S. 42ff. alle Kontroversen durch „immanente Werturteile" prinzipiell beheben will.

[326]) Eine Ansicht, die im Strafrecht M. E. Mayer: Der Allgemeine Teil des dtsch. Strafr. 1915, S. 177, 186f. bei Beantwortung der Frage vertritt, wann eine Handlung rechtswidrig sei. Für M. E. Mayer erfordert die Konstatierung der Rechtswidrigkeit eine „teleologische Betrachtung" und läßt sich das Wesen der Rechtswidrigkeit nicht „intern", sondern nur „extern" ergründen. Als geeignetes Bezugskorrelat können allerdings die Kulturnormen M. E. Mayers nicht anerkannt werden. Denn einmal führen diese Normen doch ein recht schattenhaftes Dasein, dann aber stimmen erfahrungsgemäß die Werturteile der Gesellschaft nicht derart überein, daß sie als Normen gleichen Inhalts erschienen. Ist dies aber nicht der Fall, so fragt sich, welche dieser Normen eigentlich nun zu gelten hat. Schließlich ist nicht einzusehen, warum jedem beliebigen Urteil einer empirischen Gesellschaft schlechthin normative Geltung zuerkannt werden soll.

[327]) Lukas: Zur Lehre vom Willen des Gesetzgebers, in Festschr. f. Laband 1908, S. 399ff. weist dogmengeschichtlich nach, wie obige Lehre sich im wesentlichen als absolutistische Doktrin darstellt.

[328]) Rickert: Psychol. der Weltanschauungen und Philos. der Werte, Logos 1920, S. 3: „In der Regel klingt der Begriff einer Norm, eines Gesollten an, und eine Regel, die . . . weder auf den realen Willen eines psychischen, noch auf den eines metapsychischen Subjekts gestützt werden kann, muß begründet sein in einem geltenden Wert." — Bereits im I. Bd. der Entsch. des OVG. S. 244 wird übrigens in einem vielleicht von Gneist begründeten Urteil eine logische, aber wertlose Auslegung als „mit dem Geiste des Gesetzes" im Widerspruch abgelehnt.

entspricht, so stehen doch der Auffindung desselben jeweils die Schwierigkeiten entgegen, mit welchen seit jeher die Rechtstheorie gerungen hat. Denn aus dem formal festliegenden Willen des Gesetzgebers kann eben wegen seiner Inhaltslehre die Einzelentscheidung nicht abgeleitet werden. Wenn dabei nach hier vertretener Ansicht einer Norm diejenige Auslegung zu geben ist, welche das höchstwertigste Ergebnis verheißt, das ein konkreter Normenkomplex zu bestimmter Zeit zuläßt, so zeigt sich auch, wie eine logische Rechtfertigung der getroffenen Entscheidung letzten Endes nicht möglich ist. Denn die Berechtigung einer Auslegung hängt dann einmal von der oft zweifelhaften Richtigkeit der Tatsachenbewertung ab[329]), des weiteren von der Schwierigkeit, eine Entscheidung als höchstwertigste zu erkennen oder einleuchtend zu machen. Denn alle Werterkenntnis vollzieht sich im Prozeß historischer Entwicklung und nicht alle Werte stehen noch oder schon sichtbar am Horizont einer bestimmten Epoche, dazu ist die Wertsichtigkeit der einzelnen Völker und Individuen[330]) eine verschiedene. Trotzdem dürfte es einen anderen Weg begründeter Rechtsauslegung beim Fehlen gesetzlicher Bestimmungen[331]) kaum geben. Soweit es nicht möglich ist, auf diese Weise eine Entscheidung als wertvoller einleuchtend zu machen, läßt sich, mangels eindeutiger Normierung, überhaupt keine Lösung als die bessere erweisen. Nur gerichtliche Praxis und herrschende Meinung vermögen wenigstens faktisch hier die Lücke zu füllen.

Fragt man nach dieser prinzipiellen Feststellung, ob eine Delegation der Gesetzgebungskompetenz im Falle des Art. 6 RV.

---

[329]) So z. B. bei der Frage, ob eine Anstalt notwendig im Sinne des § 10 II, 17 war.

[330]) Verschiedene Arten von Wertblindheit unterscheidet D. v. Hildebrandt: Sittlichkeit und ethische Werterkenntnis im Jahrb. f. Philos. u. phänomenol. Forsch. 1922, S. 463ff. Dort auch für die Rechtsauslegung höchst beachtliche Ausführungen über Werterfassen und Werterkennen, Wertsehen und Wertfühlen mit seinen Tiefengraden.

[331]) Rein positivrechtlich wird er dort gefordert, wo, wie nach § 6 RAbgbO., eine Entscheidung nach „Recht und Billigkeit“ erfolgen soll. Das Moment der Entwicklung zu berücksichtigen heischt unter Abwehr logischer Interpretation § 4 desselben Gesetzes. Bezeichnenderweise belegt letzteren Fuchs, JW. 1922, Sp. 6ff. für die soziologische Bewegung mit Beschlag. Vgl. hierzu auch Hensel, in Bonner Festg. f. Zitelmann 1923, S. 237ff.

durch einfaches Gesetz zulässig sei, so läßt sich etwa folgendes sagen: Eine Auslegung, welche lediglich auf den Wortsinn gestützt, den Begriff „ausschließlich“ eng interpretiert, ist normwidrig, insofern triftige Gründe bestehen, ohne offenbare Willkür vom strengsten Wortsinn abzuweichen. Als solcher Grund kann etwa angeführt werden, daß Art. 6 der RV. den Zweck hat, bestimmte Gebiete des sozialen Lebens, welche eine unitarische Regelung heischten, dem Zugriff des Reichsgesetzgebers offen zu halten. Diesem Zweck widerspricht die Delegation als freiwillige Selbstentäußerung von Befugnissen nicht, zumal durch Bindung der delegierten Stelle an bestimmte Weisungen Einheitlichkeit des Verfahrens verbürgt werden kann. Bei solcher Auslegung des Begriffes „ausschließlich“ würde demnach sowohl die Delegation der Kompetenz durch einfaches Reichsgesetz wie ihre Ausübung durch das Land zulässig, also nicht fehlerhaft sein[332]).

Nach Art. 76 der a.RV. wurden unter bestimmten Voraussetzungen Streitigkeiten zwischen verschiedenen Bundesstaaten vom Bundesrat „erledigt“. Bekanntlich hat nun der Bundesrat in allen Fällen mit dieser Erledigung Gerichte betraut[333]). Es fragt sich, ob diese bundesratliche Praxis normgemäß oder fehlerhaft war. Ganz offenbar kann auch hier die Antwort dem Wortlaut des Gesetzes nicht entnommen werden. Zwar läßt sich der Ausdruck „erledigt“ in einen gewissen Gegensatz zu dem Begriff „entscheiden“ bringen, welcher das Verfahren der Gerichte jener friedenstiftenden Tätigkeit des Bundesrats gegenüber kennzeichnet. Aber auch wenn mit Recht ein solcher Gegensatz angenommen wird, so folgt hieraus sicher nur, daß die Art der Erledigung beim Bundesrat lag, während dunkel bleibt, ob er nicht selbst diese Erledigung vornehmen mußte. Letztere Frage wird insbesondere von Laband[334]) bejaht, der den Bundesrat entscheidende Instanz bleiben läßt, die nur ein Gutachten von unparteiischer Stelle einholt. Verneint wird sie u.a. von Dambitsch[335]), nach dem, mangels gegenteiliger Regelung, die Befugnis zur Dele-

---

[332]) Im Ergebnis ebenso Anschütz: Komm. S. 37.

[333]) Seydel: Komm. S. 406.

[334]) Staatsrecht, 5. Aufl., I, S. 269. Daß damit Laband die Zulässigkeit der Delegation bestreitet, übersieht wohl Anschütz: Lehrbuch S. 933, Anm. 8.

[335]) Die Verfassung des Deutschen Reichs 1910, S. 672.

gation „den höchsten Organen der Staatsgewalt immanent“ sein soll. Eine offenbare petitio[336]), welche, wie die weitere, gewissermaßen inoffizielle teleologische Argumentation beweist, für Dambitsch auch nur den Tribut bedeutet, welchen er dem Rechtspositivismus schuldig zu sein glaubt. Im Ergebnis muß dagegen sicherlich der damals herrschenden Lehre zugestimmt werden, welche die bundesratliche Praxis billigte. Denn die Entscheidung durch ein Gericht verbürgte nicht nur größere Unparteilichkeit als sie der Bundesrat gewährleisten konnte, sondern diente auch dazu, sonst schwer vermeidliche Reibungen zwischen den Bundesgliedern zu verhindern. Wertlos mußte es daher erscheinen, eine so dem „Willen des Gesetzgebers“ entsprechende Praxis durch eine keineswegs zwingende gegenteilige Auslegung theoretisch zu verwerfen. Anscheinend diese Idee ließ Seydel[337]) eine Pflicht des Bundesrats, die Entscheidung zu delegieren, behaupten. Denn wenn auch, getreu dem Verfahren der historischen Schule, zur Begründung dieser Annahme Äußerungen der Protokolle herangezogen werden, folgt doch aus den spärlichen und dunklen Bemerkungen derselben weit eher das Gegenteil. Aber auch aus Wertgesichtspunkten ist Seydels Ansicht abzulehnen, mochte selbst ihr Ergebnis im Einzelfalle nur erwünscht sein. Denn offenbar vergewaltigt jene Interpretation den Satzsinn. Eine Auslegung, welche die Möglichkeit des Satzsinnes nicht überschreitet, muß aber im Interesse der Rechtssicherheit, insbesondere bei Fragen von politischer Bedeutung, als Rechtsgrundwert angenommen werden, der nur, wenn ganz besondere Verhältnisse ihn als sekundär erscheinen lassen, zurücktreten darf. Derartige Gründe macht Seydel aber nicht ersichtlich. Nach alldem wird die frühere Praxis des Bundesrats als fehlerhaft nicht angesehen werden dürfen.

Diese Ausführungen mögen für das alte Recht genügen. Aufgeworfen sei nunmehr die Frage, ob etwa der Staatsgerichtshof

[336]) Die praktische Unhaltbarkeit dieses Standpunktes wird sich im folgenden noch zeigen. Ausdrücklich verneint übrigens das OVG. 30, S. 281; 46, S. 310 das Recht der Landespolizeibehörde, ihre Befugnisse auf die Ortspolizei zu übertragen.

[337]) Komm. 2. Aufl. 1897 zu Art. 76. Dieselbe Ansicht vertreten unter Berufung auf die Materialien und Seydel: v. Rönne: Staatsrecht I, 1876, S. 218; Arndt: Staatsr. 1901, S. 111.

des neuen Reiches in Verfassungsstreitigkeiten seine Kompetenz delegieren darf. Oder wäre ein derartiger Akt fehlerhaft?

Wiederum ist die Antwort weder dem Wortlaut des Art. 19 der Verfassung noch dem des Gesetzes über den Staatsgerichtshof mit Sicherheit zu entnehmen. Beide Gesetze schließen eine Delegation nicht geradezu aus, und eine solche ist also zulässig, wenn man sich der früher gebrachten Argumentation von Dambitsch bedient. Tatsächlich müßte ein derartiger Standpunkt als offenbar unhaltbar abgelehnt werden. Im alten Reich übte der Bundesrat als Richter über Bundesglieder eine Funktion aus, zu welcher er seinem Wesen nach wenig geeignet war. Nur die Rücksicht auf die Souveränität der Beteiligten macht die damals getroffene Regelung verständlich. Eine freiwillige Delegation der Entscheidungskompetenz an die Gerichte entsprach daher durchaus dem Sinne des Instituts. Ganz anders nach der neuen Verfassung. Hier ist der Staatsgerichtshof in Verfassungsstreitigkeiten nicht ein Organ, welches nebenbei die seinem Wesen fremde richterliche Gewalt ausübt, vielmehr ein Gericht, dessen einzige Aufgabe eben im Beurteilen streitiger Fälle liegt. Eine Delegation seiner Befugnisse würde daher den Staatsgerichtshof von einer Tätigkeit befreien, die auszuüben er doch eigentlich bestellt war. Dürfen doch auch sonst die Gerichte sich ihrer Zuständigkeit nicht derart entledigen[338]). Diese Ausführungen mögen genügen, um darzutun, wie ohne Beziehung auf Werte durch rein logische Interpretation sich nicht immer feststellen läßt, ob ein Staatsakt als fehlerhaft betrachtet werden muß. Von einer Vermehrung der Beispiele darf dabei um so eher abgesehen werden[339]), weil ja die nunmehr aufzuwerfende Frage nach den Fehlerfolgen vorherige Feststellung des Fehlers stets erfordert.

---

[338]) Im Ergebnis übereinstimmend Anschütz: Komm. S. 68, der anscheinend allein obige Frage aufwirft und beantwortet.

[339]) Als Beispiel teleologischen Verfahrens sei etwa auf die Ausführungen von Smend in Festg. f. O. Mayer S. 250ff. zu Art. 8, Abs. 3 der RV. verwiesen. Vgl. ferner Beling: Revolution und Recht 1923, S. 17 gegen Emges Versuch, die Strafverfolgung des Reichspräsidenten wegen Hochverrats aus logischen Gründen für unzulässig zu erklären, Anschütz: Komm. S. 122 bezüglich Regelung der Stimmabgabe der preußischen Provinzialvertretungen im Reichstag, Wittmayer: a. a. O. S. 110ff.

§ 9. Fehlergründe und Fehlerfolgen.

Fragt man nach den im vorigen Paragraphen gebrachten Beispielen, was eigentlich einen Staatsakt in concreto[340]) fehlerhaft macht, so ergab sich als Grund des Fehlers der Verstoß gegen einen normimmanenten oder anzunehmenden Rechtswert, welcher, insofern er als Richtpunkt der Auffindung normentsprechender Tatbestände dient, wohl auch als Normidee bezeichnet werden darf.

Es kann nun weiter gefragt werden, wodurch ein solcher Verstoß gegen eine Norm möglich ist. Die Antwort hierauf wird in erster Linie dem Normsinn zu entnehmen sein und folgt mangels seiner deutlichen Fixierung aus der anzunehmenden Eigenart der Normidee. So ist etwa eine Polizeiverfügung nach preußischem Recht fehlerhaft, wenn sie sich nicht als nötige Anstalt zur Erhaltung der öffentlichen Ruhe, Sicherheit und Ordnung und zur Abwendung der dem Publikum oder einzelnen Mitgliedern desselben bevorstehenden Gefahr darstellt. Was dabei unter öffentlicher Ruhe, Sicherheit und Ordnung zu verstehen ist, wann eine Gefährdung des Publikums vorliegt, ob eine Anstalt als notwendig erscheint, hängt, von richtiger Beurteilung der Tatlage abgesehen, letzten Endes von Bestimmung des Sinnes ab, welchen man dem § 10 II, 17 ALR. beilegt.

a) Der rechtslogische Ort des Fehlers im allgemeinen. Die rechtliche Bedeutung, welche der festgestellten Fehlerhaftigkeit eines Staatakts bezüglich dessen Geltung zukommt, bestimmt sich ganz allgemein durch den juristischen Ort des Fehlers innerhalb des Rechtsmittelsystems im weitesten Sinne[341]) [342]).

---

[340]) Um ein etwaiges Mißverständnis zu vermeiden sei betont, daß unter Fehlerhaftigkeit in concreto stets eine solche verstanden wird, die auf Grund eines bestimmten Rechtsinhalts besteht. Als Gegensatz hierzu ist an apriorische Fehlergründe auf Grund logisch-psychologischer Erwägungen im Sinne Kormann-Jellineks gedacht. Möglichste Bindung an die positive Norm und deren Sinn wird damit also gefordert, nicht etwa Beurteilung jedes Einzelfalls nach seiner individuellen Eigentümlichkeit für zulässig erklärt.

[341]) Die vielfach vertretene Ansicht, nach welcher schwere Fehler mit Nichtigkeit als schwerer Ungültigkeitsform zu verknüpfen sind, beruht in Wahrheit auf unberechtigter Verbindung verschiedener Gesichtspunkte. Es werden nämlich die Ungültigkeitsformen unter dem Gesichtspunkt Sein-Nichtsein gewogen, wobei dann Nichtigkeit als schwerste Ungültigkeitsform sich erweist. So erscheint es einleuchtend, die schwerste Ungültigkeitsform mit dem schweren Fehler zu verbinden. In Wahrheit

Bedeutet nach hier vertretener Ansicht der Fehler das Zuwiderlaufen eines Tatbestandes gegen eine Normidee, so bestehen die Rechtsfolgen des Fehlers notwendig darin, daß irgend jemand irgendwie, wo und wann als Sanktion für die Fehlerhaftigkeit des Akts Handlungen von rechtlicher Bedeutung vornehmen darf oder soll. Worauf dabei diese Akte abzielen können, wird später zu untersuchen sein. Die Bedeutung eines Fehlers bestimmt sich aber dann zunächst durch den jeweiligen Interessenträger, welcher, als durch den fehlerhaften Akt beschwert, sich als natürlicher Ausgangspunkt für irgendwelche Sanktionshandlungen darbietet. Ein Interesse an der Vornahme derartiger Handlungen muß dabei aus praktischen Gründen die Rechtsordnung voraussetzen oder schaffen, da andernfalls eine Reaktion gegen den fehlerhaften Staatsakt nicht erfolgen würde. Zu einer solchen Gegenwirkung rechtlich befugt erscheint deshalb bei belastenden Akten gewöhnlich der durch die ergangenen Akte tatsächlich Beschwerte, weswegen die Ausgangsstelle der Sanktionshandlung prädestiniert ist

---

läßt sich jedoch die Bedeutung eines Fehlers nur nach der Art des Verstoßes gegen die konkrete Normidee bestimmen, weswegen auch die Rechtsfolge sinnvoll nur in bezug auf diese Normidee, als entsprechende Sanktion für den Fehler, angesetzt werden kann. Als solche ergibt aber Nichtigkeit, etwa bei fehlerhaftem Nichthandeln, oft gar keinen Sinn. Der gesetzlich ausdrücklich fixierte oder anzunehmende Ort des Fehlers im Rechtsmittelsystem bestimmt also dessen Bedeutung für die rechtliche Geltung des Staatsakts. Im übrigen liegt der Ansicht, daß schwere Fehler Nichtigkeit des Akts zur Folge haben müßten, noch der Wertgesichtspunkt zugrunde, schweren Verstößen gegen anerkannte Kulturwerte komme rechtlicher Schutz nicht zu. Man betrachte daraufhin etwa die Beispiele Kormanns bezüglich Nichtigkeit wegen „absoluter Unmöglichkeit", System S. 232ff.

[342]) Eine Einteilung der Fehler in Form- und Inhaltsmängel ist undurchführbar, solange man nicht einen bestimmten Gegenstand hat, in bezug auf den etwas als Form oder Inhalt erscheint. Mangels eines solchen allgemeinen Beziehungspunktes sind auch die Kormannschen Form- und Inhaltsmängel wesentlich nur durch die Überschrift getrennt. Was eigentlich Inhaltsmängel sind, wird auch durch Kern: Zur Lehre von den Prozeßhandlungen im Strafprozeß, Festschr. f. Lenel 1923, S. 57ff. nicht klar, ganz abgesehen davon, daß eine Trennung von Form und Inhaltsmängeln zum mindesten in bezug auf die Fehlerfolgen bedeutungslos ist. Im übrigen sucht Kern wenigstens seinem Programm nach Anschluß an die Tübinger Richtung der Interessenjurisprudenz, gelangt aber, da er die Fehlergründe doch letzten Endes rationalisiert, bezeichnenderweise nicht zu eigentlichen Ergebnissen.

durch die Eigenart der bedrohten oder betroffenen Interessensphäre des Aktadressaten[343]).

So kann zunächst der Private als Privater, als Käufer, Verkäufer, als Domänenpächter usw. durch fehlerhaftes behördliches Verhalten verletzt sein. Die Rechtsfolgen bestimmen sich hier nach Privatrecht. Auch darf von einem Staatsakt im engeren Sinne nicht mehr gesprochen werden.

In seinem Status als Untertan in den verschiedenen hier möglichen Rollen, etwa als Gastwirt, Dirne, Kellnerin, als Händler, Trunkenbold, Versicherter, Theaterdirektor, Waldarbeiter, Schiffereiberechtigter, Gefangener, Apotheker, Landstreicher, Hausbesitzer usw. kann der einzelne durch fehlerhafte Staatsakte beschwert sein.

Desgleichen ist der einzelne in seinem politischen Status etwa als Einwohner, Wähler, als Steuerzahler, als Stadtverordneter, Kreisdeputierter, Senator, Schöffe, Landtags- oder Reichstagsmitglied wie umgekehrt als Nichtbürger, als Fremdling, geeignetes Objekt der Verletzung durch staatliche Akte.

Das politische Gemeinwesen als solches, wie Landgemeinden, Kommunen, Kreise, Provinzen, aber auch Staat und Reich bilden eigene angreifbare Interesseneinheiten.

Der einzelne als Organ ferner kann in dieser seiner amtlichen Stellung durch fehlerhafte Dienstbefehle, Anweisungen, Verwarnungen, durch ungerechtfertigte Entlassung, verweigerte Beförderung oder gesetzwidrige Gehaltsentziehung gekränkt werden.

Die Fehlerhaftigkeit eines Staatsakts kann schließlich darin bestehen, daß nicht sowohl die Sphäre, in die er eingreift, als vielmehr die Sphäre, für die er ergeht, die Allgemeinheit in irgendeiner Form, als zu Unrecht belastet erscheint. Bildlich gesprochen liegt hier der Fehler nicht vor, sondern hinter der Handlung. Vom Aktadressaten aus gesehen erscheinen derartige, den formellen Interessenkreis des Aktträgers zu Unrecht belastende Handlungen als Begünstigungen in weitestem Sinne, als welche etwa Erlaubnisse, Genehmigungen, Rechtsverleihungen zu nennen sind. Welch

[343]) Die folgenden Beispiele stellen gewissermaßen soziologische Charakteristiken dar als Gegenstand möglicher Rechtsinhalte. Dies ist im Grunde bereits bei der Statuslehre G. Jellineks (System der subj. öff. Rechte, 2. Aufl. 1919, S. 81 ff.) der Fall, wenn auch die wenigen Schablonen dort die Prädestinierung des Rechtsinhalts kaum erkennbar machen.

rechtliche Bedeutung im übrigen der sich hiermit ergebenden Unterscheidung in den Aktadressaten begünstigende und belastende Akte zukommt, wird später deutlicher werden.

Die Reaktion auf den fehlerhaften Staatsakt wird also ihrem Ausgangspunkt nach prädestiniert durch den Träger des verletzten Interesses. Daß trotzdem nicht jeder in seinen Interessen Betroffene stets gegen fehlerhafte Staatsakte zu reagieren befugt ist, bisweilen, wie bei Verstößen gegen manche Organisationsvorschriften, nur künstlich selbst ein amtlicher Interessenträger sich konstruieren läßt, dann wieder mehrere als verletzt gelten[344], bedarf kaum der Hervorhebung. Immerhin bleibt der soziologische Interessenträger natürlicher Ausgangspunkt der Gegenwirkung, dem als solchen nicht selten auch die Norm einen Klaganspruch gibt[345].

Von Bedeutung für die Art der Gegenwirkung ist ferner die rechtliche Relation, welche zwischen dem fehlerhaft handelnden Organ und dem durch fehlerhafte Akte Betroffenen besteht. In Frage kommt hier wesentlich, ob der Verletzte als Privater, als

[344]) So darf gegen den Beschluß des Provinzialausschusses, der einem Mitgliede des Provinzialrats die Wählbarkeit abspricht, nach § 11 II LVG. sowohl der Betroffene wie der Vorsitzende des Provinzialrats Klage erheben. Der Interessenkreis des einzelnen wie der einer Allgemeinheit gilt also als verletzt. Häufig treten ferner für den einzelnen heute Interessenvertretungen ein. So wenn etwa gegen den Beschluß der Stadt Berlin, die Lohnsummensteuer zu erhöhen, die Handelskammer Beschwerde bei Kommunalaufsichtsbehörde und Minister erhebt mit dem Antrag, dem Beschluß die Genehmigung zu versagen.

[345]) Man denke insbesondere an die §§ 127/128 LVG. Auch hier deckt sich übrigens der Kreis der tatsächlich, soziologisch Interessierten nicht völlig mit dem Kreise derjenigen, welche im Rechtssinne als Interessenten gelten können. So darf etwa gegen die Polizeiverfügung, welche aus sittenpolizeilichen Gründen einem Gastwirt die Weiterbeschäftigung einer Kellnerin untersagt, außer dem Wirt auch die Kellnerin Rechtsmittel ergreifen. Dagegen darf es nicht die Mutter des Mädchens, welchem dieses nach der Entlassung zur Last fällt, obwohl sie an der Weiterbeschäftigung ihrer Tochter vielleicht weit mehr interessiert ist als jene selber. Vgl. auch OVG. 77, S. 464, wo einem Mieter das Recht gegeben wird, dem baupolizeilich geforderten Abbruch eines Gebäudes zu widersprechen, falls diese Maßnahme zur Beseitigung eines polizeiwidrigen Zustandes nicht erforderlich war. Dies Recht soll auch das Einverständnis des Eigentümers mit dem Abbruch nicht beeinträchtigen können. Eine Entscheidung, die bezeichnend ist für die historische Bedingtheit der Interessenlage.

Untertan, als unter Oberaufsicht stehende Körperschaft oder als der Dienstaufsicht unterliegendes Organ zu betrachten ist. Entsprechend beziehen sich Reichs- und Landesgesetz, Rechts- und Verwaltungsverordnung, Statut, Dienstinstruktion, Geschäfts-, Disziplinar- und Anstaltsordnung grundsätzlich auf Subjekte in besonderem Status. Dieser Relation angepaßt ist wenigstens im allgemeinen die Art der Gegenwirkung, die Form des Rechtsmittels im weitesten Sinne, als welche Reaktion gegen belastende Akte die Klage vor den ordentlichen Gerichten oder Verwaltungsgerichten aller Art bis zum Staatsgerichtshof, Rechtsbeschwerde, Rekurs und Einspruch, Gegenvorstellung, Dienstbeschwerde und Beschwerde bei der Volksvertretung und in der Presse, wie schließlich Recht zum Widerstand und Gehorsamsverweigerung zu nennen sind. Wiederum pflegen die Folgen der fehlerhaft erteilten Begünstigung in Recht oder Pflicht des Aktträgers oder dessen vorgesetzter Behörde zu bestehen, jene Begünstigung irgendwie zurücknehmen oder ihre Erteilung schlechthin ignorieren zu dürfen. Da ferner die Gerichte bald direkt, bald inzidenter über die Geltung behördlicher Akte zu entscheiden haben, steht auch diesen die Befugnis zu, im Rahmen ihres Prüfungsrechtes fehlerhafte Akte bald zu kassieren oder abzuändern, bald ihnen die Anwendung zu versagen oder die Verbindlichkeit abzusprechen. Ganz abgesehen ist dabei noch von den Ansprüchen auf Schadenersatz und der disziplinarischen Verfolgung von Beamten wegen Fehlerhaftigkeit des Staatsakts. Ob und in welcher Form schließlich Recht oder Pflicht zur Reaktion gegen fehlerhafte Staatsakte bestehen, kann nur dem Sinn der Einzelnormen wie jenen allgemeinen Rechtsideen entnommen werden, deren Geltung für einen bestimmten Normenkomplex anzunehmen ist[345a]). Hier fordern namentlich das Problem der Rechtskraft von Verwaltungsakten, Abgrenzung und Bestimmung der Sphäre des freien Ermessens, Trennung der Behörden und Gebiete von Justiz und Verwaltung wie die eigentümliche Formalgeltung insbesondere fehlerhafter Urteile besondere Beachtung.

b) Der fehlerhafte belastende Akt. Bei Betrachtung der Rechtsfolgen fehlerhafter Staatsakte im einzelnen erscheint es angebracht, zwischen solchen den Aktadressaten belastenden und ihn begünstigenden Handlungen zu unterscheiden. Eine Unterschei-

[345a]) Vgl. dazu auch v. Hippel, Rechtsgeleerd Magazijn 1924. S. 83.

dung, welche positiv-rechtlich dem § 78 der RAbgO. letzten Endes zugrunde liegt und hiervon abgesehen sich allgemein rechtfertigt durch die Verschiedenheit der jeweiligen Interessenlagen. Ihren rechtlichen Ausdruck finden dabei letztere, wenn grundsätzlich gegen belastende Akte die Reaktion vom Aktadressaten, gegen begünstigende vom Aktträger auszugehen hat[346]). Insoweit bei der Entziehung von Begünstigungen die Behörde befugt erscheint, gegen einen etwa Widerspenstigen ohne den Umweg über die Gerichte zwangsweise direkt vorzugehen, unterscheidet sich die behördliche Rechtsentziehung nicht nur wesentlich von der privatrechtlichen Anfechtung eines Rechtsgeschäftes, sondern ebenso von den Rechtsmitteln, welche dem Belasteten gegen behördliche Akte zustehen. Letztere seien nunmehr an einigen Beispielen betrachtet.

α) Das Recht des Untertanen zum Widerstand. Bereits zu Eingang dieser Arbeit wurde gezeigt, wie in Anlehnung an privatrechtliche Theorien auch von publizistischer Seite der nichtige Akt als rechtliches Nichts angesehen wird. Insbesondere soll der nichtige Verwaltungsakt „ohne weiteres von jedem Privatmann, von jeder Verwaltungsbehörde, von jedem Gericht ignoriert" und ihm als Befehl der „Gehorsam verweigert werden" dürfen[347]).

Tatsächlich umschreibt das Recht zum Widerstand den Umkreis nichtiger gleich rechtlich nicht vorhandener belastender Staatsakte. Denn nur insoweit straffreier Widerstand erlaubt ist, kann von einer Nichtigkeit im Sinne von Unbeachtlichkeit des betreffenden Staatsakts die Rede sein[348]). Der Umkreis der Akte aber, welche straflos unbeachtet bleiben dürfen[349]), bestimmt sich

---

[346]) Als belastet braucht dabei nicht nur derjenige, an welchen die Verfügung erging, zu erscheinen. Man denke etwa an die § 127 ff. LVG. Fehlerhaft begünstigende Akte anzugreifen sind neben oder statt des Aktträgers häufig übergeordnete Behörden berufen.

[347]) Kormann, S. 206, Tezner: Administrativverfahren, S. 299.

[348]) In der Literatur bringt grundsätzlich wohl allein Tezner den nichtigen Akt mit den strafrechtlichen Bestimmungen über das Widerstandsrecht in Verbindung. Im übrigen wird das Recht zum Widerstand zwar als Folge des nichtigen Akts angesehen, eigentlich abgeleitet aber aus dem privatrechtlichen Begriff der Nichtigkeit, wodurch es sich erklärt, daß straffreier Widerstand in Wahrheit häufig gegen fehlerhafte Akte nicht zulässig ist, die infolge jener Begriffsbestimmung als schlechthin unbeachtlich erscheinen.

[349]) Mit der herrschenden Lehre wird hier bei Unrechtmäßigkeit der Amtsausübung ein Recht des Untertanen zum Widerstand angenommen.

auch nach Erlaß des Strafgesetzbuches letzten Endes auf Grund normtranszendenter Ideen. Denn der für die Lehre von der Nichtigkeit fehlerhafter Verwaltungsakte wichtigste § 113 ist, da er den Begriff der rechtmäßigen Amtsausübung durch Vollstreckungsbeamte offen läßt, nicht ohne weiteres anwendbar. So stand bei der Bestimmung des Sinnes jener Vorschrift von Anfang an die Idee im Vordergrund, den Schutz staatlicher Autorität und ihrer Organe mit dem Schutz des Individuums vor behördlicher Willkür tunlichst zu verbinden. Bei Lösung der sich hier ergebenden Konflikte konnten Theorie wie Praxis an eine lange Entwicklung anknüpfen. Denn uralt wie die Geschichte des Staates selbst ist auch die Lehre von den Grenzen der Staatsgewalt[350]). Für den Wandel der Anschauung bei Bestimmung derselben ist aus neuerer Zeit bezeichnend, wenn die französische Revolution nur rechtmäßige Amtsausübung strafrechtlich schützt[351]), der Code von 1810 jene Bestimmung[352]) streicht und auch das Bayrische Strafgesetzbuch von 1813, welches in Deutschland zuerst den Widerstand gegen die Obriggkeit als selbständiges Delikt behandelt, jeden Widerstand mit Strafe bedroht[353]). Ein revolutionärer Charakter kommt vom Standpunkt des Staates aus betrachtet auch dem Widerstand gegen unrechtmäßige Amtsausübung zu. So ist es verständlich, wenn von dem Preußen der Reaktion im neugeschaffenen Strafgesetzbuch von 1851 bei Bedrohung des Widerstandes die unrechtmäßige Amtsausübung nicht erwähnt wird[354]). Auf Grund dieser Rechtslage bestrafte

---

Vgl. dagegen Beutner: Die Rechtmäßigkeit der Amtsausübung beim Widerstand gegen die Staatsgewalt 1917, S. 76 ff. Theoretisch wird das Widerstandsrecht seit alters mit dem Notwehrbegriff verbunden.

[350]) Dabei begriff die Doktrin seit dem Mittelalter den Interessenkonflikt Staat—Individuum theoretisch namentlich in der Lehre von der Souveränität, ihrem Träger und ihren Schranken.

[351]) Code von 1791. Vgl. M. E. Mayer in der Vergl. Darstell. Besonderer Teil I, 1906, S. 354.

[352]) Hier wird jeder Beamte geschützt „agissant pour l'exécution des lois". Vgl. v. Streit: Die Widersetzung gegen die Staatsgewalt 1892, S. 34.

[353]) Hiller: Die Rechtmäßigkeit der Amtsausübung 1873, S. 32 ff.

[354]) Es handelt sich dabei nicht etwa um ein Versehen. Vielmehr wurde bei Beratung des Gesetzes der Antrag, nur eine Amtsausübung durch zuständige Behörden unter Strafschutz zu stellen, ausdrücklich abgelehnt mit der Bemerkung, es könne auch gegenüber dem Handeln inkompetenter Behörden allein die Beschwerde zugelassen werden.

die preußische Praxis den Widerstand weitgehender, wie es in anderen deutschen Territorien mit unbedingter Strafdrohung üblich war[355]).

Gegenüber den Bestimmungen des Strafgesetzbuches ließ sich diese längst angefeindete Praxis nicht mehr halten. Immerhin fand der ihr immanente Gedanke des unbedingten Schutzes staatlicher Autorität in den Entscheidungen des Reichsgerichts seine Wiederaufnahme. Denn wenn das Reichsgericht auch denjenigen bestraft, der irrig die rechtmäßige Amtsausübung für rechtswidrig hielt, so tut es dies ausdrücklich mit der Begründung, daß „die entgegenstehende Auffassung .... folgerichtig zur vollständigen Auflösung der Staatsordnung führen" müsse[356]). Eine von der strafrechtlichen Theorie durchweg mißbilligte Praxis[357]), welche Binding in seiner leidenschaftlichen Art als „Mißdeutung eines klaren Gesetzes" bezeichnet, bestimmt „ein Stück des alten Polizeistaates zu retten und eine Schutzwehr der Bürokratie zu erhalten"[358]).

Es kann hier nicht der Versuch gemacht werden, im Vorbeigehen ein Problem zu lösen, dessen Schwierigkeit in Wahrheit nicht einmal so sehr auf Gegensätzen der Wertanschauung als auf Ansichtsdifferenzen über die Möglichkeit der Wertverwirklichung beruht. Vielmehr wird der Antwort auf die Frage nach dem Umfang straffreien Widerstandes gegen fehlerhafte Amtsausübung im wesentlichen die Meinung des Reichsgerichts zu-

---

[355]) Hiller: a. a. O. S. 35.

[356]) 22, S. 301; vgl. ferner 6, S. 403; J. Goldschmidt: Widerstand gegen die Staatsgewalt ... im Vorentwurf zu einem dtsch. StGB. 1910, S. 50. Wessel: Der Widerstand gegen die Staatsgewalt, Diss. Breslau 1922, S. 36.

[357]) S. etwa die Aufzählung bei v. Liszt, Lb. 1919, S. 554, Anm. 6.

[358]) Lb. Besond. Teil, II, 2, 1905, S. 779. Schon früher übrigens wird von den Verfechtern einer begrenzten Gehorsamspflicht den Anhängern unbedingten Gehorsams der Vorwurf politischer Motive gemacht, als gründeten die eigenen Argumente weniger in Wertüberzeugungen. Vgl. etwa die Fehde Jagemann—Zachariae bei Hiller: a. a. O. S. 16 und Hiller selbst ebenda S. 10; dazu v. Streit: a. a. O., S. 90; 95, 101 und Beutner: a. a. O. S. 21. Charakteristisch ist auch, wenn namentlich in älterer Zeit, um den Gegner zu widerlegen, die äußersten Konsequenzen aus dessen grundsätzlichem Standpunkt gezogen werden, als ob bei Umkehrung des Spießes der eigene Standpunkt sich im mindesten haltbarer erweisen würde.

grunde zu legen sein. Denn es besteht kein Anlaß zu der Annahme, das Reichsgericht werde vor Geltung eines neuen Strafgesetzbuches seinen Standpunkt ändern[358a]). Für die nicht rein akademische Berechtigung, einen fehlerhaften Staatsakt völlig zu ignorieren, ist aber schließlich diese Praxis entscheidend.

Nach Ansicht des Reichsgerichts befinden sich Vollstreckungsbeamte dann in rechtmäßiger Amtsausübung[359]), wenn ihnen sachliche, örtliche und zeitliche Zuständigkeit zukommen, und wenn im übrigen die wesentlichen Förmlichkeiten des Verfahrens gewahrt sind. Als Vollstreckungsbeamter wird dabei auch derjenige betrachtet, der nur im Einzelfall zur Durchsetzung von Anordnungen berufen erscheint[360]). Sind diese Voraussetzungen erfüllt, so ist, von der Strafbarkeit des Renitenten abgesehen, dessen Verhalten jedenfalls rechtswidrig. Nun kann aber bereits nach dem Wortlaut des § 113 die zu würdigende Vollstreckungshandlung sich bald als unmittelbare Konkretisierung des Gesetzes darstellen, bald als Verwirklichung von Befehlen im weitesten Sinne, welche zwar ihren Rechtsgrund letzten Endes wieder im Gesetze finden, direkt aber auf Konkretisierungen jener Grundnorm wie Verordnungen, Urteile, Verfügungen zurückgehen.

Als Fall ersterer Art kommt etwa in Frage, daß Polizeibeamte auf Grund von § 10 II, 17 ALR. oder § 127 II StPO. Handlungen

---

[358a]) Der Entwurf von 1919 bedroht in § 185 den Widerstand in der irrigen Annahme, die Amtshandlung sei rechtswidrig, milder. Unverschuldeter Irrtum schließt nach § 11 den Vorsatz aus.

[359]) Der Begriff der Amtshandlung spielt für § 313 keine sonderliche Rolle, da die Nichtamtshandlung sich stets auch unter den Begriff der unrechtmäßigen Amtsausübung bringen lassen wird. Um so wesentlicher ist dagegen die Feststellung, wann eine Amtshandlung vorliegt, im Falle des § 114, der das Merkmal der Rechtmäßigkeit nicht kennt. Im 18. Bd., S. 350 erklärt nun das RG., beim Fehlen sachlicher und örtlicher Zuständigkeit läge eine Amtshandlung nicht vor, obwohl es fehlende Zuständigkeit im Falle des § 113 als Unrechtmäßigkeitsgrund ansieht. Diese Interpretation, welche offenbar erfolgt, um das fehlende Merkmal der Rechtmäßigkeit im Falle des § 114 zu ersetzen, entspricht durchaus der Praxis, wie sie vor dem Inkrafttreten des StGB. bestand. In allen jenen Territorien nämlich, deren Gesetzgebung den Widerstand gegen unrechtmäßige Amtsausübung nicht ausdrücklich für straffrei erklärte, wurde der Begriff der Amtsausübung derart eingeschränkt, daß wenigstens diejenigen Fälle, bei denen auch dem Zeitalter der Reaktion eine Bestrafung des Bürgers ungeheuerlich erschienen wäre, nicht mehr unter ihn fielen.

[360]) Vgl. Ebermayer, Komm. 2. Aufl. S. 339.

vornehmen, welche ihnen zur Erfüllung jener Gesetzesbestimmungen erforderlich scheinen. Gegen solche Handlungen ist Widerstand dann erlaubt, wenn der Beamte unzuständig war oder wesentliche Formvorschriften verletzte. Unzuständigkeit, welche einen Widerstand des Untertanen rechtfertigt, ist aber nach herrschender Ansicht nur dann anzunehmen, wenn in abstracto, ganz allgemein, der Beamte zu Handlungen solcher Art am betreffenden Ort nicht befugt war[361]). Wann dies aber der Fall ist, läßt sich formal in keiner Weise bestimmen. Zunächst ist rein positiv rechtlich, wie etwa die Reichsabgabenordnung zeigt[362]), gegen Vollstreckungshandlungen unzuständiger Beamten durchaus nicht immer ein Recht zum Widerstand gegeben, ja Handlungen unzuständiger Beamten können, wie sich noch zeigen wird, geradezu gültig sein. Ferner fällt regelmäßig jede Handlung, für welche im Einzelfall die Polizei unzuständig ist, auch aus ihrer allgemeinen Zuständigkeit heraus[363]), ohne daß deswegen ein Recht zum Widerstand bestünde. Nur als Wertbegriff ist so der Begriff der allgemeinen Unzuständigkeit verwendbar und bezeichnet dann den Kreis derjenigen Handlungen unzuständiger Behörden, deren auch nur vorläufige Duldung dem Untertan entsprechend der Normidee des § 113 nicht zugemutet werden darf. Eine solche Zumutbarkeit besteht jedoch häufig bei Handlungen örtlich unzuständiger Beamten, durch welche, ihre sonstige Ordnungs-

---

[361]) So in Fortsetzung der Rspr. des preuß. Obertrib. das RG. etwa 29, 201; 40, 25. In Bd. 2, S. 416 ist von absoluter Unzuständigkeit die Rede; wie das RG. Goldschmidt: a. a. O. S. 50. Dagegen v. Streit, der Vorliegen konkreter wie abstrakter Zuständigkeit fordert. Eigenartig vermittelnd Hiller S. 81. Vgl. ferner Loening: VerwR. S. 122, Nr. 5. Schlechthin von Zuständigkeit ist bei Meyer-Anschütz, Artikel: Zuständigkeit, in Stengel-Fleischmanns Wörterb. III, S. 1026 l die Rede.

[362]) §§ 61, 78. Vgl. dazu Bekker: Komm. 2. Aufl. zu § 61. Grundsätzlich mit Recht bemerkt ferner Tezner: Administr.Vv. S. 547, daß jemand die Vollstreckung eines formal gültigen Befehls über sich ergehen lassen muß, „möchte er überhaupt nicht in die Zuständigkeit der Verwaltungsbehörden, sondern in jene der Gerichte fallen“. Gegen Jellinek, der ebendort aus angeblich logischen Gründen Akte unzuständiger Behörden für unbeachtlich ansieht, gilt das früher in bezug auf Kelsen Ausgeführte.

[363]) Dies bemerkt schon v. Bar: Ges. und Schuld im Strafr. III, S. 313.

mäßigkeit vorausgesetzt, berechtigte Interessen des Betroffenen[364]) selten verletzt werden.

Auch welche Vorschriften wesentlich sind, bestimmt das Reichsgericht ganz offenbar und mit Recht durch Wertbeziehung. Bringt man die fraglichen Entscheidungen auf einen Nenner, so kann man etwa sagen, daß als wesentlich dem Reichsgericht Formvorschriften erscheinen, welche sinnvolle Auslegung der betreffenden Gesetze als unmittelbar zum Schutz des Untertanen erlassen und für diesen bedeutungsvoll gelten müssen[365]). Unter diesem Gesichtspunkte stellen sich Bestimmungen über Dienstkleidung als bloß instruktionelle Vorschriften dar, deren Verletzung durch den Beamten die Rechtmäßigkeit der Amtsausübung regelmäßig nicht beeinträchtigt[366]).

Rechtmäßig handelt weiter ein Vollstreckungsorgan, wenn seine Amtsausübung zwar im Einzelfall materiell ungerechtfertigt war, sich der Beamte aber über die von ihm pflichtgemäß zu prüfende Tatlage in einem unverschuldeten Irrtum befand[367]). Zwecks Aufrechterhaltung der staatlichen Autorität ist damit die Widerrechtlichkeit und nach Ansicht des RG. auch Strafbarkeit der Handlung des Untertanen von objektiven Momenten in der Person des Vollstreckungsbeamten weitgehend abhängig gemacht[368]). Allein ein Irrtum des Vollstreckungsorgans über das Vorliegen der allgemeinen Rechtmäßigkeitsvoraussetzungen, die Zuständig-

---

364) Bezeichnend hierfür ist, wenn das RG. 25, 114f., 37, 349f. den Begriff der örtlichen Zuständigkeit ausdehnt, um nicht grundlos berechtigte Interessen der Allgemeinheit vor unberechtigten des Beteiligten zurückstellen zu müssen. Siehe auch §§ 167, 168, 159 GVG. und die folgenden Ausführungen vorliegender Arbeit; ferner RG. in JW. 1923, S. 934. Nicht zu verwechseln mit den Interessen des Beteiligten ist das Interesse, welches die Allgemeinheit aus Gründen der Rechtssicherheit etwa an Innehaltung auch örtlicher Zuständigkeit haben kann.

365) Dieser Gedanke liegt offenbar der wichtigen Entscheidung Bd. 17, S. 122ff. zugrunde, die betont, daß zwecks Feststellung der Bedeutung einer Vorschrift jedesmal auf den Willen des Gesetzgebers zurückzugehen sei.

366) II, S. 411; 25, S. 112.

367) 6, 400; 24, 217; 25, 153. Auf ähnlichen Erwägungen beruht, wenn § 808 ZPO. den Gerichtsvollzieher ermächtigt, alle im Gewahrsam des Schuldners befindlichen Sachen ohne Rücksicht auf die materielle Rechtslage zu pfänden.

368) So überwiegend auch die Literatur. A. M.: v. Liszt, S. 554.

keit und Einhaltung der wesentlichen Formen kann einer derart fehlerhaften Amtsausübung den Charakter der Widerrechtlichkeit nicht nehmen[369]).

Neben diesen Fällen normwidrigen Verhaltens der unmittelbar das Gesetz vollstreckenden Beamten stehen jene Tatbestände, bei denen das Vollstreckungsorgan ordnungsgemäß innerhalb seiner allgemeinen Zuständigkeit handelte, dagegen der zu vollstreckende Akt fehlerhaft war. Es erhebt sich hier die Frage, welcher Einfluß der Rechtswidrigkeit des Vollstreckungsbefehls auf die Rechtmäßigkeit der Amtsausübung zukommt. Sie beantwortet das Reichsgericht seiner grundsätzlichen Einstellung entsprechend dahin, daß ordnungsgemäße Ausführung bindender Befehle stets Rechtmäßigkeit der Amtsausübung zur Folge habe[370]). Bindend aber ist ein Befehl, den ein vorgesetztes Organ in vorschriftsmäßiger Form innerhalb seiner allgemeinen Zuständigkeit erteilte, da ein weiteres Prüfungsrecht des Untergebenen nicht besteht[371]). Lediglich die Ausführung strafbarer Handlungen hat der Untergebene über eine formelle Prüfungspflicht hinaus zu verweigern[372]). Liegt ein derart bindender Befehl vor, dann ist ein Recht zum Widerstand nicht vorhanden. Auch das sog. nichtige Urteil ist daher bei formell gültigem Titel regelmäßig zu vollstrecken[373]).

---

[369]) 30, S. 350; 29, 201. Weitere Entscheidungen bei Allfeld: Lehrb. des dtsch. Strafr. 1922, S. 559, Anm. 10.

[370]) 2, 416; 19, 69; 22, 300; 40, 213. Goldschmidt: Ungerechtf. Vollstreckungsbetrieb 1910, S. 76ff.; Olshausen: Komm. 1916, Anm. 15a zu § 113, A. M.: Allfeld: a. a. O. Anm. 11 und die dort Genannten; s. a. Gerland: Dtsch. Reichsstrafr. 1922, S. 254.

[371]) So im Anschluß an die Rspr. des preuß. Obertrib. Laband und die herrschende Meinung. Vgl. Meyer-Anschütz: Staatsr. S. 593ff. Da im übrigen regelmäßig das Landesrecht bestimmt, ob ein Befehl bindend ist, könnte theoretisch durch entsprechende Regelung § 113 von den Ländern aus den Angeln gehoben werden. Bezüglich des Begriffs der allgemeinen Zuständigkeit gilt wiederum das oben Ausgeführte.

[372]) Derart die Disziplinarpraxis des preußischen OVG. Vgl. die Entscheidung bei Meyer-Anschütz S. 596 Anm. m, ferner RG. 56, 418. Nach M. E. Meyer: Der rechtswidrige Bef. des Vorg., in Tüb. Festschr. f. Laband 1908, S. 121 ist nur der rechtmäßige Befehl verbindlich. Über die besondere Gehorsamspflicht des Militärs Laband, anläßlich des Zaberner Falls in DJZ. 1914, Sp. 185ff. Die Abstellung Beutners S. 62ff. auf Vollmacht und Auftrag löst nicht, sondern verschiebt nur die Probleme.

[373]) Skedl: in RheinZ. f. Zivil- und Prozeßrecht 1923, S. 347ff.

Stellt sich eine Verordnung als rechtsungültig, nach gewöhnlicher Terminologie also nichtig dar, so darf doch ihrer Durchführung nicht ohne weiteres Widerstand entgegengesetzt werden[374]), und dasselbe muß entsprechend von der Vollstreckung nichtiger Gesetze gelten[375]). Schließlich besteht keinesfalls eine Befugnis des Untertanen, die Durchführung rechtmäßiger Handlungen fehlerhaft ernannter Organe zu verhindern[376]).

Vom Boden der Theorie des RG. aus ist also der den Beamten bindende Befehl auch dem Untertanen gegenüber nicht nichtig. Die Fehlerhaftigkeit des Befohlenen gestattet Untertan wie Untergebenem nur den Gebrauch von Rechtsmitteln in weitestem Sinne, begründet im übrigen disziplinarische, eventuell strafrechtliche Verantwortlichkeit des Vorgesetzten. Wie schon mehrfach hervorgehoben, gründet diese Stellungnahme des RG. nicht in logischen Axiomen der Auslegung, vielmehr in der Vorziehung bestimmter Güter, des Schutzes staatlicher Autorität und staatlicher Organe. Erklärt man dagegen den rechtswidrigen Befehl für nicht bindend[377]) oder sieht in ihm nur einen Schuldausschließungsgrund[378]) oder persönlichen Strafausschließungsgrund[379]), dann ist es möglich, daß der Vollstreckungsbefehl dem Untertanen gegenüber nichtig, bezogen auf den Untergebenen verpflichtend ist[380]). Eine Annahme, die, da sie in der Geltung einer an sich möglichen anderen Ausgangsposition gründet, nur durch den Nachweis deren Wertlosigkeit entwurzelt werden kann. Legt man die praktische Auslegung des § 113 zugrunde, so darf man jedenfalls sagen: Nur in einer verschwindend geringen Anzahl von Fällen ist der fehler-

---

[374]) 2, 411; 24, 389; Thoma: Pol. Befehl, a. a. O. S. 466.

[375]) Dagegen wohl auch nicht Triepel: DJZ. 1924, Sp. 7.

[376]) 2, 82; Friedrichs: VerwRspfl. S. 1016 gegen Kormann S. 239ff., W. Jellinek S. 115.

[377]) M. E. Mayer: Der rechtswidrige Befehl S. 121, Allfeld S. 559, Anm. 11 und die dort Genannten.

[378]) Graf zu Dohna: Die Rechtswidrigkeit als allgemein gültiges Merkmal im Tatbestande strafbarer Handlungen 1905, S. 137ff.

[379]) Deike: Der rechtsverbindliche Befehl als persönl. Strafausschließungsgrund für den Gehorchenden. Gött. Diss. 1922. Insofern D. § 113 ein Notwehrrecht auschließen läßt, kommt er im Ergebnis auf den Standpunkt des RG. heraus.

[380]) So Binding: Hb. I, S. 743; Mayer: Vergl. Darst. S. 447; Frank zu § 113, 4. Daß auch rechtsungültige PolVO. die Unterbehörden binden können, führt Thoma, a. a. O. S. 467 aus.

hafte belastende Akt nichtig in dem Sinne, daß Widerstand des Untertanen gegen ihn bzw. seine Vollstreckung rechtmäßig wäre[381]).

β) Der nichtige Akt. In zahlreichen Fällen, in denen von Nichtigkeit geredet zu werden pflegt, ist in Wahrheit an ein Recht zum Widerstand gar nicht gedacht. Gemeint wird vielmehr hier mit dem Ausdruck nichtig die Befugnis des Beteiligten, die Fehlerhaftigkeit einer Belastung durch außerordentliche Rechtsbehelfe geltend zu machen. Das Besondere dieser „Nichtigkeit" gegenüber den Fällen der sog. Anfechtung mit Wirkung ex tunc besteht dabei wesentlich darin, daß auch nach Ablauf der Frist für die gewöhnlichen Rechtsmittel die Unverbindlichkeit des scheinbaren Staatsakts, sei es inzidenter im Laufe eines anhängigen Gerichtsverfahrens, sei es durch besondere Feststellungsklage oder in der Vollstreckungsinstanz, festgestellt werden kann. Stellt sich dabei im Strafverfahren die Nichtigkeit der Belastung heraus, dann entfällt auch die Strafbarkeit des etwaigen Renitenten. Es bedarf kaum der Begründung, daß dort, wo reguläre Rechtsmittel gegeben sind, von Nichtigkeit im obigen Sinne bezüglich eines belastenden Akts wiederum wesentlich nur in den wenigen praktischen Fällen geredet werden darf, wo dem Belasteten auch nach Ablauf der Rechtsmittelfrist die Ausführung des Gebotenen nicht zugemutet werden kann. Denn andernfalls würde das Rechtsmittelsystem willkürlich aus den Angeln gehoben werden[382]). Nichtig im obigen Sinne sind daher belastende Akte, die etwas Unsittliches oder eine strafbare Handlung fordern oder sonst in unerträglicher Weise Werten zuwiderlaufen, welche als geltend in einem konkreten Normensystem angenommen werden müssen[383]). Ohne Beziehung

---

[381]) Dem entspricht auch die österreichische Praxis. Fälle der absoluten Nichtigkeit sind nach Tezner: Österr. Zeitschr. f. öff. R. I, S. 420ff. „selten und selbstverständlich". Nur Gericht und Verwaltungsbehörden dürfen regelmäßig rechtswidrige Befehle ignorieren. Vgl. ferner Tezner: Administrativverfahren, S. 547.

[382]) System S. 202 meint Kormann: Die Frage nach den Folgen fehlerhafter Verwaltungsakte „ist natürlich keineswegs beantwortet mit dem Hinweis, daß gegen den ungesetzlichen Verwaltungsakt mit Erfolg die vom Gesetz gewährten Rechtsmittel zu gebrauchen sind". „Natürlich" wäre für gesetzestreue Auslegung das Gegenteil.

[383]) Als nichtige belastende Akte nennt Tezner: Administrativverfahren S. 300, im wesentlichen „das Verbot, jemals zu wählen, an einer Versammlung teilzunehmen, den Heimatsort nicht zu verlassen oder ihn je zu betreten, den Glauben zu wechseln usw.". Hierzu kommen jene Fälle,

auf irgendwelche Werte läßt sich auch hier also die Nichtigkeit eines Staatsakts weder feststellen noch begründen[384]). Auch die Geltung eines Verwaltungsakts, der sich auf eine nicht vorhandene Sache bezieht, ist keineswegs, wie Kormann[385]) annimmt, begrifflich undenkbar. Dies gilt etwa von dem Polizeibefehl, der irrtümlich die Beseitigung eines hohlen Baumes dort anordnet, wo tatsächlich kein Halm wächst. An sich könnte sehr wohl eine Pflicht bestehen, den Standort des gemeinten Baumes zu erkunden oder wenigstens die Unmöglichkeit anzuzeigen, das Befohlene zu tun. Auch ist denkbar, daß etwa im alten Ägypten bei entsprechendem Anlaß der Untertan verpflichtet gewesen wäre, durch symbolische Lufthiebe darf Devotion und Dienstbereitschaft der Obrigkeit zu bezeigen. Als nichtig kann der fragliche Akt vielmehr nur darum angesehen werden, weil im modernen Staat die Polizeiverfügung allein als zur Durchführung sachlicher Aufgaben bestimmt betrachtet werden kann und deshalb nicht verpflichtet, wo zweifellos und klar erkennbar keinerlei Möglichkeit besteht, das Geforderte durchzuführen[386]).

Als nichtig im obigen Sinne kommen ferner fehlerhafte Urteile in Frage. Entgegen dem römischen Recht verneinte die gemeinrechtliche Theorie die Möglichkeit der Urteilsnichtigkeit, so daß noch Bülow[387]) in derselben einen für die Rechtsordnung geradezu unerträglichen Gedanken sieht, während entsprechend Kleinfeller[387]) und Weissmann[388]) darin eine Untergrabung der

---

wo wegen absoluter Unverständlichkeit vom Vorliegen eines bestimmten Staatsakts nicht geredet werden kann, ferner Verstöße gegen Formvorschriften, die im Interesse des Belasteten oder der Allgemeinheit als notwendige Voraussetzung der Gültigkeit eines Akts schlechthin betrachtet werden müssen. Vgl. dazu auch oben sub α) wie unten sub γ).

[384]) Bezeichnend hierfür sind auch die viel gebrauchten Begriffe der absoluten Unmöglichkeit oder Unzuständigkeit, wesentlichen Form, zwingenden Vorschrift usw., die auf Wertgesichtspunkte verweisen.

[385]) System S. 236, 238.

[386]) Im übrigen könnte die Versteigerung einer nicht vorhandenen Sache an sich sehr wohl gültig sein. Nichtig sind auch nicht Art. 6, Ziff. 2 und Art. 80 der RV., weil sie sich auf nicht vorhandene Kolonien beziehen. Anfechtbar ist nach OVG. § 44, S. 418 eine polizeiliche Anordnung, die tatsächlich Unmögliches verlangt.

[387]) Skedl, in RheinZ. a. a. O. S. 348, Anm. 7. Vgl. auch Wagner: Die Ungültigkeit von Zivilurteilen, Diss. Königsberg 1922, und Fuehrer: Die absolute Ungültigkeit eines Strafurteils. Diss. Königsberg 1922.

[388]) Lehrbuch des deutschen Zivilprozeßrechts 1903, S. 314.

richterlichen Autorität erblicken. Dagegen findet nach neuerer und herrschender Ansicht das Dogma von der Formalkraft der Urteile seine Einschränkung in der Natur und im Zweck des Prozesses[389]). Im Gegensatz zur älteren Theorie, welche die Rechtskraft zum absoluten Wert erhebt, wird damit von der jüngeren Richtung die nur relative Geltung dieses Gedankens festgestellt. Wann im einzelnen ein Urteil als nichtig anzusehen ist, kann als rein prozessuale Frage grundsätzlich hier nicht behandelt werden. Unhaltbar ist jedenfalls, wenn Kormann[390]) Nicht-Urteil und nichtiges Urteil, Nicht-Verwaltungsakt und nichtigen Verwaltungsakt gleichsetzt. Das Urteil des Privaten, wie der Befehl des Hauptmanns von Köpenick sind keine Staatsakte und binden weder Behörde noch Untertanen. Zur Vollstreckung eines nichtigen Urteils bei formell gültigem Titel ist der Gerichtsvollzieher dagegen verpflichtet, und seiner Durchsetzung leistet der Untertan nicht ungestraft Widerstand[391]).

γ) Der anfechtbare Akt. Die normale Rechtsfolge des den Bürger zu Unrecht belastenden Akts besteht in der Befugnis der Beteiligten, mittels Klage oder Beschwerde irgendwelcher Art auf Aufhebung der Benachteiligung zu dringen[392]). Unter welchen Voraussetzungen dies jeweils gestattet ist, kann naturgemäß nur im Einzelfalle dem positiven Recht entnommen werden. Allgemeingültige Regeln lassen sich dagegen scheinbar dann aufstellen, falls die Normwidrigkeit des Staatsakts in dem Fehlen eines jener Elemente besteht, die, wie Zuständigkeit der Behörde, zum theoretischen Skelett des Staatsakts a priori gehören.

In der Literatur werden nun Akte unzuständiger Behörden bald schlechthin als nichtig betrachtet, so etwa von Fleiner,

---

389) Skedl: a. a. O. RG. Str. 34, 282f. Vgl. ferner unten die Ausführungen über das erschlichene Urteil.

390) System, S. 206.

391) Nach Skedl: a. a. O. ist die Nichtigkeit eines Urteils durch negative Feststellungsklage, im Laufe der Vollstreckung durch Klage auf Ungültigkeits- oder Unwirksamkeitserklärung oder auf Aufhebung des scheinbaren Titels geltend zu machen. Vgl. ferner Friedrichs: Verwrspfl. S. 1221.

392) Im Gegensatz etwa zu Kelsen, der bei fehlenden gesetzlichen Bestimmungen aus angeblich logischen Gründen Nichtigkeit des Akts annimmt, erklären eine Anzahl Entscheidungen des österreichischen Verwaltungsgerichtshofs in solchem Falle Anfechtbarkeit als allein vertretbare Sanktion. Vgl. Tezner: Administrativverfahren S. 299.

Herrnritt, Neuhäuser[393]) und Kelsen[394]), bald erklärt man nur Akte sachlich unzuständiger Behörden für nichtig, so Bernatzik, W. Jellinek[395]) und im wesentlichen Kormann, schließlich sollen derartige Verwaltungsakte grundsätzlich anfechtbar sein und nur nichtig, wenn die fragliche Stelle gar keine Behörde war oder die Handlung aus dem Rahmen ihrer allgemeine, Zuständigkeit völlig herausfiel, so O. Mayer, Laband[396]), Hatschek[397]) und Schoen[398]).

Tatsächlich werden belastende Akte sachlich unzuständiger Behörden regelmäßig als anfechtbar, bisweilen, wo berechtigte Interessen des Belasteten dem nicht entgegen stehen, selbst als gültig angesehen werden müssen. Diese Ansicht entspricht einmal der Praxis des OVG., welches [398a]) den „Rechtsgrundsatz der Anfechtbarkeit von Rechtsakten sachlich unzuständiger Behörden als stets in der Verwaltungspraxis in Übung und im wesentlichen allen Rechtsgebieten gemeinsam hinstellt"[399]). Belastende[400]) Handlungen örtlich unzuständiger Finanzämter erklärt ebenso allgemein § 61 der RAbgO. für nicht unwirksam. Vielmehr darf hier die Unzuständigkeit der Behörde allein durch die gewöhnlichen Rechtsbehelfe und nur bis zum Ablauf der Einspruchs-, Anfechtungs- oder Beschwerdefrist geltend gemacht werden. Eine ungebrochene Geltung belastender Akte durch örtlich unzuständige Stellen erschien im Interesse des Beteiligten als unbillig. Denselben Standpunkt nimmt das OVG. ein[401]),

[393]) a. a. O. S. 86. Bezüglich der übrigen Angaben vgl. S. 49 dieser Arbeit. [394]) a. a. O. S. 91.

[395]) Ob Jellinek: Gesetzesanwendung ... S. 208ff., 269 diese Ansicht aufgegeben hat und Akte unzuständiger Behörden für anfechtbar ansieht, ist nicht recht zu erkennen. Vgl. auch Bühler: Die subjektiven öffentlichen Rechte, 1914, S. 69, Anm. 267.

[396]) Staatsrecht, 5. Aufl., II, S. 196.

[397]) Bei Hatschek kommt einschränkend hier der Gedanke des Vertrauensschutzes hinzu. Vgl. S. 49ff. der Arbeit.

[398]) Holtzendorffs Enzyklopädie IV, 1914, S. 266.

[398a]) 22, 383.

[399]) Im selben Sinne etwa die Entscheidungen 2, 424; 9, 243; 10, 366; 14, 348; 20, 302; 385, 223ff.; 48, 406, unter Bezugnahme auf die grundsätzliche Entscheidung im 22. Bd.; s. a. § 7 FGG., Art. 1 Pr. FGG. und Güthe-Triebel: GBO. I, 1923, S. 23ff.

[400]) Bei begünstigenden Akten kommt wohl stets § 78 zur Anwendung.

[401]) 61, 185; vgl. auch 22, 384.

wenn es eine von örtlich unzuständiger Stelle ausgegangene Polizeiverfügung nach Ablauf der Rechtsmittelfrist für unanfechtbar erklärt und diese formelle Zuständigkeit für den konkreten Fall auch auf die Androhung neuer Zwangsmittel durch die materiell unzuständige Behörde erstreckt. Schließlich folgt wieder aus der positivrechtlichen Ausgestaltung des Rechtsmittelsystems, daß belastende Akte unzuständiger Behörden lediglich anfechtbar sein können[401a]. Denn da die Fehlerhaftigkeit etwa einer Polizeiverfügung regelmäßig darin besteht, daß die Behörde ihre Zuständigkeit überschreitet, so würde das Dogma der Nichtigkeit, konsequent durchgeführt, direkt zur Aufhebung des ordentlichen Rechtsmittelsystems führen. Auch liegt wenigstens insoweit regelmäßig keine Veranlassung vor, belastende Akte unzuständiger Behörden für nichtig anzusehen, als dem Beteiligten die Möglichkeit offen steht, dieselbe durch formelle Rechtsmittel geltend zu machen. Als nichtig werden daher in der Hauptsache nur die belastenden Akte unzuständiger Behörden in Frage kommen, deren Duldung oder Durchführung auch nach Ablauf der Rechtsmittelfrist dem Betroffenen nicht zugemutet werden kann. Wann darüber hinaus ein Recht zum Widerstand besteht, wurde früher schon festgestellt.

Volle Gültigkeit von Akten unzuständiger Behörden kann dagegen aus Gründen öffentlichen Interesses, denen gleichwertige Interessen des Belasteten nicht entgegenstehen, gefordert sein. So hat nach § 21 StPO. ein für das Verfahren als Ganzes örtlich unzuständiges Gericht Untersuchungshandlungen vorzunehmen, in Ansehung deren Gefahr im Verzuge obwaltet[402]. Die entsprechende Anordnung trifft § 144 GVG. für die Staatsanwaltschaft. Ohne Bezugnahme auf diese gesetzliche Regelung vertritt das OVG. in ständiger Rechtsprechung die Ansicht, daß die polizeiliche Aufsichtsinstanz nur „befugt ist, die Obliegenheiten der an sich gesetzlich zuständigen niederen polizeilichen Instanz an sich zu ziehen . . . ., wenn Gefahr im Verzuge ist, oder wenn

---

[401a]) Man beachte auch, daß im frz. Recht incompètence einen der Hauptgründe des recours pour excès de pouvoir bildet. Nur, »si l'acte est accompli par une personne dépourvise de toute autorité«, besteht nach Berthélemy, Traité E'lémentaire De Dreil Administratiy, 10. Aufl., 1923 S. 998 inexistance desselben.

[402]) Vgl. auch § 163 StPO., 167 GVG.

ohne ein solches Eingreifen der höheren Instanz die Zwecke der durch das Gesetz geordneten Aufsicht nicht erfüllt werden können"[403]). Kann „der im öffentlichen Interesse polizeilicherseits zu erreichende Erfolg nicht auf dem als Regel gegebenen Wege der Anweisung zum Zwecke der Ausführung durch den Ortspolizeiverwalter" mit Sicherheit erreicht werden, so sind also auch Akte der an sich unzuständigen Aufsichtsinstanz gültig[404]). Handelt es sich in obigen Fällen um gültiges Handeln einer bewußt unzuständigen Behörde, eine Art Notzuständigkeit, so erklärt darüber hinaus § 21 StPO. gerichtliche Untersuchungshandlungen für nicht darum ungültig, weil irrtümlich die örtliche Zuständigkeit angenommen wurde[405]). Eine Bestimmung, die offenbar und nach Erklärung der Motive dem öffentlichen Interesse dienen soll. Dem Interesse des Beschuldigten dient dagegen, wenn bei fortdauernden Maßnahmen, welche ein unzuständiges Gericht traf, eine neue Beschlußfassung und Prüfung der getroffenen Maßnahmen durch das zuständige Gericht erfolgt. Wenn vorstehende Bestimmungen über örtliche Unzuständigkeit bereits de lege lata auf sachliche Unzuständigkeit analog angewendet werden, so gründet die Berechtigung hierzu allein in der Geltung einer Idee. Dem Gedanken nämlich, daß berechtigte Interessen der Allgemeinheit dort zu schützen sind, wo gleichberechtigte Interessen des Beschuldigten nicht entgegenstehen. Die Entwürfe zur StPO. von 1908 und 1920 haben denn auch die Vorschriften der §§ 20 und 21 StPO. ausdrücklich auf sachliche Unzuständigkeit erstreckt.

Volle Gültigkeit von Akten unzuständiger Behörden kann ferner die gegenseitige Bindung der Gewalten im Sinne Montesquieus wie die Rechtskraft einer Entscheidung herbeiführen. So macht etwa Ressortverwechslung keineswegs ohne weiteres den derart fehlerhaften Staatsakt nichtig[406]). Vielmehr wird die Ent-

---

[403]) OVG. 53, S. 423; dort Angabe der älteren Judikatur. Vgl. auch Anm. 212.

[404]) OVG. 2, S. 424. Der Versuch, dies Ergebnis als logische Konsequenz der § 60, 67, 77 der KreisO. v 13. XII. 1872 hinzustellen, dürfte schwerlich überzeugen.

[405]) Vgl. auch Wirth: Die Behandlung der örtlichen Zuständigkeit in der StPO. unter Berücksichtigung der neuen Entwürfe. Diss. Würzburg 1922, S. 170ff.

[406]) Dies nimmt Hatschek S. 95 an.

scheidung etwa des Bezirksausschusses oder der Bescheid des Oberpräsidenten vom OVG. aufgehoben, falls ein Verwaltungsstreitverfahren nicht oder ausschließlich zulässig war[407]. Da im übrigen bei einem Kompetenzkonflikt zwischen Verwaltungsgerichten und Verwaltungsbehörden endgültig das OVG. entscheidet[408], dieses auch selbst über seine Zuständigkeit befindet, können im Fall unrichtiger Entscheidung Akte unzuständiger Behörden unanfechtbar sein[409]. Wird ferner der Kompetenzkonflikt nicht erhoben, so ist das rechtskräftige Urteil des Zivilrichters über öffentlichrechtliche Ansprüche für den Verwaltungsrichter im Einzelfall bindend[410]. Schließlich wurde bereits früher festgestellt, wie rein positivrechtlich Urteile unzuständiger Gerichte unanfechtbar sein können. Auch bei der Zwangsversteigerung kann Unzuständigkeit des Gerichts nur bis zur Rechtskraft des Akts geltend gemacht werden[411].

Soweit jedoch der belastende Akt wegen Unzuständigkeit anfechtbar ist, wird er regelmäßig als ex tunc ungültig anzusehen sein. Denn hier wie sonst erscheint es billig, daß der zu Unrecht Beschwerte voll entlastet werde[412]. Daß umgekehrt bei gutgläubig erlangter Begünstigung durch unzuständige Behörden gewöhnlich allein Widerruf ex nunc in Frage kommt, wird sich noch zeigen. Eigentümlich ist der belastenden Verfügung schließlich, wenn ihrem Widerruf von seiten des Beteiligten all die Bedenken nicht entgegenstehen, welche den Widerruf einer Begünstigung vielfach als unzulässig erscheinen lassen[413].

---

407) 2, S. 212; 4, S. 236; 7, S. 418.

408) LVG. § 113, V.

409) Anders liegt es, wo wie in Baden gegen Urteile des Verwaltungsgerichtshofs vom Vertreter des Staatsinteresses Nichtigkeitsbeschwerde erhoben werden kann, über die der Kompetenzgerichtshof entscheidet.

410) S. a. Tezner: Österreich. Z. f. öff. R. I, S. 421.

411) Jaeckel: Komm. 1915, S. 23.

412) Wie bei allen Rechtsinhaltsfragen gilt diese Lösung nicht schlechthin und kann aus Gründen öffentlichen Interesses ausgeschlossen sein.

413) Demgemäß ist nach Ansicht des österreichischen Verwaltungsgerichtshofes die Behörde berechtigt, fehlerhafte Belastungen, aus denen nicht bereits subjektive Rechte der Hauptpartei oder Dritter entstanden, jederzeit zurückzunehmen. Tezner: Administrativverfahren S. 281 ff. Ebenso Schoen: a. a. O. S. 267, der S. 266 mit Recht bemerkt, daß dort, wo der Widerruf wie im Fall der Unzweckmäßigkeit im Ermessen der Behörde steht, diese die Folgen ex nunc oder ex tunc ansetzen darf.

Ob und wann im übrigen die Entziehung günstiger Rechtspositionen unzulässig ist, welche Rechtsfolgen insbesondere an die Fehlerhaftigkeit eines derartigen Staatsakts sich knüpfen, ist bedingt durch die Eigenart des betreffenden Rechtsverhältnisses. Deutlich wird dies etwa am Beispiel der ohne Antrag erfolgten Entlassung eines Beamten bei irriger Annahme, der Betreffende sei um seine Entlassung eingekommen. Für die Art der Rechtsfolgen eines derartigen Aktes ist offenbar zunächst von Bedeutung, nach welcher Rechtsfigur die Beziehungen zwischen Staat und Beamten sich bestimmen. Wer ernsthaft hier auf dem Boden der Vertragstheorie steht[414]), wird eine ohne Antrag erfolgte Entlassung für geradezu nichtig ansehen müssen. Denn erfolgt die Anstellung eines Beamten durch Vertrag, so können für die Beendigung eines derartigen Dienstverhältnisses lediglich die gesetzlichen und vertraglichen Gründe in Frage kommen. Die irrige Annahme des einen Kontrahenten, ein derartiger Grund sei gegeben, kann aber den zur Beendigung des Dienstverhältnisses nach dem Vertragsinhalt erforderlichen Antrag des Gegenkontrahenten nicht ersetzen. Diesem stehen also weiter seine bisherigen Rechte zu. Nun wird jedoch, was hier nicht ausgeführt werden kann, die Vertragstheorie kaum der Eigenart jener Beziehungen gerecht, welche als zwischen dem Staat und seinen Beamten bestehend auf der gegenwärtigen historischen Stufe der Rechtsentwicklung in Deutschland angenommen werden müssen. Sieht man dementsprechend mit der Praxis und herrschenden Lehre als für den Akt der Beamtenentlassung normgebend die Rechtsfigur des einseitigen Verwaltungsakts auf Unterwerfung an, so darf das Vorhandensein eines gültigen Antrages nicht ohne weiteres als Voraussetzung für das Zustandekommen einer Entlassung überhaupt betrachtet werden. Allerdings steht fest, daß etwa die Entlassung eines lebenslänglich angestellten Reichsbeamten, von hier nicht interessierenden Ausnahmen abgesehen, wider seinen Willen nur durch Urteil des Disziplinar- oder Strafrichters erfolgen darf. Und § 21 des Gesetzes über die Reichs- und Staatsangehörigkeit spricht ausdrücklich von einer Entlassung auf Antrag. Aber wenn auch so das Vorliegen des Antrages als Voraussetzung der Rechtmäßigkeit einer Entlassung betrachtet wer-

---

[414]) So neuerdings Vogels: Verw.-Arch. 1919, S. 251f.

den muß, bleibt doch zu untersuchen, ob und inwieweit die Gültigkeit der Entlassung durch ihre Unrechtmäßigkeit beeinträchtigt wird. Den eigentlichen Kern der Frage dürfte von den Autoren O. Mayer treffen, wenn er die Art der Rechtsgeltung des fehlerhaften Akts letzten Endes von der Berechtigung, den Fehler geltend zu machen, abhängen läßt[415]). Für die Möglichkeit richterlicher Nachprüfung ist aber das Wesen des fraglichen Akts von Bedeutung. Dies zeigt sich, wenn diejenigen Autoren, welche nicht auf dem Boden der Vertragstheorie stehen, in der fehlerhaften Entlassung regelmäßig einen einseitigen Hoheitsakt erblicken. Denn hiermit verbunden findet sich gewöhnlich die Ansicht, deren Wurzel übrigens in den Boden der absoluten Monarchie zurückgeht, Hoheitsakte seien richterlicher Nachprüfung schlechthin entzogen. Von einem solchen Standpunkt aus kann aber dem zu Unrecht Entlassenen allein das Recht der Gegenvorstellung und Aufsichtsbeschwerde zugestanden werden[416]). Dagegen findet sich andererseits wieder, und nicht nur von den Vertragstheoretikern, die Meinung vertreten, das Erfordernis des Antrages sei für die Gültigkeit der Entlassung wesentlich. Beim Fehlen eines Antrages soll deshalb auch die Entlassung selbst nichtig sein[417]). Wie diese angebliche Nichtigkeit jedoch eigentlich geltend zu machen sei, wird bezeichnenderweise nicht weiter untersucht.

Bei dieser scheinbaren Antinomie der Meinungen dürfte es gut sein, sich klar zu machen, daß beide Ansichten auf verschiedene Wertgesichtspunkte zurückgehen und beide in ihrer Allgemeinheit schwerlich haltbar sind. Die Lehre zunächst, welche aus der hoheitlichen Natur des Entlassungsaktes auf seine Unüberprüfbarkeit schließt, macht das Begründete zum Grund. Denn sieht man als Hoheitsakt unüberprüfbare Staatsakte an, so fragt es sich gerade, ob die Beamtenentlassung einen solchen Akt darstellt[418]). Wer dies bejaht, kann es nur begründen, indem er als

[415]) Arch. f. öff. R. 3, S. 47, Anm. 66 mit Angabe älterer Literatur.

[416]) Darauf etwa kommt Gießner, a. a. O. S. 57ff. heraus.

[417]) So W. Jellinek, a. a. O. S. 81, Rauchalles: Bundes- und StaatsangehörigkeitsG. 1901, S. 75.

[418]) Der Beweis hierfür kann übrigens nicht etwa historisch geführt werden. Es ließe sich sonst auf diese Weise jede Rechtsinstitution der Vergangenheit aus der Grube heben und bliebe immer noch zu rechtfertigen, warum man nicht in die Vorvergangenheit ging.

geltende Normidee, als anzunehmenden Rechtswert eine unüberprüfbare Sphäre freier Verwaltung behauptet. Ein Gesichtspunkt, der tatsächlich in § 155 RBeamtenG. einen teilweisen, aber eben nur teilweisen Niederschlag gefunden hat, der es verbietet, die Beamtenentlassung schlechthin als unüberprüfbaren Hoheitsakt zu betrachten. Die entgegengesetzte Ansicht, welche im Vorhandensein des Antrages eine für die Gültigkeit der Entlassung wesentliche Voraussetzung sieht, findet ihre Begründung letztlich in der Idee, daß gegen rechtswidriges Handeln des Staates der Untertan irgendwie zu schützen sei. Aber mag auch diese Idee an sich berechtigt sein, so kann aus ihr mit Grund eine Nichtigkeit des Staatsakts schlechthin nicht abgeleitet werden. Denn in letzterem Falle würde der zu Unrecht Entlassene sich gewaltsam auf seinem Posten behaupten und auch weiterhin Amtsfunktionen vornehmen dürfen. Eine Folgerung, welche aus Gründen des öffentlichen Interesses sinnvoll nicht gezogen werden darf und auch nur durch die früher gekennzeichnete logische Einschränkung der Unwirksamkeitsformen wie die Verbindung der Nichtigkeit mit dem schweren Fehler scheinbar gerechtfertigt wird. Man wird demgegenüber zunächst feststellen dürfen, daß auch der zu Unrecht Entlassene jedenfalls nicht mehr Amtsinhaber ist. Und, da ihm andere direkte Rechtsbehelfe nicht zur Verfügung stehen, ist er lediglich befugt, durch Gegenvorstellung und Aufsichtsbeschwerde, eventuell durch Petition, durch Anfragen seiner Partei im Parlament wie durch die Presse und den Druck der öffentlichen Meinung auf Wiedereinsetzung in sein Amt zu dringen. Hiervon zu unterscheiden ist die weitere Frage, ob dem derart zu Unrecht Entlassenen der Anspruch auf Gehalt und Titelführung bleibt. Den ersten dieser beiden Punkte bejaht wohl mit Recht das Reichsgericht[419]), wobei es § 155 RBG. seinem Prüfungsrechte nicht entgegenstehen läßt. Tatsächlich ist es unmöglich, aus diesem Paragraphen mit Sicherheit etwas für oder gegen ein Prüfungsrecht im vorliegenden Falle zu entnehmen. Mag im übrigen demselben historisch der Gedanke des unüberprüfbaren Hoheitsakts wesentlich zugrunde liegen, so läßt dagegen Art. 139 RV. für vermögensrechtliche Ansprüche der Beamten den Rechtsweg offen. Auch derjenige, welcher die

419) RG. Z. 96, 303; JW. 1917, S. 225; vgl. auch RG. im Preuß. VerwBl. 43, S. 595f.

juristische Bedeutung der Grundrechte nicht hoch veranschlagt, wird anerkennen müssen, daß immerhin hier eine Rechtsidee vorliegt, welche in Zweifelsfällen als richtunggebend Geltung beanspruchen kann. Erklärt schließlich das OVG.[420]) den zu Unrecht Entlassenen für befugt, weiterhin seinen Titel zu führen, verneint also inzidenter die Gültigkeit der Entlassung, so wird dieser Entscheidung im eben angegebenen Umfange zuzustimmen sein[421]). Umgekehrt aber muß schließlich ein Recht der Verwaltung angenommen werden, von dem, der alle Befugnisse des Beamten behielt, auch die Wiederaufnahme seiner Amtstätigkeit verlangen zu können[422]).

c) Der begünstigende Akt. *α*) Die Begünstigung durch unzuständige Stellen. Nach § 78 der RAbgO. darf, „wo eine Anerkennung, Genehmigung, Bewilligung oder Erlaubnis ausgesprochen worden ist, die den Beteiligten Befugnisse oder Vergünstigungen gewährt oder sie von Pflichten befreit, ... diese Vergünstigung, soweit nicht Widerruf oder weitere Bedingungen vorbehalten sind, nur zurückgenommen oder eingeschränkt werden:

1. Wenn die Verfügung von sachlich unzuständiger Stelle erlassen worden ist". Dagegen sind, wie aus dem Schweigen der Reichsabgabenordnung zu schließen, rechtsverleihende Verfügungen örtlich unzuständiger Behörden voll wirksam.

Wird eine den Aktadressaten begünstigende Verfügung der im § 78 RAbgO. genannten Art wegen sachlicher Unzuständigkeit der sie erlassenden Behörde zurückgenommen oder eingeschränkt, so treten die Folgen des Widerrufs ex nunc ein. Hat dagegen „der Beteiligte die Verfügung durch unlautere Mittel wie Täuschung, Zwang, Bestechung veranlaßt, so kann sie mit rückwirkender Kraft zurückgenommen werden"[423]). Die Normidee des § 78 RAbgO. ist also offenbar, denjenigen, welcher gutgläubig

---

[420]) Urteil v. 5. Oktober 1922 in DJZ. 1922, Sp. 756f.

[421]) Absolute Nichtigkeit, die das OVG. unter Berufung auf W. Jellinek annimmt, liegt also nicht vor. Wie hier im Ergebnis auch Arndt: Komm. zum RBG. 1923, S. 181.

[422]) Dies machte die Revision in einem Falle geltend, ohne darauf, als für den Anspruch gleichgültig, eine Antwort zu erhalten. Vgl. RG. Z. 37, 242, 305.

[423]) Den Zeitpunkt, auf welchen die Rechtsfolgen zu beziehen sind, darf also in letzterem Falle die rücknehmende Behörde bestimmen, nicht treten diese Folgen, wie es der Anfechtung des BGB. entspräche, ex tunc ein.

steuerliche Begünstigungen erlangte, möglichst zu schützen. Auch fehlerhafte derart erlangte Rechtspositionen sollen nur soweit und mit den Folgen entzogen werden dürfen, die das öffentliche Interesse oder die Billigkeit fordert.

Aber auch dem OVG. ist dieser Gedanke, daß durch begünstigende Verfügungen unzuständiger Behörden gutgläubig erlangte Rechtspositionen, wenn überhaupt, nur ex nunc entzogen werden dürfen, keineswegs fremd. Eine Gewerbekonzession, welche eine örtlich und sachlich unzuständige Behörde erteilte, erklärt OVG. 40 für anfechtbar, d. h. sie kann zurückgenommen werden. Mit Unrecht wird die fragliche Entscheidung von W. Jellinek[424]), Kormann[425]) und Fleiner[426]) zur Stütze ihres Grundsatzes der Nichtigkeit von Akten unzuständiger Behörden herangezogen[427]). Allerdings bezeichnet das OVG. eine Erlaubnis, welche der Polizeipräsident von Berlin an Stelle des eigentlich zuständigen Polizeipräsidenten von Charlottenburg erteilte, als „unwirksam und nichtig". Letzteres jedoch „in dem Sinne", „daß aus ihr das Recht auf Fortsetzung des Gewerbebetriebes von dem Kläger nicht in Anspruch genommen werden könne", wobei die Möglichkeit nachträglicher Genehmigung der unzulässigerweise erteilten Konzession unterstellt wird[428]). Des weiteren ist in der Überschrift von „Ungültigkeit" und davon die Rede, daß § 40 der GO. lediglich bei rechtsgültig erteilter Er-

---

[424]) a. a. O. S. 97, Anm. 2.

[425]) System, S. 246. [426]) S. 194, Anm. 59.

[427]) Allein auf obige Entscheidung stützt sich offenbar auch Friedrichs, wenn er, entgegen seiner grundsätzlichen Stellungnahme (Verw. Rspfl, S. 1017) Erlaubniserteilungen durch unzuständige Behörden für nichtig erklärt (PolG. S. 282). Denn in den sonst von Friedrichs herangezogenen Entscheidungen handelt es sich durchweg um Widerruf.

[428]) Wie wenig Gewicht auf den Sprachgebrauch des OVG. gelegt werden kann, zeigt obige Entscheidung. Hier werden bezüglich derselben Frage die Ausdrücke Nichtigkeit, Ungültigkeit, Unwirksamkeit, Anfechtbarkeit und Widerruf gebraucht. Es wird ferner im 55. Bd., S. 237 die Ausstellung einer Naturalisationsurkunde durch eine unzuständige Behörde als nichtig bezeichnet unter Berufung auf OVG. 13, 408. Die gleiche Entscheidung wird im 22. Bd., S. 384 als Beleg für den Grundsatz der Anfechtbarkeit von Akten sachlich unzuständiger Behörden herangezogen. In der fraglichen Entscheidung selbst ist von „absoluter Nichtigkeit" bei Naturalisation durch „unbedingt unzuständige" Behörden die Rede.

laubnis „den Widerruf“ ausschlösse. Schließlich wird bezüglich der Rechtsfolgen auf jene oben genannte Entscheidung im 22. Bd. Bezug genommen, welche den Grundsatz der Anfechtbarkeit bei sachlicher Unzuständigkeit „der verfügenden oder erkennenden Behörde“ ausspricht.

In jener grundsätzlichen Entscheidung im 22. Bd. selbst handelte es sich um eine von unzuständiger Stelle erteilte Ansiedelungsgenehmigung. Auch hier denkt das OVG. ganz offenbar an Beseitigung ex nunc. Denn bald ist die Rede von „Anfechtung bestehender Verhältnisse“, dann wieder heißt es, daß „der durch die Ansiedelungsgenehmigung geschaffene Rechtszustand jeden Augenblick und noch Jahre nachher wieder aufgehoben werden“ könne. Im übrigen hat auch die Befugnis des Widerrufes nur ex nunc das OVG. vorliegendenfalls im Ergebnis offenbar nicht befriedigt. Die fragliche Ansiedelungsgenehmigung war nämlich vom Amtsvorsteher an Stelle des Kreisausschusses erteilt worden, weil man irrtümlicherweise die kleine Häusergruppe nicht als Kolonie im Sinne des § 18 AnsiedlG. vom 25. Juli 1876 betrachtet hatte. Es erging daraufhin mehrere Jahre später eine Verfügung des Nachfolgers jenes Amtsvorstehers, durch die wegen Unzuständigkeit des ersteren die erteilte Genehmigung „ausdrücklich aufgehoben“ wurde, verbunden mit der Aufforderung, binnen zwei Monaten die Genehmigung des Kreisausschusses beizubringen oder die errichteten Anlagen wegzuräumen. Den Begünstigten hatte bei Erteilung der Genehmigung also keinerlei Verschulden getroffen, aus welchem Grunde offenbar der Kreisausschuß die Verfügung aufhob, eine Entscheidung, welche auch der Bezirksausschuß in der Berufungsinstanz bestätigte. Seine abweichende Stellungnahme begründet das OVG. durch Bezugnahme auf den Grundsatz der Anfechtung von Akten sachlich unzuständiger Behörden, von dem abzugehen man sich offenbar scheut. Die Unbilligkeit des Ergebnisses aber mildert die Empfehlung, „daß die Aufsichtsbehörde da einschreitet und der unteren polizeilichen Instanz die Anfechtung bestehender Verhältnisse untersagt, wo diese erkennbar erfolgt, ohne daß dazu der Schutz wesentlicher öffentlicher Interessen nötigt“. Einleuchtender wäre wohl die Feststellung gewesen, daß gutgläubig erlangte Rechtspositionen nur aus Gründen des öffentlichen Interesses entziehbar sind. Ein Gedanke, der um so näher lag, als ihn, wie sich noch zeigen wird, das OVG. sonst im Falle behördlichen Irrtums vertritt[429]).

Als nichtig im Sinne von „nicht vorhanden" dürfen daher auch nach der Rechtsprechung des OVG. nur Akte „völlig unzuständiger" Behörden betrachtet werden[430]). Im übrigen ist der Begriff der absoluten Unzuständigkeit in Praxis wie Literatur durchaus dunkel geblieben[431]). Der Grund hierfür liegt darin, daß wie die Begriffe der allgemeinen Zuständigkeit, zwingenden Norm, des schweren Fehlers, der wesentlichen Form usw. auch der Begriff der absoluten Unzuständigkeit zu seiner Auflösung eine Beziehung auf Werte oder Zwecke fordert[432]). Alle diese Begriffe bilden so gewissermaßen Zufluchtsburgen, in welche sich die Wertprobleme vor dem Verfahren des Positivismus zurückgezogen haben, wobei die Einnahme dieser letzten Stellungen für den Positivismus schon deshalb unmöglich war, weil ohne dieselben er selbst nicht bestehen könnte. Immerhin hat die Verkennung der Eigenart jener Begriffe, verbunden mit einem naturwissenschaftlichen Verfahren, vielfach zu einer Umkehrung und damit völligen Verschiebung der eigentlichen Problemlage geführt. Es wird nämlich, so deutlich bei Kormann[433]), der Begriff der absoluten Unzuständigkeit direkt als Ursache der Nichtigkeit hingestellt, wodurch der Rechtswissenschaft die Scheinaufgabe erwächst, dieser unbekannten und unauffindbaren Ursache nachzuspüren. In Wahrheit ist

---

[429]) Die Ansicht Landmanns: Komm. zur GO. I, 1917, S. 231f., der eine von sachlich oder örtlich unzuständiger Stelle erteilte Approbation oder Konzession unter Berufung auf W. Jellinek für absolut nichtig erklärt, ist gegenüber den Bestimmungen der Reichsabgabenordnung nicht haltbar und widerspricht der Rechtsprechung des OVG., ist auch im Ergebnis offenbar unbillig. Dies gilt entsprechend gegen Schenkel: GO. I, 1894, S. 395.

[430]) 39, 371; 13, 400ff.

[431]) Ausdrücklich für das österreichische Recht bezeugt dies Tezner: Administrativverfahren S. 404; s. ferner Kormann, S. 247.

[432]) Vgl. dazu S. 100. Daß es zur Entscheidung, ob Merkmale wesentlich oder unwesentlich sind, der Beziehung auf einen Zweck bedarf, rein logische Überlegungen ohne materiale Gesichtspunkte nicht weiterzuführen, stellt Rickert: Zur Lehre von der Definition, 2. Aufl. 1915, S. 43 fest. Wenn Gschnitzer: Wesentlich und unwesentlich im BGB., Archiv f. d. civil. Praxis 1923 S. 199ff. den Begriff wesentlich durch erheblich ersetzen will, weil es sich um einen Werttatbestand handle, so ist damit das Problem richtig erkannt, sachlich jedoch nichts gewonnen.

[433]) S. 232ff.

jedoch von der Rechtsfolge der Nichtigkeit auszugehen und nun zu fragen, in welchen Fällen der Unzuständigkeit beim Fehlen ausdrücklicher Normierung Nichtigkeit als Sanktion des Fehlers dem „Willen des Gesetzgebers" gemäß angenommen werden muß. Es ergab sich bei einer solchen Problemstellung schon, daß belastende Akte[434]) unzuständiger Behörden namentlich dann als nichtig anzusehen sind, wenn berechtigte Interessen der Beschwerten diese Regelung dringend erfordern. Umgekehrt werden begünstigende Akte unzuständiger Behörden bei Gutgläubigkeit des Adressaten wesentlich nur dort als nichtig angesehen werden dürfen, wo wertvolle Güter der Allgemeinheit oder berechtigte Interessen Dritter die auch nur vorläufige Gültigkeit des fehlerhaften Akts offenbar verbieten. Als nichtig hat so die österreichische Rechtsprechung etwa die Erlaubnis zur Haltung eines Bordells, einer Spielbank, wie die Erlaubnis zur Nachbildung von Geldmünzen erklärt[435]). Als nichtig werden Eintragungen durch eine andere Behörde wie das Grundbuchamt anzusehen sein[436]). Im übrigen ist es gerade bei der fehlerhaften Erlaubnis häufig ohne jede praktische Bedeutung, ob man in dem Verbot der Ausübung des Erlaubten einen Widerruf ex nunc oder ex tunc oder die Geltendmachung einer Nichtigkeit sieht, zumal bei Gutgläubigkeit des Aktadressaten seine Strafbarkeit regelmäßig sowieso entfällt[437]). Andererseits kann aus Gründen des öffentlichen Interesses Nichtigkeit von Begünstigungen unter Umständen selbst dort anzunehmen sein, wo das Gesetz diese Rechtsfolge

---

[434]) Selbstverständlich handelt es sich hier wie sonst nicht um empirische individuelle, sondern um typische, gewissermaßen normative Interessenlagen. Daher wird der belastende Akt nicht zum begünstigenden, wenn auch dem Beschwerten aus irgendwelchen besonderen Gründen die Belastung einmal als erwünscht erscheint.

[435]) Vgl. Tezner: Administrativverfahren, S. 300. Bemerkt sei bei dieser Gelegenheit, daß bezüglich begünstigender Akte, denen gegenüber ein Widerstandsrecht praktisch nicht in Frage kommt, eher von Nichtigkeit schlechthin gesprochen werden darf als bei belastenden Staatsakten.

[436]) Vgl. dazu Güthe: a. a. O. S. 15.

[437]) Ohne Aufhebung verbietet etwa der österreichische Verwaltungsgerichtshof die Ausübung einer dem Gesetz gänzlich unbekannten Bewilligung. Tezner: Österr. Zeitschr. f. öff. Recht I, S. 422. Das Ergebnis wäre kaum anders, wenn man Rücknahme der Bewilligung ex nunc oder tunc mit nachfolgender richterlicher Feststellung der Rechtmäßigkeit des Widerrufs konstruierte.

nicht ausdrücklich vorsieht. So dürfen — wie schon erwähnt — Begünstigungen durch sachlich unzuständige Stellen nach § 78 RAbgO. nur zurückgenommen oder eingeschränkt werden. Trotzdem ergibt sich ein Kreis auch nach § 78 nichtiger Akte, da einleuchtenderweise nicht jede Erlaubnis durch dazu Unbefugte als eine „von unzuständiger Stelle" erteilte im Sinne dieses Paragraphen angesehen werden kann. Dies gilt z. B. sicher, wenn der Private A seinem Freunde B Steuern stundet, offenbar, falls es die Brotmarkenstelle statt des Finanzamtes tut, nicht dagegen, falls etwa das Finanzamt an Stelle des Reichsfinanzministeriums einen Steuernachlaß gewährt. Denn dem Steuerzahler darf nicht zugemutet werden, besser über Zuständigkeiten im Steuerrecht orientiert zu sein, als das Finanzamt selber[438]). Die Grenze zwischen den Fällen der Nichtzuständigkeit und denen der Unzuständigkeit muß also durch Beziehung auf einen vorausgesetzten Zweck bezogen werden, wobei, entsprechend der Normidee des § 78, der gutgläubige Steuerzahler weitgehend zu schützen ist. Andererseits verbieten begründete öffentliche Interessen, daß jedes empirische Subjekt allein wegen seiner Gutgläubigkeit sich mit Recht auf § 78 berufen darf. Schutz im Sinne dieses Paragraphen kann vielmehr nur ein normatives Subjekt von verständiger, noch verkehrsüblicher Gutgläubigkeit finden[439]).

Handelt es sich hierbei um Fälle sachlicher Unzuständigkeit, so sind nach § 78 Begünstigungen durch örtlich unzuständige Finanzämter schlechthin gültig. Es erscheint fraglich, ob einer bedingungslosen Verallgemeinerung dieser Bestimmungen über ihren ursprünglichen Geltungsbereich hinaus nicht berechtigte Interessen der Allgemeinheit entgegenstehen. Jedenfalls aber kann die Geltung dieser Idee bei verwandten Rechtslagen mit Fug nicht bezweifelt werden. Soweit im übrigen nicht berechtigte Interessen der Verwaltung oder Allgemeinheit geradezu die Rücknahme der Begünstigung fordern, werden schon zur Vermeidung

[438]) Der Komm. von Rüde zur Reichsabgabenordnung, S. 6, sieht dagegen im obigen Beispiel einen Fall absoluter Unzuständigkeit. Es ist dabei übersehen, daß der Begriff der Unzuständigkeit im Sinne des § 78 nur mit Beziehung auf den Steuerzahler bestimmt werden darf, will man nicht jener Norm ihre eigentliche Bedeutung nehmen. Vgl. auch Mrozek, Komm. 1921, S. 308. Ferner S. 73 dieser Arbeit.

[439]) Vgl. auch S. 71 ff. der Arbeit.

sinnloser Güterzerstörung Begünstigungen örtlich unzuständiger Behörden tunlichst aufrecht zu erhalten sein[440]).

Die Fehlerhaftigkeit des Staatsakts kann ferner im Nichthandeln der zum Handeln doch verpflichteten zuständigen Behörde, in der Verweigerung einer Begünstigung bestehen. Da Nichtigkeit als Sanktion des Fehlers bei Unterlassungen keinen Sinn ergibt, vielmehr den normwidrigen Zustand noch legalisieren würde, kommen als Rechtsbehelfe für den Betroffenen wesentliche Beschwerden in irgendeiner Form bei der säumigen oder vorgesetzten Behörde wie Klage bei den Gerichten in Frage[441]). Während im übrigen ein Widerstandsrecht des Untertanen wegen Unzuständigkeit der Behörde in gewissen Fällen besteht, verbietet § 114 StGB. dem Betroffenen, die säumige, fraglos zuständige Behörde gewaltsam zum Handeln zu nötigen.

β) Die irrtümliche Erteilung einer Begünstigung. Es entspricht weiter der Idee, den gutgläubig Begünstigten zu schützen, wenn behördlicher Irrtum, den der Untertan nicht verschuldete, diesem, soweit es das öffentliche Interesse erlaubt, nicht zur Last gelegt wird[442]). So gestattet § 78 RAbgO. die Rücknahme von Begünstigungen wegen behördlichen Irrtums

---

[440]) Dem entspricht, wenn Ollmann: Die Rechtswirkung einer fehlerhaften Vereinseintragung, Diss. Greifswald 1922, im Gegensatz zur älteren Literatur die Rechtsfähigkeit eines Vereins durch örtliche Unzuständigkeit der eintragenden Behörde nicht beeinträchtigt sein läßt. Lediglich Löschung der bisherigen Eintragung und Übertragung derselben in das Register des eigentlich zuständigen Gerichts erscheint hier als angemessene Rechtsfolge. Dagegen ist nach O. die Eintragung durch eine sachlich unzuständige Behörde ex nunc rücknehmbar. Beachtung verdient schließlich, wenn der Grundsatz der Anfechtung der Akte unzuständiger Behörden vom OVG. nur auf sachliche Unzuständigkeit erstreckt wird. Vgl. S. 107 f. der Arbeit.

[441]) OVG. 7, S. 268 verurteilt eine zuständige Behörde, die sich weigert, eine Bescheinigung auszustellen, was zu tun sie verpflichtet ist. Vgl. ferner OVG. 7, S. 17; 5, S. 295, 44, S. 354 ff.

[442]) In diesem Sinne bereits OVG. 4, S. 293 ff. Die Befugnis zu uneingeschränktem Widerruf wegen behördlichen Irrtums erklärt W. Jellinek, S. 156, als mit der „Idee des modernen Staates" für unvereinbar. Ein Widerrufsrecht wegen Irrtums in Ausübung des freien Ermessens hält Kormann, S. 377, aus Billigkeitsgründen für ausgeschlossen. Interessenabwägende Gesichtspunkte erscheinen Neuhäuser, S. 31, beim Fehlen kodifizierter Grundsätze als allein gangbar. Man sieht, es ist die Geltung von Werten, welche dem schrankenlosen Widerruf entgegensteht.

nur, falls der Begünstigte den Irrtum hervorrief[443]). Eine wegen irriger Rechtsmittelbelehrung versäumte Frist wird vom OVG. als gewahrt angesehen[444]). Und auf demselben Billigkeitsgedanken beruht es, wenn Kormann[445]) durch Bestätigung des Statuts einer Wassergenossenschaft das Vorhandensein des gemeinen Nutzens endgültig festgestellt sein läßt. Nur soweit das öffentliche Interesse es zuläßt, darf jedoch der Schutz mit Grund Gutgläubiger erstreckt werden. Eine irrtümlich erteilte Bauerlaubnis ist grundsätzlich unwiderruflich, wenn der behördliche Irrtum sich in der Sphäre des freien Ermessens hielt[446]). Falls jedoch die irrige Erlaubnis einen im öffentlichen Interesse unerträglichen Zustand herbeiführt oder herbeizuführen droht, kann auch irriger Gebrauch des Ermessens den Widerruf rechtfertigen[447]). Soweit ein Widerrufsvorbehalt zulässig ist, muß seine Ausübung auf polizeilichen Motiven beruhen, da ein anderes Verfahren der Idee des Rechts offenbar zuwiderliefe[448]). Verstößt aber die Bauerlaubnis gegen solche Normen, welche als im Interesse der öffentlichen Sicherheit ergangen gelten müssen[449]), dann sichert auch

[443]) Dies verkennt Mrozek: Komm. S. 308, wenn er den § 78 „nicht nur wegen irrtümlicher Auffassung der Behörde" ein Widerrufsrecht statuieren läßt. In dem von M. angenommenen Fall besteht ein solches Recht gerade nicht. So auch Rüde, S. 66; Bekker, S. 94.

[444]) III, S. 34. [445]) System, S. 391.

[446]) OVG. 2, S. 422; 8, S. 215f.; 19, S. 384f.; 24, S. 349f.; 28, S. 272f.; 29, S. 369; 40, S. 377; 55, S. 438. Scholz: Verw.-Arch. 23, S. 225f.; Kormann, S. 389; Mesow: Der Widerruf einer Bauerlaubnis nach preußischem Recht. Diss. Göttingen 1921, S. 81. Nach Ansicht des österreichischen Verwaltungsgerichtshofs sind begünstigende Akte, die sich im Rahmen des freien Ermessens halten, stets unwiderruflich. Tezner: Administrativverfahren, S. 441, der wohl mit Grund diese Praxis für zu weitgehend ansieht.

[447]) OVG. 29, S. 393; vgl. auch OVG. 48, S. 398ff.; Fleiner, S. 189. Eine Zusammenstellung der typischen Fälle, in denen die preußisch-österreichische Gerichtspraxis behördliche Akte wegen Ermessensmißbrauchs kassiert, bei Tezner: Administrativverfahren, S. 338f.

[448]) OVG. 39, S. 367; 57, S. 496; 71, S. 431.

[449]) Das meint im Grunde das OVG., wenn es 24, S. 344 von positiv-bindenden, das freie Ermessen ausschließenden Normen spricht. Denn ob eine Norm diesen Titel verdient, läßt sich ohne Zirkel nur durch Wertbeziehung feststellen. Mit Recht bemerkt übrigens Ehrlich: Iherings J. 1917, S. 34, ob ein Rechtssatz zwingend sei, lasse sich durch historische Auslegung häufig nicht feststellen, weil niemand bei Abfassung des Gesetzes an diese Frage gedacht habe. Vgl. auch das Urteil in: Hans GZ. 1924, Sp. 76ff.; OVG. 68, S. 435; 55, S. 437.

fehlendes Verschulden bei behördlichem Irrtum die Rechtsposition des Begünstigten nicht. Vielmehr besteht hier Recht und Pflicht[450]) zum Widerruf der Begünstigung. Dies gilt dabei nicht nur bei Verstößen gegen Bestimmungen der Bauordnung. Auch irrtümliche Nichtbeachtung der Normen des § 10 II, 17 berechtigt zur Rücknahme der Erlaubnis, falls eine solche Gefährdung durch deren Aufrechterhaltung droht, „daß das öffentliche Interesse eine Remedur unabweisbar erheischt"[451]). Allein aus solchen Gründen gestattet das sächsische Recht den Widerruf nach Baubeginn[452]). Neue Bestimmungen, welche nach Baubeginn erlassen wurden, finden auf schon begonnene Bauten keine Anwendung[453]), es sei denn, daß das öffentliche Interesse ausnahmsweise dringend das Gegenteil fordert[454]). Wohl aber können derartige Bestimmungen den Widerruf vor Baubeginn rechtfertigen[455]). Man sieht, es sind Gesichtspunkte der Billigkeit und nicht der Logik[456]), welche die Verschiedenartigkeit der Entscheidungen rechtfertigen. Die versehentliche Aushändigung einer Naturalisationsurkunde durch die an sich zuständige Stelle, wenn von dem Irrtum „der zu Naturalisierende keine Kenntnis hatte und nach Lage der Sache auch keine Kenntnis haben konnte", beeinträchtigt nach Ansicht des OVG. die Rechtsgültigkeit des Akts so wenig, „wie bei der Ausstellung der Urkunde selbst vorgekommene Irrtümer"[457]).

Allerdings wird man nicht als gleichgültig ansehen können, worauf sich der Irrtum erstreckt. Nicht verpflichtend für den Staat dürfte daher etwa die irrige Erklärung bei der Anstellung eines Beamten sein, das Anfangsgehalt seiner Besoldungsgruppe betrage x M., während es sich in Wahrheit nur auf x—y M. beläuft[458]). Die entgegengesetzte Ansicht würde zu einem Ver-

[450]) OVG. 19, S. 385; 20, S. 397. Von ev. Pflicht zur Schadloshaltung des Beschwerten ist hier abgesehen.

[451]) OVG. 24, S. 350f.; s. a. OVG. 2, S. 422; 11, S. 370; 29, S. 392f.

[452]) § 157 des BauG. v. 1904. Entsprechend auch die preußische Praxis und Theorie; vgl. Schoen, a. a. O. S. 267.

[453]) OVG. 24, S. 365, unter Berufung auf die unannehmbaren Folgerungen einer etwa entgegengesetzten Ansicht; ferner OVG. 4, S. 361; 6, S. 316.

[454]) OVG. im Preuß. Verwaltungsbl. 26, S. 303.

[455]) OVG. 24, S. 364ff.

[456]) Daß die Begründung mitunter mehr oder weniger dialektisch ist, ändert daran nichts.

[457]) OVG. 55, S. 237.

[458]) Vgl. F. Müller: Die rechtliche Bedeutung der Willensmängel bei der Beamtenanstellung. Diss. Breslau 1916, S. 60.

trauensschutz des Begünstigten auch in Fällen führen, wo ein solcher weder als berechtigt noch als tragbar anerkannt werden kann[458a]). Auch dürfte schwerlich ein Anlaß vorliegen, bei Zustellung eines begünstigenden Akts an einen falschen Adressaten den letzteren die nicht für ihn bestimmte Rechtsposition erlangen zu lassen, selbst wenn er mit gutem Grunde sich für gemeint hielt[459]). Schließlich müssen von den Fällen unbeachtlichen Ermessensirrtums diejenigen geschieden werden, wo die Begünstigung durch offenkundiges Versehen, wie Verschreiben, Versprechen usw. erfolgte. Warum jemand einen ihm irrtümlich verliehenen Titel oder Orden, auf welchen er keinerlei Anrecht hat, unwiderruflich soll behalten dürfen, wie Kormann behauptet[460]), ist schlechterdings nicht einzusehen[461]).

Soweit der Widerruf einer Begünstigung wegen behördlichen Irrtums überhaupt zulässig ist, werden auch hier im Anschluß an die Regelung des § 78 RAbgO. die Folgen normalerweise ex nunc zu bestimmen sein.

γ) Die durch unlautere Mittel erlangte Begünstigung. Erscheint es billig, denjenigen tunlichst zu schützen, der gutgläubig infolge behördlichen Irrtums eine Rechtsposition erlangte, so entfällt dieser Gesichtspunkt durchaus, falls der Beteiligte[462])

[458a]) S. a. § 313f. ZPO.

[459]) Jellinek, S. 77; Tezner, S. 272f.; vgl. dagegen Kormann: System, S. 301ff.; preuß. Verw.-Bl. 41, S. 590f.; Müller, S. 59 und die bei Tezner genannten Entscheidungen des österr. Verwaltungsgerichtshofs. [460]) System, S. 381.

[461]) Braun: Arch. Öff.R. S. 554ff. hält Titel, Orden und Ehrenzeichen wegen Unehrenhaftigkeit und im öffentlichen Interesse für entziehbar. Vgl. ferner Plein: Willensmängel bei der Beamtenanstellung. Diss. Berlin 1921.

[462]) Nicht also ein Dritter ohne Vorwissen des Begünstigten. In diesem Sinne auch die Entsch. des österr. Verwaltungsgerichtshofs bei Tezner: Administrativverfahren S. 212; ferner Neuhäuser, S. 15; dagegen kann Neuhäusers Ansicht, daß fahrlässiges Nichtkennen dem Vorsatz gleichzustellen sei, als berechtigt nicht anerkannt werden. Denn diese Regelung ist dem Beteiligten gegenüber zu hart und in praxi geeignet, schlechthin den Widerruf bei eigenem Irrtum der Behörde zu ermöglichen. Auch widersprechen Neuhäusers Ansicht fast alle der von ihm herangezogenen Normen und Lehren, können insbesondere diejenigen Bestimmungen, wo aus Gründen öffentlichen Interesses bereits objektive Unrichtigkeit von Nachweisen den Widerruf rechtfertigt, bei der Verschiedenheit der ihnen zugrunde liegenden Idee die Zulässigkeit des Widerrufs wegen Fahrlässigkeit nicht begründen.

durch unlautere Mittel wie arglistige Täuschung, Drohung, Zwang oder Bestechung die Begünstigung erschlich.

Im § 78 der RAbgO. wird denn auch eine durch unlautere Mittel, wie Täuschung, Zwang, Bestechung vom Beteiligten veranlaßte, diesen begünstigende Verfügung für ex tunc rücknehmbar erklärt. Nur ex nunc widerruflich ist dagegen ein derartiger Akt, wenn das Vorhandensein tatsächlicher Verhältnisse, die für den Erlaß der Verfügung maßgebend waren, auf Grund unrichtiger oder irreführender Angaben des Beteiligten irrig angenommen wurden. Als Vorbild für obige Regelung der Reichsabgabenordnung diente dabei die badische VO. v. 31. August 1884, der zufolge die Behörde, von der eine Bewilligung oder Genehmigung erteilt wurde, berechtigt sein soll, den ergangenen Akt im Falle seiner Erschleichung abzuändern oder ganz aufzuheben. Die gleiche Befugnis wird auch der vorgesetzten höheren Behörde zugesprochen. Unbestimmter als die betreffende Normierung der Reichsabgabenordnung ist jene badische VO. insofern, als bei ihr sowohl das Subjekt der Erschleichung wie der Tatbestand der Erschleichung undefiniert bleibt, auch über die Art der Wirkung der Rücknahme sich nichts ausgeführt findet. Ihrem ganzen Aufbau nach erinnern die vorliegenden Bestimmungen der Reichsabgabenordnung an strafrechtliche Normierungen. Wer durch unlautere Mittel Begünstigungen erlangt, kann bestraft werden durch Entziehung derselben, wobei der Grad der Benachteiligung dem Grade des Verschuldens anzupassen ist.

Wenn der Gedanke nahe liegt, die obigen Bestimmungen der Reichsabgabenordnung über ihr ursprüngliches Geltungsgebiet hinaus analog anzuwenden, so gründet die Berechtigung hierzu offensichtlich in der Geltung einer Idee. Erschiene es nicht billig, derart erschlichene Begünstigungen stets wieder entziehen zu können, so würde niemand auf den Gedanken verfallen, die Frage darnach überhaupt aufzuwerfen. Wird also hier der Satz aufgestellt, daß durch unlautere Mittel erlangte Begünstigungen stets widerruflich seien, so ward derselbe gewonnen durch Verallgemeinerung einer Rechtsidee, er gründet in der Geltung dieser Idee und mag, insofern er in dieser Allgemeinheit sich nicht kodifiziert findet, immerhin als naturrechtlich bezeichnet werden[463]).

[463]) In seiner Monographie: Die Erschleichung rechtsgeschäftlicher Verwaltungsakte durch Täuschung der Behörden, Hamburg 1921, sucht

In aller Deutlichkeit liegt die eben aufgestellte Norm bereits einer der ersten Entscheidungen des OVG. zugrunde[464]). Das fragliche Urteil, welches in der Überschrift „Irrtum und Erschleichung“ einander gegenüberstellt, behandelt die Zurücknahme einer Erlaubnis zum Schankwirtschaftsbetriebe wegen Unrichtigkeit der Nachweise, auf Grund deren dieselbe erteilt wurde. Die Klage des Amtsvorstehers, dem Beklagten die Konzession als erschlichen zu entziehen, wird abgewiesen. Denn, wie das OVG. ausführt, sind „dem Kreisausschusse ... diejenigen Tatsachen wohl bekannt gewesen, von welchen die Beurteilung des Konzessionsgesuchs abhing; er ist wenigstens in Beziehung auf diejenigen Umstände, welche für seine Entschließung bestimmend sein konnten, nicht durch nunmehr als unrichtig erkannte Nachweise zu falschen Voraussetzungen veranlaßt worden, und selbst wenn bei Ausstellung der Konzessionsurkunde ein Irrtum vorgekommen sein sollte, so konnte dies doch dem Beklagten nicht zum Nachteil gereichen“.

Andererseits kann dem OVG. nicht zugestimmt werden, wo es das grundsätzlich von ihm anerkannte Prinzip des Widerrufes erschlichener Akte an dem Formalcharakter der Naturalisation

---

Neuhäuser den Nachweis eines Instituts amtlicher Anfechtung wegen Erschleichung zunächst auf deduktivem Wege zu erbringen. In Wahrheit hat dies Verfahren wie auch N.s sog. dritte Methode mit Deduktion nichts zu tun, bedeutet vielmehr die Gewinnung einer Norm aus Wertgesichtspunkten. Im übrigen wird Neuhäuser durch das bereits gewonnene Prinzip dazu verleitet, sein Institut der Täuschungsanfechtung bei Fortsetzung der Untersuchung auf induktivem Wege überall zu entdecken. Tatsächlich findet es sich so normiert in keiner einzigen der angezogenen Gesetzesstellen. Zu seinen Ergebnissen gelangt N. im wesentlichen entgegen einem „einseitig-positivistischen Standpunkt“ (S. 50, 34) durch „Zweckmäßigkeitsmomente und ruhige Interessenabwägung“ (S. 86). Insbesondere spielt der zugrunde gelegte Rechtsgeschäftsbegriff praktisch bei N. kaum eine Rolle.

[464]) 4, S. 293 v. 13. Mai 1878. Wiederum wird 55, S. 264 die Entziehung einer durch Täuschung erlangten Genehmigung als fraglos zulässig hingestellt. — Erscheint es billig, erschlichene Begünstigungen widerrufen zu können, dann müssen offenbar entsprechend auch arglistig entzogene Begünstigungen ungültig sein. Tatsächlich vertritt das RG. Z. 81, S. 107ff. diese Ansicht, wenn es den Pensionsanspruch eines Beamten anerkennt, dem bei eingetretener Dienstunfähigkeit nur darum gekündigt wurde, um ihm den Anspruch auf Pension abzuschneiden. Vgl. auch Brand: Das Beamtenrecht 1914, S. 37.

seine Grenze finden läßt[465]). Auch dürfte das OVG. in einer neuen Entscheidung seinen alten Standpunkt kaum aufrecht erhalten, da es andernfalls die erschlichene Naturalisation mit stärkeren Sicherungen umgeben würde, als diese nach Ansicht des RG. dem Urbild aller Formalakte, dem gerichtlichen Urteil zukommen[466]). Gerade diese Stellung des RG. und der seiner Ansicht im Ergebnis zustimmenden Literatur ist geeignet, dem hier aufgestellten, in der Rechtsgeltung einer Idee gründenden Satz von der Widerruflichkeit erschlichener Begünstigungen zu stützen. Als Rechtsmittel zur Beseitigung arglistig erschlichener rechtskräftiger Urteile[467]) wird von der ZPO. in gewissen Grenzen die Restitutionsklage gewährt. Keineswegs aber ist damit in allen Fällen arglistiger Urteilserschleichung die Möglichkeit der Restitutionsklage gegeben. Denn weder trifft notwendig einer der sieben Restitutionsgründe des § 580 zu, noch ist der Geschädigte stets in der Lage, binnen der fünfjährigen Frist Klage zu erheben[468]). Auch liegen nicht immer die Voraussetzungen des § 581 ZOP. vor, der ein vorgängiges rechtskräftiges Strafurteil gegen den arglistig Handelnden verlangt. Es ist bezeichnend, daß das RG., welches über den Umfang der Restitutionsklage hinaus eine Klage aus § 826 BGB. bei Erschleichung des Urteils gibt, eine eigentliche Begründung hierfür nicht hat finden können. Denn gerade weil aus Gründen der Gerechtigkeit und nicht getrieben durch den Zwang der Logik der oberste Gerichtshof zu seiner Stellungnahme kam, ist er bei dem Versuch, sie mit den herkömmlichen Mitteln aus dem Gesetz abzuleiten, über Widersprüche und Zirkel-

---

[465]) 13, S. 408ff., 27 S. 410ff., 55 S. 235ff.

[466]) Vgl. zum folgenden Nathan: Die arglistige Erschleichung eines Urteils. Diss. Breslau 1922, wie § 9 b β) vorliegender Arbeit.

[467]) Gedacht ist hier nur an den wichtigsten Fall, daß ein Urteil durch Arglist, etwa Vorlegung falscher Urkunden, zu einem unrichtigen gemacht wurde. Die arglistige Vollstreckung eines unrichtigen, aber ordnungsgemäß zustande gekommenen Urteils wie die Erschleichung der Rechtskraft fallen daher aus. Vgl. dazu Nathan, S. 32; Friedrichs: Verwalt-Rspfl., S. 1012ff.

[468]) RG. 61, 359ff. behandelt den Fall, wo jemand eine völlig unbegründete Klage gegen eine im Ausland befindliche Person, deren Adresse er genau kannte, durch öffentliche Zustellung erhob. Wie vorausgesehen, erfuhr der Beklagte weder etwas davon, noch kehrte er vor Ablauf der Restitutionsfrist zurück.

schlüsse nicht hinausgekommen[469]). Auch laufen sämtliche Versuche der Theorie, welche im Ergebnis den Standpunkt des RG. billigen, soweit irgendwo in die Irre[470]), als sie in logischer Weise dies Ergebnis ableiten wollen. Dagegen stützen Dernburg, Heim, Stammler, Förster-Kann, Sauer, Beling und Reichel[471]), welche ebenfalls der Entscheidung des RG. zustimmen, sich unter Verzicht auf haltlose Konstruktionen letzten Endes auf die Idee der Gerechtigkeit, welche das Zurücktreten des Vergewisserungszwecks dort fordert, wo es unbegründet, ja geradezu unsittlich wäre, an ihm festzuhalten. Gelangt demgegenüber Hellwig[472]) zu dem Ergebnis, daß rebus judicatis standum est, so wird damit die Rechtskraft zum absoluten Wert erhoben, eine Ansicht, welche als billigenswert schwerlich einleuchten dürfte[473]).

Erwies sich, wie eben gezeigt, die Idee der Gerechtigkeit als stark genug, bei flagranter Verletzung selbst die Rechtskraft des Urteils zu sprengen, so liegt erst recht kein Anlaß vor, in solchem Fall etwa die durch Drohung, Zwang oder arglistige Täuschung erschlichene Naturalisation oder Beamtenanstellung mit chinesischer Mauer zu schützen[474]). Ja, von ausländischen Rechten

---

[469]) So soll E. 46, 75ff., die Rechtskraft dem fundamentalen Satz, nach welchem vorsätzliche Rechtsverletzung zum Ersatz des daraus entstehenden Schadens verpflichte, weichen und wiederum nicht weichen. In Bd. 61, S. 358ff. dagegen, auf welches Urteil sich alle späteren beziehen, ist zwar von einem Zessieren der Rechtskraft die Rede, wird aber § 826 gleichzeitig als Grund und Folge hierfür hingestellt.

[470]) Vgl. dazu im einzelnen Nathan, S. 46ff.

[471]) Die fraglichen Literaturnachweise bei Nathan, a. a. O.

[472]) System, Teil I, S. 786. 1912,

[473]) Dem Einwand, daß aus den Vorschriften über das Wiederaufnahmeverfahren sich per argumentum e contrario die Unzulässigkeit einer so verallgemeinernden Actio doli ergäbe, kann mit derselben logischen Berechtigung die Behauptung zulässiger Analogie entgegengesetzt werden. Stützt man sich dagegen auf den Wertgesichtspunkt der Rechtsvergewisserung, so gilt das oben Ausgeführte. Daß nicht in jedem Falle das Prinzip der Rechtskraft zurücktreten darf, vielmehr nur dort, wo es ersichtlich den minderen Wert darstellt, wurde schon hervorgehoben. Eine actio quasi negatoria bei Erschleichung nimmt Hoeniger in DJZ. 1910, S. 1005 an.

[474]) So bringen auch weder Seydel: Hirths Ann. 1876, S. 139 noch Bucerius: Preuß. Verw.-Bl. 39, S. 251f., noch Josef, ebendort Bd. 41, S. 590 für ihre gegenteilige Ansicht eine eigentliche Begründung. Das Urteil des OVG. legt Keller-Trautmann: Komm. zum Staatsangeh.G.,

verpflichtet das amerikanische Naturalisationsgesetz die zuständigen Behörden geradezu, für Außerkraftsetzung betrügerisch erlangter Bürgerbriefe zu sorgen[475]). Auch in der Literatur ist die Ansicht weit verbreitet, daß Akte, deren Herbeiführung durch unlautere Mittel erfolgte, anfechtbar seien, wobei allerdings Formalakte mitunter ausgenommen werden[476]). Soweit der durch unlautere Mittel herbeigeführte Zustand an sich gesetzwidrig ist und dadurch der Widerruf der Begünstigung gerechtfertigt und geboten erscheint, spielt der Widerruf wegen Erschleichung naturgemäß keine selbständige Rolle. Auch läßt sich die Ansicht vertreten[477]), daß insbesondere bei der erschlichenen Beamtenanstellung die Entlassung des Beteiligten im Disziplinarwege wohl stets zulässig sei, es daher einer besonderen Anfechtung nicht bedürfe. Aber abgesehen davon, daß wenigstens nach preußischem Recht[478]) eine Entlassung grundsätzlich nur wegen unwürdigen Verhaltens im Amte gestattet ist[479]), liegt wohl kein Anlaß vor, das generell angenommene Institut des Widerrufs wegen Erschleichung dort auszuschließen, wo möglicherweise auf Umwegen ein ähnliches Ergebnis[480]) sich erreichen läßt. Die Folgen des Widerrufs durch unlautere Mittel erlangter Begünstigungen wer-

---

S. 216 zugrunde. Wenig überzeugende Ausführungen bei Elsner: Die Fehlerhaftigkeit des Staatsakts bei der Entlassung aus dem Staatsverbande, Diss. Breslau 1923, der S. 68 selbst den Widerruf einer fehlerhaften Entlassung wegen deren Formalcharakters für unzulässig erklärt.

[475]) Hartmann, in Hirths Ann. 1917, S. 784; entsprechend die Schweizer Praxis nach Fleiner, a. a. O. S. 199, Anm. 17.

[476]) Bezüglich der erschlichenen Naturalisation weist schon Landgraf: Hirths Ann. 1876, S. 1029 auf die Unbilligkeit des von jenem eingenommenen Standpunkts hin. Widerruf bei jeder arglistigen Beeinflussung nimmt W. Jellinek, S. 159 an. Vgl. ferner Loening: Verw.R., S. 245; O. Mayer, I, S. 306; Kormann, S. 298ff.; Scholz: Verw.-Arch. 23, S. 227; Katz: a. a. O.; Vogels, S. 263ff.; Fleiner, S. 198; Schoen, S. 268, der allerdings Formalakte für unwiderruflich hält und hier die Naturalisation nennt und vor allem Neuhäuser a. a. O. s. a. RG. Z. 83, 433; 96, 240. Im Falle von Schiebungen beim Wohnungstausch widerrufen die Berliner Wohnungsämter die Tauschgenehmigung. Körner-Hoffmann: Wie arbeitet das Wohnungsamt? 1923, S. 36.

[477]) Dies tut neuestens Müller: a. a. O. S. 64ff.

[478]) Anders Bad. BeamtenG. § 84.

[479]) Allerdings legt der Disziplinarhof die betreffenden Normen extensiv aus; vgl. Dultzig: Disz.-Ges. 1914, S. 45.

[480]) Entlassung im Disziplinarverfahren hätte nur Folgen ex nunc.

den entsprechend § 78 der RAbgO. ex tunc zu bestimmen sein, falls dies der Schwere der Verfehlung entspricht. Inzwischen ordnungsmäßig ergangene Amtshandlungen müssen dagegen aus Gründen der Verkehrssicherheit als gültig anerkannt werden[481]).

Zu behandeln bleibt noch der Fall, wo als Objekt der unlauteren Einwirkung nicht ein einzelner, sondern ein Kollegium in Frage kam. Hier erscheint es billig, den Widerruf der Begünstigung selbst dann zuzulassen, wenn auch nur ein Mitglied des Kollegiums etwa bestochen wurde und dessen Stimme bei der Entscheidung nicht den Ausschlag gab. Anders dagegen wird der Irrtum einzelner Mitglieder des Kollegiums den Widerruf einer Begünstigung nur dann rechtfertigen können, falls jene irrig abgegebenen Stimmen quantitativ oder qualitativ[482]), tatsächlich oder voraussichtlicherweise das Ergebnis der Abstimmung entscheidend beeinflußten[483]).

Hervorgehoben sei bei dieser Gelegenheit, daß nach heutigem Völkerrecht Zwang[484]), Drohung oder Täuschung die Geltung völkerrechtlicher Verträge nicht beeinträchtigen, soweit sich die unlautere Einwirkung nicht gegen das ratifizierende oder verhandelnde Organ als solches richtet[485]). Dabei kann der Grund für diese Tatsache allein in dem sittlichen Tiefstand des Völkerrechts gesehen werden, welcher es als zurzeit noch zwecklos erscheinen läßt, hier Rechtsideen zugrunde zu legen, an deren innerstaatlicher Geltung kaum jemand zweifelt[486]). Immerhin werden

[481]) Im Falle des falschen Bürgermeisters von Köslin wurden die unter dem Vorsitz des Betrügers ergangenen Entscheidungen des Gewerbegerichts durchweg als gültig angesehen. Bundesamt für Heimatwesen in DJZ. 1914, Sp. 884f.; Hachenburg: ebendort Sp. 677; Buchka: ebendort Sp. 851, der seinerseits Kohler zitiert. Vgl. insbesondere auch Neuhäuser: a. a. O.; ferner Müller: a. a. O. S. 51; Plein: S. 109.

[482]) Etwa der Irrtum eines Referenten, dessen Votum einem Kollegialbeschluß zugrunde gelegt wird.

[483]) Plein: a. a. O. S. 92ff. Vgl. auch die entsprechende Praxis bei der Prüfung von Wahlen S. 76 der Arbeit. Ferner Gießner: S. 61.

[484]) Grosch: Der Zwang im Völkerrecht, 1922.

[485]) Vgl. dazu insbesondere die Königsberger Diss. von Schliffke: Die Bedeutung von Willensmängeln beim Abschluß völkerrechtlicher Verträge, 1922.

[486]) Die Rechtsgeltung innerstaatlicher Ideen überträgt aufs Völkerrecht Beling: Versailler Frieden und dtsch. Rechtspflege. 1919, S. 16. Dagegen Schliffke: S. 69.

auch im Völkerrecht von einer Anzahl Autoren Verträge als nichtig angesehen, welche allgemein anerkannten Kulturwerten völlig zuwiderlaufen. Für ungültig erklärt so Bluntschli[487]) die Rechtloserklärung der Fremden, Glaubensverfolgungen, Sklavereiverträge, gewaltsame Unterdrückung eines lebensfähigen, Staates. Und weniger kasuistisch hält Hallek Verträge, die aller Gerechtigkeit und allen Menschenrechten Hohn sprechen, für nichtig[488]). Als nichtig werden aber auch im Verwaltungsrecht Begünstigungen anzusehen sein, bei denen, wie im Falle der vis absoluta, von einer bloßen Beeinträchtigung der Willensfreiheit nicht mehr gesprochen werden kann. Dagegen wird man andererseits sagen dürfen, daß der Widerruf einer fehlerhaften, gutgläubig erlangten Begünstigung, den das öffentliche Interesse nicht dringend fordert, soweit überhaupt[489]), nur innerhalb angemessener Frist seit Kenntnis des Mangels erfolgen darf[490]).

§ 10. Das Verfahren teleologischer Rechtsauslegung im Sinne vorliegender Arbeit und der Methodenstreit der Rechtswissenschaft.

Im Jahre 1891 stellt G. Rümelin[491]) in seiner Freiburger Rektoratsrede fest, daß allgemein die Ansicht verbreitet sei, die Rechtsauslegung bedeute einen logischen Prozeß. Wenn Rümelin demgegenüber die Unsicherheit der Auslegung hervorhebt und diese auf Verschiedenheiten der Werturteile zurückführt, so ist er sich eigentlicher Vorgänger nicht bewußt[492]). In seiner Tübinger Rektoratsrede[493]) vom Jahre 1920 erklärt M. Rümelin dagegen, daß neuerdings immer mehr die Erkenntnis Platz greife, wie groß die Zahl der Fälle sei, in denen unmittelbar dem Gesetz eine Antwort nicht entnommen werden könne. Wesentlich in das

[487]) Das moderne Völkerrecht, 1878, S. 237 ff.; Schliffke: S. 95.

[488]) Schliffke: a. a. O. [489]) Vgl. Anm. 430 der Arbeit.

[490]) Ähnlich Tezner: Administrativverfahren, S. 212, der „Zurückstellung des Formalismus hinter den Gesichtspunkt der Zweckmäßigkeit" fordert. Vgl. auch OVG. 5, S. 20 ff. In Anlehnung an das Privatrecht fordert Plein, S. 114 ff. bei Irrtum unverzügliche, bei arglistiger Täuschung, widerrechtlicher Bedrohung und Bestechung Anfechtung in angemessener Frist. Dagegen nimmt Kormann: System, S. 314 unbefristetes Anfechtungsrecht an.

[491]) Werturteile und Willensentscheidungen im Civilrecht.

[492]) S. 29. [493]) Die Gerechtigkeit, S. 11.

Menschenalter zwischen diesen Jahren fällt der große Methodenstreit der Rechtswissenschaft.

Diesen Methodenstreit in ganzer Breite zu entfalten, bietet vorliegende Untersuchung weder Raum noch Anlaß. Insofern aber das Spezialproblem des fehlerhaften Staatsakts sich rein logischer Behandlung unzugänglich erwies, erscheint es geboten, dem hierbei am Einzelfall herausgewachsenen Verfahren wenigstens grundsätzlich seinen juristischen Ort anzuweisen. Wie früher ausgeführt, bedeutet nach hier vertretener Ansicht der Wille des Gesetzgebers eine Idee, der diejenige Rechtsauslegung jeweils entspricht, welche aus irgendwelchen Gründen als wertvollste sich darstellt. Eine Ansicht, die jedenfalls mit dem ursprünglichen Programm des Rechtspositivismus unvereinbar ist. Denn die Einführung des Wertes als Richtpunkt der Rechtsfindung widerspricht durchaus der Stellung, welche der Rechtspositivismus gemäß dem Prinzip der Dreiteilung der Gewalten dem Richter anweist[494]). Da nämlich nach Ansicht des Rechtspositivismus die richterliche Gewalt derart der Legislative unterworfen ist, daß jede Freiheit bei der Rechtsanwendung grundsätzlich entfällt, müssen aus diesem in sich logisch geschlossenen, lückenlosen System alle Wertgesichtspunkte, die im Gesetz selbst nicht ihren klaren Ausdruck finden, als normtranszendent verwiesen werden[495]). Aus demselben Grunde kommt aber auch dem Tatbestand eine selbständige Bedeutung nicht zu[496]). Vielmehr fordert die vorausgesetzte Möglichkeit, stets eine Entscheidung der positiven Norm entnehmen zu können[497]), geradezu ein logisch deduktives Verfahren der Rechtsauslegung. Andererseits wiederum liegt die Norm, vom Standpunkt des Auslegenden betrachtet, zeitlich zurück, weswegen ihre historisch-philologische Erfassung, zumal unter der Herrschaft des gemeinen Rechts, erforderlich scheint.

---

[494]) Radbruch, Archiv f. Sozialwissenschaft u. Sozialpolitik, 1906, S. 355ff. Stampe: Die Freirechtsbewegung, 1911, S. 8ff. Über die Art, in welcher man die Gewaltenteilungslehre logisch auszudeuten sucht, wie über die sich hierbei ergebenden Antinomien s. v. Hippel: Die Lehre Montesquieus, a. a. O. S. 86ff.

[495]) Laband: Arch. Öff.R. 2, S. 317.

[496]) Kantorowicz: Rechtswiss. und Soziologie. Schr. d. dtsch. Ges. f. Soziol. I, S. 278, 1911; Ehrlich: Jur. Logik, 1918, S. 193.

[497]) Vgl. die eigentümliche Formulierung dieses Gedankens bei Bergbohm: a. a. O. S. 381.

Wurde aber der Wertgedanke so für normtranszendent erklärt, nur für den Gesetzgeber, nicht für den Richter von Bedeutung, sprengte doch in Wahrheit von vornherein die stets anerkannte Notwendigkeit und Zulässigkeit von Analogie und argumentum e contrario das logische System. Da im übrigen der Rechtspositivismus, zum mindesten in der Mehrzahl seiner Vertreter, so gut wie die neuere Richtung dem Leben dienen wollte[498]), bestand von Anfang an eine Spannung zwischen Methode und Ziel. Die tatsächliche Unmöglichkeit logischer Rechtsauslegung schließlich forderte und begünstigte jene dem Positivismus eigentümlichen Verfahrensarten, die unter sich äußerst verschieden nur insofern zusammengehören, als sie dem Programm des Positivismus entsprechend ateleologisch sind. Von diesen Verfahrensarten seien hier wenigstens diejenigen angegeben, welche im Laufe vorliegender Untersuchung sich als für die Behandlung des fehlerhaften Staatsakts bedeutungsvoll ergaben. Es begegnete da zunächst jene von Ihering als naturhistorisch, von Baumgarten[499]) als Transponierungsverfahren bezeichnete Methode, welche in einer Verkörperlichung von Rechtsbegriffen besteht. Es entspricht dieser Methode, wenn das Institut der Nichtigkeit, das die Verweigerung von Rechtsfolgen auf Grund verschiedenartiger Wertgesichtspunkte bezweckt, in seinen rechtlichen Beziehungen den ontologischen Möglichkeiten toter Körper angeglichen wird[500]). Nahe dem Transponierungsverfahren steht weiter die Gleichsetzung von Rechtsbegriffen mit solchen der Naturwissenschaften, demzufolge etwa der juristische Begriff der Willenserklärung mit dem psychologischen vertauscht[501]) oder aus einer Einteilung nach naturwissenschaftlichen Gesichtspunkten[502]) rechtliche Fol-

[498]) So erklärt Windscheid in seiner Rektoratsrede vom 31. Oktober 1884: „Wir wissen, daß die Rechtswissenschaft dazu da ist, um mitzuwirken, daß ein Recht vorhanden sei und ein Recht gesprochen werde, welches menschliche Interessen und Bedürfnisse, wie sie immer in dieser Zeit und an diesem Ort begriffen werden, zu befriedigen imstande ist.“ Zit. bei Heck: Gesetzesauslegung und Interessenjurisprudenz, 1914, S. 310, Anm. 481.

[499]) I, S. 379.

[500]) Siehe § 2 der Arbeit.

[501]) § 3 der Arbeit. Der rechtliche Psychologismus fand übrigens seine Wurzel in der zeitgenössischen Philosophie, einen gewissen Anhalt an der weitverbreiteten und viel zitierten Logik Sigwarts.

[502]) § 4 der Arbeit. Hierher gehört auch die Verwandlung des rechtlichen Grund-Folgeverhältnisses in ein Verhältnis von Ursache und Wir-

gerungen gezogen werden. Es gehört weiter hierher das von Heck als Inversionsmethode bezeichnete Verfahren[503]), welches in einer Verselbständigung und normativen Verwendung von Abstraktionsbegriffen besteht. So sollen etwa im öffentlichen Recht die Normen über Rechtsgeschäfte darum anwendbar sein, weil es die als Rechtsgeschäfte bezeichneten Tatbestände angeblich auch im öffentlichen Recht gibt[504]). Da ferner die naturwissenschaftliche Bildung von Rechtsbegriffen am zu subsumierenden Tatbestand eben diese Merkmale zu entdecken fordert[504a]), wird etwa die nach teleologischen Gesichtspunkten erfolgende Scheidung der Rechtsgeschäfte von den Rechtshandlungen nach psychologischen Anzeichen vorgenommen, die in Wahrheit gar nicht vorhanden sind[505]). Schließlich tritt hinzu jenes von den Gegnern als scholastische Dialektik[506]) bezeichnete Verfahren, welches wiederum mannigfach verschieden seinen Kern nach in dem Versuch besteht, Entscheidungen, die sich nur teleologisch einleuchtend machen lassen, als logisch abgeleitet zu erweisen[507]).

Die Herausstellung des Zweckmoments durch Jhering wie die Bekämpfung der subjektiven durch die objektive Theorie der Rechtsauslegung bedeuten den ersten Vorstoß gegen den logischen wie den historischen Zweig des Rechtspositivismus. Die Zerstörung des Glaubens an die Lückenlosigkeit des Rechts durch Jung[508]),

---

kung, wie ferner die Gleichsetzung praktischer und rechtlicher „Unmöglichkeit" durch Kormann. Ersteres ist etwa dort der Fall, wo statt von Rechtsfolgen von Rechtswirkungen gesprochen wird und die Unerwünschtheit von Rechtsfolgen ex tunc mit der Unmöglichkeit, den Kausalzusammenhang umzukehren, begründet wird. So z. B. Sulser: a. a. O., S. 20 unter Berufung auf v. Tuhr.

503) Das Problem der Rechtsgewinnung, 1912, S. 14ff.; Baumgarten: a. a. O. S. 395.

504) So etwa Vogels: Verw.-Arch. 27, S. 249. Gegen dies Abstraktionsverfahren vgl. Heck: DJZ. 1909, Sp. 1458; Ehrlich: Jur. Logik, S. 245ff.; Frhr. v. Schwind: Iherings J. 1919, S. 7; Felix Kaufmann: Logik und Rechtswissenschaft, S. 51ff.

504a) In dieser Richtung liegt, was Stampe, a. a. O. S. 17ff. über Falschsubsumption und Tatbestandsfiktion ausführt.

505) § 3 der Arbeit. 506) Vgl. etwa Gmelin: Quousque? 1910.

507) § 5 der Arbeit. Ehrlich: Jur. Logik, S. 299. Hierher gehört auch das Verfahren G. Jellineks, Die Lehre von den Staatenverbindungen, 1882, S. 34ff., aus dem Begriff der Souveränität ein Recht der Souveränität zu schließen. Vgl. auch dagegen Nelson, Die Rechtswissenschaft ohne Recht, 1917, S. 57ff.

508) Die logische Geschlossenheit des Rechts, 1900.

Ehrlich[509]) und Zitelmann[510]) hat den Rechtspositivismus in seiner alten Form wenigstens theoretisch aufgehoben. Denn mit dem Nachweis, daß wenn überhaupt, doch nur in gewissen Grenzen eine logische Ableitung der Entscheidung möglich sei[511]), fiel der Rechtspositivismus selbst, dessen Rückgrat eben diese widerlegte Annahme bildet[512]). Hatte schon G. Rümelin[513]) betont, daß der Analogie Werturteile zugrunde liegen, so wurde nunmehr von Praktikerseite energisch die tatsächliche Unmöglichkeit des Subsumptionsverfahrens festgestellt[514]). Man wies darauf hin,

---

[509]) Freie Rechtsfindung und freie Rechtswiss., 1903.

[510]) Lücken im Recht, 1903. Literatur über das Lückenproblem bei Heck: Gesetzesausl., S. 157 und Somlo: a. a. O. S. 403 ff. Eine Behandlung desselben vom Boden Zitelmanns aus durch Herrfahrdt: Lücken im Recht. Diss. Bonn 1915.

[511]) Da die Rechtsbegriffe keine Zahlen seien, könne die Auslegung nach ihnen nicht errechnet, sondern nur durch Würdigung der im Rechtssatz und Tatbestand vorliegenden Werte vollzogen werden, erklärt Eugen Huber in Zeitschr. f. Rechtswiss. 1921, S. 290 ff. Die Notwendigkeit, auch beim Schweigen des Gesetzes zu entscheiden, kann allerdings nicht logisch nachgewiesen werden (Somlo: S. 399 ff.), bildet aber ein Grundaxiom auch des Rechtspositivismus.

[512]) Eine Kritik des staatsrechtlichen Positivismus gibt neuestens Laun: Arch. f. Öff. R. 1922, S. 145 ff. So sehr derselben grundsätzlich hier zugestimmt wird, kann doch die anscheinend von Laun vertretene Ansicht der objektiven Gleichwertigkeit aller subjektiven Werturteile als richtig und letztmöglicher Standpunkt nicht anerkannt werden. Derselben Ansicht wie Laun ist offenbar auch Thoma: Arch. f. soz. Wiss. u. Soz.-Pol. 1923, S. 276. Insbesondere gründet die Geltung einer Rechtsauslegung nicht in einem subjektiven Werturteil, sondern in der Rechtsgeltung objektiver Werte, die ihrerseits erst dem subjektiven Werturteil Berechtigung geben können. Dies wird auch dadurch nicht anders, daß es nicht selten unmöglich ist, eine Auslegung als wertvollere zu erkennen oder einleuchtend zu machen, namentlich wegen der Schwierigkeit richtiger Tatsachenbewertung. An dem Streben nach strenger Wissenschaftlichkeit, das stets gefordert zu haben eines der Hauptverdienste des Rechtspositivismus darstellt, muß vielmehr auch den Wertproblemen gegenüber unbedingt festgehalten werden. Dann aber steht das subjektive Werturteil am Anfang und nicht am Ziel des neuen Weges. Unbegründet ist, wenn: Prolegomena zur Rechtsphilosophie. Allgemeiner Umriß einer Rechtstheorie von einem Landsturmmann, 1915 S. 23 aus der Erkenntnis durch ein Subjekt auf die Subjektivität der Erkenntnis geschlossen wird.

[513]) a. a. O. S. 39.

[514]) Gmelin: a. a. O. Ein Praktiker und Theoretiker wie Tezner bezeichnet (Österr. Zeitschr., a. a. O. S. 19) die Ansicht, daß der Richterspruch eine logisch-exakte Subsumption des Einzelfalles unter das Gesetz

daß auch im Begriffshimmel keine Objektivität herrsche[515]), im Gegenteil Neigung zur Eigenmacht und willkürlichen Gesetzesänderung[516]) und man entdeckte weiter, wie in Wahrheit ein teleologisches Verfahren sich unter pseudologischem Gewande verberge[517]). Schließlich bekämpfte man die philologische Methode und den Historismus der alten Schule[518]).

Dem Kern dieser Kritik hat der Rechtspositivismus ernsthafte Argumente nicht entgegenzustellen vermocht. Zwar wehrten sich seine Vertreter mit Recht gegen formelle und materielle Übertreibungen der Reformer[519]), betonten die Bedeutung wissenschaftlicher Begriffe überhaupt[520]), wie der Rechtsbegriffe insbesondere[521]) und wiesen auf unbestreitbare Unklarheiten der gegnerischen Stellung hin[522]). Soweit man im übrigen aber, nicht ganz ohne Grund[523]), erklärte, niemals derart verfahren zu sein,

sei, als Köhlerglauben. Nicht ein Kampf um die Schlußformeln der Logik, sondern um Ideen spiele sich in den Beratungen ab, und herrschend sei die Persönlichkeit des großen autoritativen Richters. Mezger: Sein und Sollen im Recht, 1920, S. 106 hält sogar Ausschluß der Eigenwertung des Richters aus logischen Gründen für unmöglich. Im Anschluß an Gedanken Bülows hebt Rumpf, Gesetz u. Richter, 1906, die schöpferische Tätigkeit der Rechtsprechung hervor. Über das nichts weniger wie logische Verfahren der Rechtsauslegung in Frankreich vgl. etwa Perveau, Technique de la jurisprudence en droit privé, I. Paris 1923 S. 28ff.

[515]) Stampe: Unsere Rechts- und Begriffsbildung, 1907, S. 37; Gmelin: S. 6. Vgl. ferner Müller-Erzbach: Die Relativität und ihre Begrenzung durch den Zweck des Gesetzes, 1913.

[516]) Stampe: Freirechtsbewegung, S. 13ff.

[517]) Ein von Fuchs als kryptosoziologische Methode bezeichnetes Verfahren.

[518]) Fuchs: Die Gemeinschädlichkeit der konstruktiven Jurisprudenz, 1909, S. 8. Wieland: Die historische und die kritische Methode in der Rechtswissenschaft, 1910.

[519]) Unger in DJZ. 1906, Sp. 781 ff.; Bülow u. Klein in: Das Recht, 1906, Sp. 769ff., 916ff.; Mitteis in: DJZ. 1909, Sp. 1038ff.

[520]) Hölder in: DJZ. 1909, Sp. 1026ff. Dagegen Fuchs: DJZ. 1910 mit der Erklärung, den Wert wissenschaftlicher Begriffsbildung keineswegs anzuzweifeln.

[521]) Sohm in: DJZ. 1909, Sp. 1021. Mit Recht bemerkt Heck, ebenda, Sp. 1457ff. daß auch die Reformer die Bedeutung der Rechtsbegriffe gar nicht bestritten.

[522]) Vierhaus: DJZ. 1909, Sp. 1175, der es aber für möglich hält, den Rechtsbegriff gleichsam auf das Tatbestandsbild zu legen.

[523]) Über die Art, in der bereits Bartolus verfuhr, vgl. Kantorowicz (Gnaeus Flavius): Der Kampf um die Rechtswissenschaft, 1906.

wie die neue Richtung es darstellte[524]), gab man damit bereits implicite das positivistische Programm preis und stellte sich auf den Boden der Gegner[525]). Völlig auf diesem Boden spielt sich bereits der nunmehr entbrennende Kampf um die Art der Bindung des Richters an die Norm ab. Denn wenn etwa die „Freirechtlerei auch wider das Gesetz" von Bierling[526]) abgelehnt wird, durch den Hinweis auf die chaotischen Zustände, zu welchen ihre Zulassung führen müsse, so stützt sich Bierling hierbei auf einen Wert, dessen Geltung im übrigen auch die Reformer grundsätzlich stets anerkannt haben[527]).

Mit der Zerstörung des Glaubens an die schrankenlose Möglichkeit logischer Rechtsauslegung sind aber nicht nur die Reformer, sondern ist die Rechtstheorie überhaupt vor neue Schwierigkeiten geraten, Schwierigkeiten, die nicht nur von ihrer Überwindung gegenwärtig noch entfernt sind, sondern welche auch in ihrer Eigenart vielfach verkannt werden. Eine Tatsache, die einen der Hauptgründe für zahlreiche Methodenstreitigkeiten der heutigen Rechtswissenschaft bilden dürfte.

---

[524]) Als eigentliches Argument des Positivismus geben dies Heck und Wimpfheimer auf dem ersten Soziologentag an. Vgl. die Verhandl. a. a. O. S. 317, 321.

[525]) So findet Sohm: DJZ. 1910, Sp. 114 zwischen sich und Heck keinen grundsätzlichen Gegensatz, erklärt vielmehr, daß die Auslegung der Rechtssätze nach der ihnen zugrunde liegenden „praktischen Idee" zu erfolgen habe und die „Interessenabwägung" über ihren Inhalt entscheide. Im Jahre 1914 bezeichnet Danz: DJZ. 1914, Sp. 7ff. die Ansicht, nach welcher der Richter Lücken auszufüllen hat, als herrschend.

[526]) Jur. Prinzipienlehre IV, S. 295, 1911.

[527]) Den wenigen Ausnahmen kommt weder praktisch noch theoretisch eine Bedeutung zu. Vgl. im übrigen Kantorowicz: Die contra-legem-Fabel, DRZ. 3, S. 256ff.; Ehrlich: in Iherings J. 1917, S. 48ff.; Heck: Gesetzesauslegung, S. 14. Wenn Stampe: Freirechtsbewegung, S. 28, bei drohender Massenkalamität unter allerhand Kautelen eine richterliche Befugnis zur Gesetzesänderung annimmt, so steht er praktisch auf dem Boden der herrschenden Lehre. Im übrigen erklärt auch Sohm: DJZ. 1910, Sp. 115, es gäbe „einen Notstand, in welchem die Rechtsprechung gegen das Gesetz geradezu die richtige und darum sich siegreich als Recht durchsetzende (rechtsändernde) Rechtsprechung" sei. Einen Versuch, „das Recht der logischen und der teleologischen Betrachtungsweise gegeneinander abzugrenzen", macht neuerdings Kretzschmar: Iherings J. 1917, S. 249ff., 277. Siehe auch Friedrichs: Grundsätze der Auslegung in JW. 1921, S. 878ff.

Solange die Subsumptionstheorie in ihrer alten Form schrankenlos herrschte, bot wenigstens theoretisch die Gewinnung der auszulegenden Norm keine Probleme. Denn das stete Vorhandensein eines Rechtssatzes bildet ja ein Grunddogma des Positivismus. Mit dem Moment aber, in dem das Bestehen unbestimmter Rechtsbegriffe zugegeben wird, fragt sich, welche der möglichen, nun nicht mehr logisch ableitbaren Auslegungen richtig ist. Eine Frage, auf welche sich eine begründete Antwort offenbar erst dann geben läßt, wenn vorher Klarheit darüber herrscht, worin eigentlich der Geltungsgrund einer nicht logisch aus der Norm abgeleiteten Entscheidung überhaupt bestehen kann. Von den Reformern wie ihren Gegnern wurde dieser Gesichtspunkt wenig beachtet. Vielmehr schritten die ersteren einfach dazu, in Abkehr von der Begriffsjurisprudenz die richtige Entscheidung aus den sozialen Verhältnissen ableiten zu wollen, weswegen das Schwergewicht juristischer Arbeit von ihnen geradezu auf das Gebiet der Gesellschaftswissenschaften, insbesondere Soziologie, verlegt wurde. Erwarteten doch Ehrlich u. a. gar, die Rechtswissenschaft werde sich aus einer praktischen Disziplin noch zu einem Zweige der Soziologie entwickeln[528]. Entsprechend liegt auch bei Fuchs, wie Stillschweig[529] neuestens mit Recht hervorhebt, der wesentliche Nachdruck auf der Bedeutung der Tatsachenwelt. Schließlich steht Sander, wenn nicht in der Methode, zum mindesten im Ergebnis dieser Richtung nahe.

Auch der Interessenjurisprudenz in ihren verschiedenen Abschattungen liegt im großen und ganzen ein Verfahren zugrunde, das, da es Herkunft wie Geltung der nicht logisch abzuleitenden Entscheidungen letzten Endes auf die Erfahrung stützt, als Rechtsempirismus bezeichnet werden kann. Dementsprechend erklärt etwa Heck die Interessenforschung geradezu als Hauptaufgabe der Rechtswissenschaft[530]. Der Gesetzgeber selbst wird

---

[528] Vgl. Ausführungen und Literatur bei Kantorowicz: Rechtsw. u. Soziol., a. a. O. S. 302. In seinen letzten Schriften teilt übrigens Ehrlich den oben gekennzeichneten Standpunkt nicht. S. ferner Kornfeld: Soz. Machtverhältn., 1911; Wurzel: Das juristische Denken, 2. Aufl., 1924 S. 14, nach dem die Normen, auf welche die Auslegung zurückgeht, Naturgesetze und keine Rechtsgesetze sind.

[529] JW. 1920, S. 10.

[530] Gesetzesausl., S. 65. Dagegen Sohm: DJZ. 1910, Sp. 117. Eine kritische Auseinandersetzung mit Erich Jung: Das Problem des natür-

zu einer zusammenfassenden Bezeichnung für die kausalen Interessen, sein Wille von einem psychologischen zu einem Interessenbegriff[531]). Die Grundsätze der Gesetzesauslegung sollen gefunden werden durch Prüfung der möglichen Verfahrensformen auf ihre Interessenwirkung, auf ihren Lebenswert[532]), und zum Endziel richterlicher Fallentscheidung wird die Befriedigung „der in der Rechtsgemeinschaft vorhandenen Begehrungen und Begehrungstendenzen, der materiellen wie der idealen“[533]). Als „Kern der Interessenjurisprudenz“ aber erscheint die Erkenntnis, daß die Gesetze „Resultanten der in der Rechtsgemeinschaft einander gegenübertretenden und um Anerkennung ringenden Interessen materieller, nationaler, religiöser und ethischer Richtung“[534]) seien. Anhaltspunkte für die Auslegung schließlich soll eine Untersuchung der „Handlungen des praktischen Lebens und anderer Wissenschaften in ihrer psychologischen und logischen Eigenart“[535]) liefern, wonach dem Richter im Verhältnis zum Gesetzgeber diejenige Stellung angewiesen wird, die das regelmäßig geforderte Verhalten des Dieners kennzeichnet[536]). Es wurde früher hervorgehoben, daß dort, wo eine logische Rechtsauslegung sich als unmöglich erweist, die trotzdem getroffene Entscheidung auch anders nicht als notwendige Konkretisierung des Gesetzes erwiesen werden kann, sich unabweisbar die Frage nach dem sonstigen Geltungsgrund einer solchen Entscheidung aufdrängt. Eine Antwort auf sie vermag der Rechtsempirismus in keiner seiner Formen zu geben[537]). Zwar ist es historisch betrachtet richtig, daß die Gesetze in vieler Hinsicht als Resultanten kämpfender Interessen sich darstellen. Aus diesem genetischen Vorgang, den im

---

lichen Rechts, 1912, nimmt von fachphilosophischer Seite Münch in Zeitschr. f. Rechtsphilosophie, 1914, S. 122 vor. Münch weist hier nach, wie Jung das Problem der Rechtsgeltung mit dem der Rechtsentstehung verwechselt, damit aber vor die unlösbare Aufgabe gerät, einem Wertproblem psychogenetisch beizukommen.

[531]) S. 8.

[532]) S. 10. Nach Rechtsgewinnung, S. 7, soll „dem biologischen Rechtsbedürfnisse“ genügt werden.

[533]) S. 11. [534]) S. 17. [535]) S. 23. [536]) S. 21.

[537]) Vgl. Stammler: Rechts- und Staatstheorien der Neuzeit, 1917, S. 73ff.; Somlo: Jur. Grundlehre, 1917, S. 415ff.; ferner S. 59ff. der Arbeit und von fachphilosophischer Seite vor allem Husserls Kritik der naturalistischen Philosophie. Log. Unters. I, 1900, und Logos 1911, S. 289ff.

übrigen auch der Rechtspositivismus keineswegs bestreitet, folgt jedoch für die Rechtsauslegung unmittelbar nichts. Auch Feststellung der realen Interessen selber, so wichtig deren Kenntnis als Material sein kann, vermag eine Auslegung als berechtigt nicht zu begründen. Wenn vielmehr der Rechtsempirismus mit seinen Mitteln die Methode der Rechtsauslegung zu schaffen sucht, überschreitet er den Kreis der für ihn lösbaren Aufgaben. Denn die Berechtigung einer Auslegung, welche nicht unmittelbar aus dem Gesetz sich ergibt, kann nur auf Rechtswerte, auf Ideen zurückgeführt werden, deren Geltung historisch-psychologisch oder soziologisch nicht begründet werden kann[538]). Läßt sich aber die Geltung einer teleologisch gefundenen Entscheidung nicht auf Erfahrung stützen, dann bedarf der Rechtsempirismus seiner Ergänzung durch ein Verfahren, das im Anschluß an die entsprechenden ethischen Richtungen als Rechtsapriorismus bezeichnet werden mag. Nur auf eine apriorische Werterkenntnis irgendwelcher Art läßt sich mit anderen Worten die Geltung teleologisch gefundener Entscheidungen gründen.

Diese Notwendigkeit wird offenbar, wenn die Interessenjurisprudenz von einer Abwägung der Interessen redet. Denn eine Abwägung setzt eine Wage voraus, als welche Wage normalerweise die Rechtsnorm zu fungieren hat. Sind aber mehrere Auslegungen möglich oder besteht eine Lücke im Gesetz, so bedarf es statt der Norm eines anderen Maßstabes a priori, der mit den zu messenden Interessen nicht zusammenfallen kann[539]). Der Notwendigkeit, nach einem solchen Maßstab zu suchen, hat sich daher auch der Rechtsempirismus nicht entziehen können, weswegen bald von wohlverstandener Interessenabwägung[540]), bald von Interessenbefriedigung[541]), bald von Abstellung auf das Rechtsgefühl[542]), bald schlechthin von dem Streben nach mate-

---

[538]) Vgl. auch del Vechio, Die Grundprinzipien des Rechts, übertragen von Hellwig, 1923 S. 70, Bonnecase, La Nation de droit en France au dix-neuvième siècle, Paris 1919 S. 183ff., ferner Anm. 503 vorliegender Arbeit.

[539]) Siehe Kantorowicz: Rechtswiss. u. Soziol., S. 292ff. Ein solcher Maßstab bei der Auslegung sine lege ist nach Münch, a. a. O., der Geschichtsphilosophie zu entnehmen.

[540]) Gmelin: S. 4. [541]) Heck: S. 54.

[542]) Gmelin: S. 60. Nach Wüstendörfer: Verhandl. des ersten Soziologentages, S. 316, kann nur das jeweilige soziale Empfinden des

rieller Gerechtigkeit die Rede ist. Im übrigen wird dem Maßstab selbst und seiner näheren Bestimmung gewöhnlich keine weitere Aufmerksamkeit geschenkt. Nicht ohne allen Grund kann daher Stampe[543]) erklären, daß über die Arbeitsmethode die Ansichten nur formell auseinander gingen, während der sachliche Kern sämtlicher Formulierungen sei, „daß der Richter wie ein verständiger Gesetzgeber verfahren müsse".

Ehe auf diese Formulierungen des näheren eingegangen wird, erscheint es zweckmäßig, festzustellen, wie weit in Wahrheit bis hierhin von einem Methodengegensatz innerhalb der Rechtstheorie noch gesprochen werden kann. Ausgegangen wird dazu von der Voraussetzung, daß dort, wo eine Entscheidung nicht zwingend aus dem Gesetze folgt, sich eine solche nur auf die Geltung von Werten stützen läßt[543a]). Es ergibt sich dann, daß in dem hier angenommenen Umfange jedes ateleologische Verfahren der Auslegung zu einer begründeten Entscheidung nicht zu führen vermag. Hieraus folgt die Unmöglichkeit logischer Lösungsversuche[543b]), auf welche jedoch der Rechtspositivismus um so eher wird verzichten können, als er praktisch seine Konstruktionen längst überwiegend in Richtung der Idee sachgemäßer Entscheidung gesponnen hat. Es wird weiter der Rechtsempirismus auf das ihm zukommende Gebiet der Tatfrage zurückgedrängt und seine Aufgabe im wesentlichen auf Aufdeckung und Schilderung historischer, psychologischer und soziologischer Entwicklungen

Richters oder Theoretikers die Entscheidung geben. Dagegen zieht de Boor: Urheberrecht und Verlagsrecht, 1917, S. 33, mit Recht einen objektiven Maßstab heran und will die Interessen an den allgemeinen Zwecken der Rechtsordnung messen. Siehe neuestens auch Fritz van Calker, Recht und Weltanschauung, 1924, der auf die Weltanschauung als inhaltliches Kriterium zurückgeht und eine Verknüpfung von Rationalem und Irrationalem im Recht anstrebt.

[543]) Freirechtsbewegung, S. 26.

[543a]) Nicht nur für die Auslegung des Völkerrechts kommt so ein „materiell-ethisches" Moment in Frage wie W. Burckhard, Die Völkerr. Verantwortlichkeit d. Staaten, Bern 1924, S. 26 annimmt.

[543b]) Die Verwerflichkeit angeblich logischer Rechtsauslegungen zeigt einleuchtend Tezner, Das freie Ermessen der Verwaltungsbehörden, 1924. Auch wird man T. Ansicht (S. 13) nur zustimmen können, daß viel schon damit gewonnen sei, wenn der Auslegungsstreit sich um Gerechtigkeitserwängungen drehe und „nicht lediglich blinder und gefühlloser logischer Formalismus getrieben" werde.

und Gesetze beschränkt. Die Entscheidung, welche Auslegung jeweils zu gelten habe, vermag dann allein der Rechtsapriorismus zu treffen.

Vom Boden des Rechtsapriorismus aus kann die Bestimmung derjenigen Momente, welche eine nicht logisch ableitbare Entscheidung als begründet rechtfertigen, durch Angabe eines formalen oder materialen Kriteriums erfolgen. Eine solch formale Bestimmung bedeutet etwa Stampes Formulierung, nach welcher der Richter wie ein verständiger Gesetzgeber verfahren soll. Eine Regel, wie sie als Norm ähnlich auch dem Schweizer ZGB. zugrunde liegt. Ein formales Kriterium ist es weiter, wenn hier[544]) als richtig die jeweils höchstwertigste Auslegung hingestellt wird, oder wenn Stammler[545]) die „grundsätzlich richtige" Entscheidung auszuwählen fordert. Formeln, die letzten Endes alle auf den kategorischen Imperativ der Ethik Kants irgendwie zurücklaufen. Es bedarf keiner längeren Ausführungen, daß diese formalen Prinzipien wesentlich nur die Idee einer Entscheidung, nicht sowohl die Möglichkeit einer Entscheidung im Einzelfalle bieten. Allein ein materiales Prinzip vermag hier weiter zu helfen. Einem derartigen Kriterium scheint diejenige Entscheidung zu entsprechen, welche, wie Heck es verlangt, die empirischen Interessen befriedigt. Jedoch kann eine Entscheidung, die dies tut, darum allein als berechtigt noch nicht anerkannt werden. Vielmehr müßte die Entscheidung, um begründet zu sein, der Befriedigung des jeweils berechtigten Interesses dienen, wobei die Berechtigung eines Interesses aus seiner Existenz nicht abgeleitet werden kann. Es gilt hier also das schon allgemein gegen den Rechtsempirismus Gesagte. Im übrigen ist aber der Gesichtspunkt des Interesses als generelles Prinzip auch nicht umfassend genug. So kann die Berechtigung einer Strafe nicht durch Abwägung der Interessen von Verbrecher und Gemeinschaft gefunden werden, und wenn eine Polizeiverfügung, die Unsittliches verlangt, nicht befolgt zu werden braucht, so folgt dies etwa aus der Idee des Staates als sittlicher Institution und nicht aus irgendwelchen Interessenabwägungen. Erst der Wert ver-

[544]) So S. 64.

[545]) Rechtsphilosophie, S. 272. Nach Mezger, a. a. O. S. 106 ist die Auslegung zu richten nach den letzten Zwecken der sozialen Daseinsgestaltung.

mag also dem empirischen Interesse seinen Anspruch auf Schutz zu verleihen. Desgleichen dient wohl das Rechtsgefühl eventuell als Anzeichen für die mögliche Berechtigung einer Entscheidung, bedarf jedoch, um berechtigt zu sein, selbst der Begründung. Zur allgemeinen Norm der Beurteilung erhoben, würde es dagegen die Rechtsauslegung einem schrankenlosen Subjektivismus preisgeben[546]).

Die Aufzählung weiterer materieller Prinzipien der Auslegung kann hier unterbleiben. Ihnen allen gemeinsam ist, daß sie entweder die Fülle möglicher Gesichtspunkte nicht erschöpfen oder zu unbestimmt sind, um anwendbar zu sein. Im übrigen hat seit je das Bestreben nach grundsätzlicher Formulierung zahlreiche Antinomien der Prinzipien erzeugt, welche im Einzelverfahren gar nicht bestehen. Genannt sei hier etwa die alte Streitfrage, ob die Rechtsauslegung historisch oder ahistorisch zu erfolgen habe. Zwar ist sicherlich ein Auslegungsverfahren, welches stets die gesetzgeberischen Zwecke ignoriert, zu verwerfen, da es letzten Endes die Rechtsordnung überhaupt aufheben muß. Wer vertritt aber in Wahrheit konsequent einen derartigen Standpunkt?[546a]) Ebenso sicher ist umgekehrt, daß weder stets historische Zwecke eines Gesetzes nachgewiesen noch daß sie immer beachtet werden können. Zum mindesten in diesem Umfange ist also auch historische Rechtsauslegung nicht möglich[547]). Jeder der beiden

[546]) Vgl. Stammler: Historische Rechtstheorien, a. a. O. S. 80. Eine psychologische Untersuchung des Rechtsgefühls bringt Kornfeld in Zeitschr. f. Rechtsphilosophie, 1914, S. 135ff.; 1919, S. 28ff. Siehe ferner Riesler, Das Rechtsgefühl, 1921.

[546a]) Bereits Regelsberger, Gesetz u. Rechtsanwendung, Jherings Jahrbücher 1910, S. 146ff. bemerkt, daß der Streit um die richterliche Bindung sich unfruchtbar um abstrakte Formeln drehe, „während man in der Beurteilung des besonderen Falls schwerlich weit auseinandergehen würde."

[547]) So fordert Ehrlich: Die richterliche Rechtsfindung auf Grund des Rechtssatzes, Iherings J. 1917, S. 14ff. eine teleologische Auslegung nach den Zwecken des Urhebers, muß aber S. 52ff. andererseits in bestimmten Fällen selbst eine Auslegung gegen das Gesetz für berechtigt erklären. Man beachte auch, daß strenge Bindung an die ursprünglichen Gesetzeszwecke aus Gründen der Rechtssicherheit dort regelmäßig erforderlich sein wird, wo umstrittene politische Zielsetzungen in Frage stehen. Handelt es sich dagegen um rein praktische Erwägungen, wird möglicherweise eine sinnvolle ahistorische Auslegung zu treffen sein.

Standpunkte hat daher nur einen beschränkten Geltungsbereich, wodurch sowohl der Gegensatz zwischen ihnen verringert als auch ihre absoluteBerechtigung aufgehoben wird[547a]). So fraglos ferner die Idee der Rechtssicherheit einen Grundwert der Auslegung überhaupt darstellt, so offenbar muß dies Prinzip bisweilen der Forderung materieller Gerechtigkeit weichen. Wann dies aber jeweils der Fall ist, kann nur an Hand sorgfältiger Einzeluntersuchungen festgestellt werden, mangels deren auf Aufstellung materieller Prinzipien der Rechtsauslegung verzichtet werden mußte. Ein Verzicht, der methodisch um so eher zulässig war, weil ja die einleuchtende Berechtigung der Lösung spezieller Probleme ein vorgefaßtes Prinzip lediglich hätte erhärten können, während dies allein umgekehrt eine Einzellösung nicht hätte zu rechtfertigen vermögen. Insofern dagegen die Gewinnung begründeter materieller Prinzipien der Rechtsauslegung wie eine Theorie möglicher Rechtswerte überhaupt Sammlung und Bearbeitung eines ausreichenden Induktionsmaterials verschiedenartiger Wertungen zur Voraussetzung hat[547b]), können in gewissem Sinne auch die vorliegenden Untersuchungen zum Problem des fehlerhaften Staatsakts als kleiner Beitrag hierzu wohl betrachtet werden.

Zu behandeln bleibt noch, ob etwa die Berechtigung des Standpunktes, nach welchem der Wert eine zentrale Stellung in der Lehre von der Rechtsauslegung gewinnt, durch Kelsens Methode reiner Rechtslehre wie Sanders Theorie der Rechtserfahrung wiederum problematisch gemacht wird.

Vor Beantwortung dieser Frage sei zunächst betont, daß jedenfalls der kritische Teil vorliegender Untersuchung durch die Schriften der Wiener Schule seine volle Bestätigung erfährt. Denn ein großer Teil der Arbeit jener Richtung besteht ja gerade darin, überall Werturteile in der Praxis und den Begriffen des Rechtspositivismus zu entdecken. Insoweit gehen also die Österreicher mit den Vertretern teleologischer Rechtsauslegung Hand in Hand.

547a) So auch vom Standpunkt der Interessenjurisprudenz aus mit Recht Lohmann: Allg. Teil d. Bürgerl. Gesetzbuches, 1919, S. 24f.

547b) Etwas wie eine Theorie der Rechtswerte scheint auch Zitelmann zuletzt vorgeschwebt zu haben. Vgl. seine Autobiographie in der Rechtswiss. der Gegenwart in Selbstdarstellungen, 1924, S. 33. Nahe den in vorliegender Arbeit vertretenen Ansichten stehen auch seine Ausführungen S. 24ff., ebendort.

Dagegen scheiden sich bei der Frage nach dem eigenen Ziel alsbald die Wege. Wurde hier der Versuch gemacht, die teleologisch verfahrende Praxis theoretisch zu rechtfertigen, so sucht demgegenüber die reine Rechtslehre das wertfremde Programm des Rechtspositivismus durchzuführen. Ein Versuch, der von vornherein zum Scheitern verurteilt ist, da gegen ihn all jene Argumente sprechen, welche den Rechtspositivismus gezwungen haben, seinen ursprünglichen Plan alsbald preiszugeben. Es kann insofern auf die bisherige Darstellung verwiesen werden. Im übrigen steht aber die Forderung ateleologischer Rechtsauslegung in einem immanenten Widerspruch zu dem Verfahren der reinen Rechtslehre, dessen Zentrum der Begriff des Sollens bildet. Denn da niemals nur gesollt, sondern stets etwas gesollt wird, der verpflichtende Grund dieses Sollens aber in Werten ruht, müßte gerade für die reine Rechtslehre der Wert eine besondere Bedeutung gewinnen. Wie wenig im einzelnen es dementsprechend Kelsen gelingt, den Schwierigkeiten der Auslegung gerecht zu werden, zeigte sich gerade am Problem des fehlerhaften Staatsakts[548]). Auch scheint die neuere Entwicklung der reinen Rechtslehre zu ergeben, daß ihre Vertreter das Problem der Rechtsauslegung eben wegen seiner unlösbaren Verknüpfung mit der Werttheorie aus ihrem Programm gänzlich gestrichen haben. Denn wie Felix Kaufmann dasselbe neuestens formuliert, hat die „reine Rechtslehre die vor aller Rechtserfahrung liegenden Konstitutionsprobleme des Rechts zu behandeln, die Grundbegriffe und die ihnen korrelaten synthetischen Grundsätze aufzusuchen und in ihren logischen Verbindungen zu studieren, nicht anders wie die Geometrie die Gesetze des Raumes, wie reine Phoronomie die Gesetze der Bewegung studiert“[549]). Bei einer

[548]) Es verdient weiter Beachtung, wenn Tezner bei der von ihm geforderten Gerechtigkeitslehre sich vielfach auf Kelsen bezieht, so Administrativverfahren CLVII. Denn tatsächlich ist den Schriften Kelsens ein sittliches Pathos immanent, das in auffälligem Widerspruch zu dem Programm wertfreien mathematischen Verfahrens steht. Auch in der Problemstellung Kelsens kommt das Streben nach Verwirklichung von Werten zum Ausdruck. So läuft die Lehre von der Souveränität doch letzten Endes auf das Ziel hin, die Notwendigkeit der Civitas maxima zu erweisen, und die Gleichsetzung von Staat und Rechtsordnung bedeutet den wenigstens formalen Sieg der Rechtsidee.

[549]) Österr. Zeitschr. f. öff. Recht, 1922/23, S. 359; ähnlich schon Kelsen: Hauptprobleme, S. 93. Auch Merkl: Zum Interpret. Probl.

solchen Beschränkung auf die allgemeinen Strukturphänomene des Rechts, Untersuchungen, deren Bedeutung hier durchaus anerkannt wird, bestehen irgendwelche Reibungsflächen zwischen einer so verstandenen reinen Rechtslehre und dem hier vertretenen Verfahren teleologischer Rechtsauslegung nicht[550]). Ebenso müssen auch die rein polemischen Berührungspunkte zwischen reiner Rechtslehre und Rechtspositivismus in dem Augenblick verschwinden, wo sich der letztere offen zu seiner teleologischen Praxis bekennt. Denn auf den tiefen Gegensatz, welcher zwischen Theorie und Praxis des Rechtspositivismus besteht, weisen mit Grund immer wieder die Vertreter der reinen Rechtslehre hin. Dagegen ist die Unzulässigkeit teleologischer Rechtsauslegung von ihnen bisher keineswegs nachgewiesen worden[551]).

Grünh. Z. 1916, S. 535ff. schiebt die Lösung der Frage letzten Endes auf die Praxis ab. Nahe diesen Gedankengängen steht Beling: Rechtswissenschaft und Rechtsphilosophie, 1923, S. 37.

[550]) Dies scheint Fel. Kaufmann: Logik und Rechtswissenschaft, 1922, S. 54, implizite zuzugeben, wenn er den Standpunkt der reinen Rechtslehre dahin formuliert, daß den Juristen der empirische Inhalt der Rechtssätze, den Rechtstheoretiker die a priori feststehende Form derselben anginge. Rechtswissenschaft und apriorische Rechtslehre (S. 55, Anm. 2) im Sinn einer allgemeinen Gegenstandstheorie des Rechts werden hier also gleichgesetzt, die Möglichkeit anderer Gebiete „juristischer Forschertätigkeit" wird daneben wenigstens anerkannt. Bemerkt sei dagegen immerhin, daß die Ersetzung der Rechtswissenschaft durch eine apriorische Rechtslehre der Verdrängung der Naturwissenschaft durch die Naturphilosophie ziemlich gleichkäme. Neuestens erklärte denn auch Schreier: Grundbegriffe und Grundformen des Rechts. Entwurf einer phänomenologisch begründeten formalen Rechts- und Staatslehre, 1924, Nachwort, ausdrücklich, daß die formale Rechtslehre nur Konstruktionsprobleme lösen könne und hält besondere Bearbeitung der Interpretationsregeln für erforderlich.

[551]) Dies gilt auch gegenüber Kelsen: Hauptpr., a. a. O. S. 57ff., und Preuß: Zur Methode der juristischen Begriffskonstruktion, Schmollers Jb. 1900, S. 359ff. Insbesondere berühren Kelsens psychologische Untersuchungen, der unter teleologischem Verfahren Betrachtung des Geschehens nach Mittel und Zweck versteht, das eigentliche Problem der Rechtsauslegung nicht. Vielmehr unterläuft hier Kelsen im Anschluß an Sigwart selber die sonst von ihm so bekämpfte Vertauschung von Geltungs- und Seinsproblemen. Die von Kelsen vorgenommene Einschränkung der rechtswissenschaftlichen Aufgaben auf Untersuchung formaler Strukturprobleme unter Absehung vom Rechtsinhalt (S. 69, 92) ist daher nur scheinbar begründet. Wenn neuestens F. Kaufmann: Logik und Rechtswissenschaft, a. a. O. S. 80 erklärt, der Sinn der Norm

Die Entdeckung des teleologischen Verfahrens, dessen sich in Wahrheit der Positivismus bedient, führte die Vertreter der reinen Rechtslehre zum ursprünglichen Programm jener Richtung zurück. Die Feststellung, daß auch die reine Rechtslehre nicht frei von teleologischen Momenten sei, läßt Sander das „Dogma der Normativität des Rechts" als „Quelle aller naturrechtlichen Spekulationen"[552]) preisgeben. Die Berechtigung hierzu scheint Sander eine „schlichte deskriptive Analyse des Rechts" zu ergeben, nach welcher Recht „ein Erfahrungszusammenhang, ein Zusammenhang von Realurteilen über raumzeitlich konkretisierte Tatsachen sein soll. Ist aber so das Recht ein Sein und kein Sollen, dann verbleibt für Sander der Rechtswissenschaft als „einzige Aufgabe die Reflexion über bereits vollzogene Akte von bestimmten Menschen" („Organen")[553]).

Wären diese Behauptungen Sanders haltbar, dann müßte allerdings der hier gemachte Versuch teleologischer Rechtsauslegung zum mindesten aus dem Rahmen der Rechtswissenschaft herausfallen. Denn deren Aufgabe würde sich auf Anstellung jener Untersuchungen beschränken, welche sonst der Rechtssoziologie zugeschrieben zu werden pflegen. Eine Notwendigkeit,

---

sei für den Juristen ihr Inhalt, nicht ihre Richtung auf einen individuellen oder überindividuellen transzendenten Zweck, so unterläßt er anzugeben, wie ohne Richtung auf Werte oder Zwecke, die übrigens nicht immer transzendent zu sein brauchen, der Inhalt einer Norm fixiert werden kann. Dies Problem zu lösen ist auch, wie gezeigt, der reinen Rechtslehre bisher keineswegs gelungen. Über immanente Widersprüche des Verfahrens bei Kelsen vgl. v. Hippel: Zur Kritik einiger Grundbegriffe, a. a. O. Auch sieht Kelsen in den Hauptproblemen als Übertretung einer Norm ein dem Zweck derselben zuwiderlaufendes Verhalten an. Wenn demgegenüber Kaufmann, S. 99, das Kriterium der Übertretung allein in der Diskrepanz zwischen dem faktischen und dem in einer Rechtsnorm geforderten Verhalten findet, so ist diese Definition zwar formal zutreffend, jedoch ohne Angabe, wie das in der Rechtsnorm geforderte Verhalten festgestellt werden kann, unverwendbar. Die hierzu erforderliche Methode der Rechtsauslegung ist aber anscheinend auch für Kaufmann eine teleologische, da andernfalls der von ihm den Zivilisten gemachte Vorwurf allzu wörtlicher Auslegung der Gesetzestexte (S. 128) unverständlich bleibt.

[552]) Das Recht als Sollen und das Recht als Sein. Arch. f. Rechts- u. Wirtschaftsphilos. Bd. 7, S. 3. Im folgenden ist grundsätzlich auf diese neueste Schrift Sanders Bezug genommen.

[553]) a. a. O. S. 11.

welche auch dadurch nicht aufgehoben wird, daß für Sander „die rechtserhebliche Tatsache, die Rechtsmaterie, entsteht und besteht in Korrelation zu den Urteilen des Rechts, in Korrelation zu der Einheit der Bedingungen der Rechtsanschauung, dem Rechtsverfahren, nicht aber in Korrelation zu den Urteilen einer soziologischen Jurisprudenz"[554]. Der lange Weg, auf welchem Sander zu diesem Ziel gelangte, kann hier im einzelnen nicht verfolgt werden[555]. Das Ergebnis ist jedenfalls nicht geeignet, die Notwendigkeit teleologischer Rechtsauslegung aufzuheben. Die Tatsache, daß „Rechtsakte wie z. B. Baukonsense" sich auf „reale Tatbestände beziehen"[556], wird auch von der herrschenden Rechtslehre keineswegs bestritten und dient nicht dazu, den Seinscharakter des Rechts zu erhärten. Dagegen kann umgekehrt allein eine auf Normen und Rechtswerte bezogene Methode der Auslegung im bloßen Sein Organe und Rechtshandlungen erkennen[557]. Den Geltungsgrund einer Entscheidung vollends vermag auch der Sandersche Rechtsempirismus nicht aufzuweisen. Insofern aber dieser Geltungsgrund in Werten ruht, fordert er, mangels zweifelsfreier gesetzlicher Bestimmungen, die teleologische Behandlung des fehlerhaften Staatsakts.

---

[554]) a. a. O. S. 7.

[555]) Auch bleibt hierbei vieles dunkel. So, was ein Erfahrungszusammenhang eigentlich ist, was unter Urteilen des Rechts gedacht werden kann und das Verhältnis dieser Urteile zu den Organakten. Die Rechtswissenschaft selbst wird bald zu einer Art Naturphilosophie, bald zu einer Naturwissenschaft, mitunter verschwindet sie völlig. Die ursprüngliche Problemstellung, die apriorische Struktur der Rechtswissenschaft zu finden, endet bei Sander mit Entdeckung des Rechtsseins und der Kantischen Kategorien. Der eigentümliche Geltungscharakter des Rechts schließlich bleibt unbeachtet. Vgl. im einzelnen bezüglich Sanders älterer Schriften Kelsen in Österr. Zeitschr. 1922/23, S. 103ff. Fel. Kaufmann, ebendort S. 236ff.; Kunz, im Arch. Öff. R., 1923, S. 249ff.

[556]) a. a. O. S. 6.

[557]) Wie wenig es Sander selbst gelingt, Rechtsauslegungsfragen gerecht zu werden, zeigt Verdroß: Zeitschr. f. öff. Recht, 1923, S. 405ff.

GPSR Compliance

The European Union's (EU) General Product Safety Regulation (GPSR) is a set of rules that requires consumer products to be safe and our obligations to ensure this.

If you have any concerns about our products, you can contact us on ProductSafety@springernature.com

In case Publisher is established outside the EU, the EU authorized representative is:

Springer Nature Customer Service Center GmbH
Europaplatz 3
69115 Heidelberg, Germany

Batch number: 10844623

Printed by Printforce, the Netherlands